政府与高校契约型关系研究

周江林　著

上海交通大学出版社

内容提要

本书通过追溯中西方契约的起源，概括归纳了契约的传统本义和契约精神的内涵，提出了引入契约精神来重构我国政府与高校关系的设想，并对构建这种新型关系的必要性、可行性及学理基础展开了充分的论证和科学的阐释。在回顾新中国成立后政府与高校关系变迁轨迹的基础上，结合目前我国政府与高校关系变革的最新动态，针对制约构建这种新型关系的瓶颈问题，从缔约机制、履约机制和违约机制等方面提出了对策建议。

图书在版编目(CIP)数据

政府与高校契约型关系研究/周江林著. —上海：上海交通大学出版社，2013

ISBN 978-7-313-09565-7

Ⅰ.①政… Ⅱ.①周… Ⅲ.①高等学校—办学组织形式—研究—中国 Ⅳ.①G649.21

中国版本图书馆CIP数据核字(2013)第061057号

政府与高校契约型关系研究

周江林 著

上海交通大学 出版社出版发行

(上海市番禺路951号 邮政编码200030)

电话：64071208 出版人：韩建民

常熟市文化印刷有限公司印刷 全国新华书店经销

开本：787mm×960mm 1/16 印张：13.25 字数：219千字

2013年4月第1版 2013年4月第1次印刷

ISBN 978-7-313-09565-7/G 定价：30.00元

序

三年前，应周江林同志的邀请，我主持了由他承担的上海市教育科学规划课题的开题会，课题的名称叫《政府与高校契约型关系及体制构建研究》。这是一个具有重要理论意义和现实意义的课题。虽说上海市教育科学研究院是专门从事教育研究的专业机构，是上海市乃至国家教育政策咨询的重要智库，他本人也常常穿梭于政府与高校之间，掌握了很多的信息，搜集了大量的一手资料。但是，要完成这一课题难度很大，有一定的挑战性。然而三年后的今天，周江林同志告诉我，他承担的那个课题已经于2012年3月顺利结题了。这本书稿就是在课题研究报告的基础上丰富发展起来的。周江林同志为完成这一课题和专著花了很大功夫，付出了许多心血。我曾在上海市高教局工作过十多年，后来又先后在五所高校工作过，对政府与高校关系有过亲身的体会。因此，书稿中有很多地方都引发了我的共鸣，读后感到很亲切。

无论中外，政府与高校关系都是一个老生常谈的话题。正如哈罗德·珀金所说的那样，它几乎充斥了高等教育发展史的整个空间。只不过它在不同历史时期、不同的国家或地区、高等教育发展的不同阶段有着不同的表现形式。自20世纪末以来，我国高等教育发生了巨大的变化，一跃成为世界高等教育大国，在校生超过了美国，位居世界首位，实现了由精英化高等教育向大众化高等教育的转变，迈上了建设高等教育强国的新征程。时代的变化也使政府与高校之间的关系发生了微妙的变化。高校已经从高高的神坛走下来并融入了普通百姓间，再也不可能退回到象牙塔时代自娱自乐了。而政府方面呢，对于一个尚处于社会主义初级阶段的新兴发展中国家，要管理体量如此庞大的高校群体，不可能做到事必躬亲，依靠简单的计划管理方式也不可行。因此，必须要加快推进高等教育管理体制改革,核心是要调整政府与高校的关系,实现从政府对高校"统包统管"到高校"自主办学"的重大转变。从这个意义上说,此项研究既可以为政府科学管理高校提供决策咨询,也可以拓展高校有理有据地向政府寻求更多办学自主权的合法途径。

本书结构严谨、内容丰富、观点鲜明。全书由七大部分组成。第一部分从剖析曾闹得沸沸扬扬的南方科技大学艰难的诞生历程入手,引出了本书的核心研究对象——政府与高校的关系。与既有的文献研究不同的是,作者在归纳整理国内外学者已有研究成果的基础上,高度概括出了五种理论视角和三种理想模型,即角色论、平衡论、治理理论、委托代理理论、新公共管理理论和分离论模型、依附论模型、合作论模型,并指出契约管理是合作论模型的全球最新发展趋势,这就为研究我国政府与高校契约型关系设置了情境。第二部分主要介绍契约的中外起源及传统本义,并以政治学、行政法学、经济学和法社会学等四个学科为代表,分析了契约在多学科领域中的广泛应用。作者指出契约已经从原来的形式主义阶段、实质主义阶段发展到理念精神阶段,上升为放之四海而皆准的契约精神,而主体平等、自由权利和问责意识又是契约精神的重要实质。第三部分重点解决了在政府与高校关系中引入契约的问题。作者从事业单位改革、行政管理体制改革、高等教育强国战略以及全球教育管理均权化趋势等方面阐述了引入的必要性,又从理论、历史和实践三个维度分析了引入的可行性,并进而阐述了政府与高校契约型关系的内涵及性质。第四部分是寻求政府与高校构建契约型关系的理论基础。作者从国家与社会关系理论、利益相关者理论和博弈论尤其是合作博弈论三个视角加以了论证。第五部分从回顾新中国成立以来我国政府与高校关系的变迁为主线,结合目前高等教育管理体制改革的热点问题,描述了政府与高校关系的现状,也对阻碍政府与高校构建契约型关系的瓶颈因素进行了分析。第六部分是西方发达国家的经验借鉴,作者选取中央集权制、地方分权制以及介于这两者之间的政治体制三种类型的国家作为代表,重点分析了美国的特许高校制度、日本的大学法人化制度以及法国的行政合同制度,从另一个侧面证明了政府与高校关系走向契约已然是世界潮流这个论点。最后一部分是对策建议,作者根据契约形成的过程和环节,从缔约机制、履约机制和违约机制三个方面提出了有针对性的政策建议。可见,围绕研究的主线,作者在结构安排上作了技术处理,使整个书稿有一气呵成之感。

此外,书稿跨学科特色非常鲜明。契约本身就是一个多学科的概念。因此,在研究过程中，作者借用了诸如政治学、经济学、管理学、行政法学、历史学以及教育学等众多学科，涉猎了大量的文献资料。但是这么多的学科知识集聚在总字数只有二十万字左右的书稿中，并没有给人以堆砌之感，反而觉得恰到好处，有水到渠成之效果。这充分展现了作者较高的研究素养、较宽的知识背景和较强的组织融合能力。

仔细品味这本书稿，还可以找出更多的特色和优点。尽管书稿中还有一些观点值得商榷，甚至需要更深入地研究、探索，但作者能达到目前这种水平也的确难能可贵了。在此，我也建议政府教育主管部门、教育研究机构和高等学校等机构的管理者和研究人员有空读读这本书，相信一定会有很多收获。

上海师范大学原校长

上海市高等教育学会常务副会长

2013 年元旦

前　言

根据国家高等教育重心由外延扩张向内涵建设转变的时代要求，2008年5月29日，上海市教委发布《关于做好2008～2020年上海高校发展定位规划工作的通知》，要求各高校根据国家中长期发展战略需要、上海经济社会发展需要以及上海高等教育整体发展需要，兼顾学校办学基础和可持续发展的需要，理性选择发展定位，并规划各自学科专业建设与结构优化调整，形成校校有机会、校校有发展、校校有特色的多样化生态环境。为了有效推进此项工作，上海市教委还创造性地更新了工作方式，采取了以政府规划主导作为高校准确定位的保障，以和谐共赢作为高校谋求发展的主要目标，以政府和高校协商互动作为高校定位工作的基本模式等举措。上海市教委还特意组建了专家库，每次挑选部分专家与高校领导就该校发展定位规划进行面对面的协商互动，并提供现场咨询。在此后的数个月内，我作为课题组成员之一有幸旁听了多场咨询会。而在此之前，我很少涉及政府与高校关系方面的研究课题。随着旁听次数的增加，在与会专家、领导发言的启发下，我对政府与高校关系这个话题兴趣渐浓，也产生了一些疑惑：在高校办学自主权不断落实和扩大的时代趋势下，政府与高校究竟应该是什么关系才能实现两者利益的平衡，才能既保证政府不过多干预高校办学，又能使高校更好地履行公共责任，实现公共利益。在这种好奇心的驱动下，我研读了一些文献，对政府与高校关系有了初步的感性认识。一年后，正值上海市教育科学研究项目申报之际，通过高教所学术委员会的审核和辅导，我以《政府与高校契约型关系及体制构建研究》为题提出了申请，并于2009年9月得到上海市教育科学规划领导小组办公室的正式立项和经费资助。

在课题研究过程中，我又承担了两项特殊的任务。一是参加了《上海市教育改革和发展“十二五”规划》的起草工作，二是在上海市教育体制改革领导小组办公室

(挂靠在上海市教委发展规划处)锻炼了三个月。这两项任务给了我充分接触市、区(县)教育行政主管部门负责人以及各级各类学校尤其是高校主要领导的机会,通过与他们交谈或听取他们的汇报发言,我在政府与高校关系方面的研究又收集了许多鲜活的素材,加深了对两者关系的理性思考。待圆满完成任务回到原单位后,我利用寒暑假时间抓紧整理收集的资料,进一步厘清研究思路,开始着手撰写研究报告。在此期间还写了几篇小论文并公开发表了。2012年3月,我向上海市教育科学规划领导小组办公室提交结题材料,并顺利通过结题。接下来,我又用了九个多月的时间对课题研究报告进行了补充完善,才最终形成这本书稿。

当敲下书稿的最后一个字符时,我没有如释重负之感,更无欣喜若狂之状,内心反而增添了更多的疑问与反思。思绪似乎并未因书稿的完成而停下来,总觉得还有许多问题在书稿中没有全面深入地阐释,后续研究还要付出更多的努力和艰辛。因为这个主题本身就具有复杂性和时代性,而且本人现有的知识能力也难以真正把握其本质规律。

对于初学者,写书过程中的艰辛与痛苦可想而知。这既是一个学习的过程,也是一个磨砺研究素养的过程。完成初稿之时,正值西方圣诞节之际,上海的天气也骤然变得寒冷起来,早已没有深秋那种宜人的感觉。望着窗外那一抹阳光,我的心中不禁涌现一股股的暖流,感恩之意也油然而生。

在课题研究和写作过程中,我曾得到众多领导、朋友、学者及同仁的帮助和鼓励。他们是:上海市教委发展规划处张兴副处长和龚晋同志;上海市教育科学规划领导小组办公室苏忱处长和劳南怡、熊立敏两位老师;上海市教科院张珏副院长,高教所晏开利所长、谢仁业研究员、孙崇文副所长、宋懿琛副所长、史雯婷书记以及谭晓玉研究员、房欲飞博士后、朱浩、吴海燕和王中奎等同仁;湖南大学教育科学研究院胡弼成副院长;上海出版印刷高等专科学校科研规划处罗尧成处长;华东师范大学硕士研究生陈莹同学,等等。感谢他们或赐予研究的主题、或提供学习的机会、或提供研究思路、或提供经费资助、或帮助收集资料、或给予悉心的指导和休闲的时间!感谢他们不断的激励和真心的帮助!我还要衷心感谢我的硕士生导师——中南大学教授、《现代大学教育》名誉主编廖才英老师。虽然硕士毕业已经10年,但廖老师一直关注我的职业发展和生活工作情况,无论是身在海外还是国内。这么些年来,我也未敢忘记他的谆谆教导,"要学做学问,必先从学会做人开始"这句话始终是激励我前进的动力。同时,我也要感谢我的父母和妻儿。父母不顾年迈体弱来上海帮我照看小孩,背井离乡成为"新沪漂一族"。他们增添的每一根白发我都无法用语言来弥补,只能化作实际行动来报答。妻子尽管上班路途远、工作任务重,但仍用细腻的感情激励我坚持写完这本书。尚幼的儿子以及他天真的话语常常使我忘却白天的辛劳，将我从理性思考状态拉回到感性快乐的氛围之中。

此外，在撰写书稿过程中，我还参考了大量文献资料，对这些文献的作者也一并表示谢意！由于本人能力有限，书中还有许多这样或那样的错误，希望各位多多包涵并请批评指正。

周江林

2012年圣诞节于上海

目　　录

导　论

一、问题缘起

（一）案例追问

政府与高校关系是高等教育发展中一个永恒的主题。它几乎占据了世界高等教育发展史的全部空间。英国著名史学家哈罗德·珀金（Harold J. Perkin）更是一语道破天机。他在阐述世界高等教育发展的四个重要阶段的基础上认为，自由和控制的矛盾关系是贯穿高等教育发展的中心主题，大学的发展史实质上就是其与包括政府在内的各种外部控制力量之间控制与自由矛盾关系的发展史。他进一步描述道：

> 就大学为了追求和传播知识需要的自由而言，当种种控制力量软弱分散时，大学知识之花就开得绚丽多姿；就大学需要资源维持办学，并因此依赖富裕、强大的教会、国家或市场支持而言，当种种控制力量强大时，大学在物质上就显得繁荣昌盛，但是这种力量可能——也的确常常——以各种有害于教学和研究的方式实行控制。因此便出现了这种奇怪现象：当大学最自由时它最缺乏资源，当它拥有最多资源时它却最不自由。①

在珀金看来，由于大学诞生在一种政治、精神以及知识等都处于四分五裂的

---

① ［美］伯顿·克拉克. 高等教育新论—多学科的研究［C］. 王承绪，徐辉，郑继伟，等，译. 杭州：浙江教育出版社，2001：26.

独特时代背景之下，因此，大学的规模越大，就越需要依赖政府的全面控制。这也增加了大学能否继续拥有独立追求知识所需的自由的变数。

无独有偶。长期担任剑桥大学副校长的英国学者阿什比(E. Ashby)也直言不讳地说："大学兴旺与否取决于其内部由谁控制。"①可见，政府与高校关系"这一伴随着高等教育和实践发展的永恒主题，在社会变革和高等教育发展的转折时刻，总是被置于理论与实践的前沿"。② 对于现时代的中国高等教育而言，政府与高校关系已不仅仅是高等教育理论研究长盛不衰的重要课题，同时也成为高等教育管理实践一个不容易拿捏分寸的难题。

南方科技大学就是最新的典型例子。为了满足经济特区进一步改革发展的需要，并用实际行动来回答"钱学森之问"，大力推进高等教育跨越式发展，深圳市拟参照香港科技大学的模式，一步到位地建成一所高水平的研究型大学，于2007年3月21日在该市第四届人民代表大会第三次会议上明确提出要"正式启动南方科技大学筹建工作"。此后，深圳市政府又分别于2007年6月和2009年8月两次向广东省政府提交筹建申请。2010年12月24日，教育部向广东省政府发出通知，同意筹建南方科技大学。2011年1月，教育部正式发文，批准南方科技大学筹建。就工作流程来看，南方科技大学各项准备工作基本按照政府相关规定有条有理、按部就班地展开。然而，接下来发生的两件事情却将南方科技大学与政府之间的矛盾冲突完全暴露在媒体和公众面前。

第一件事情发生在教育部和南方科技大学之间，争议的焦点是自主招生权的问题。2010年年底，南方科技大学推出首批教改实验班，并自主招收了45名学生。对于尚处筹建期、未获"招生许可证"的南方科技大学自主招收学生的行为，教育部给出了积极回应。2011年2月25日，教育部发言人续梅在新闻发布会上表示，教育部对南方科技大学在教改方面的探索持支持态度。2011年3月1日，南方科技大学首批45名新生入学。20天后，随着"南科大第一课"——应用物理学的开讲，南方科技大学教改也正式起航。2011年5月，一年一度的全国高考即将来临，有关南方科技大学首批45名新生是否需要参加高考的争论也吸引着媒体的眼球。按照教育部的主张，凡是符合《国家中长期教育改革和发展

① [美]伯顿·克拉克.高等教育系统:学术组织的跨国研究[M].王承绪，徐辉，殷企平，等，译.杭州:杭州大学出版社，1994:121.

② 邬大光，赵婷婷.也谈高等教育的功能和高等学校的职能[J].高等教育研究，1995(3):57—61.

规划纲要(2010～2020年)》精神的任何改革探索,教育部都会大力支持,但"任何改革首先要坚持依法办学,要遵循国家基本的教育制度,以制度来保障学生的合法权益"。① 这意味着,这45名学生必须要参加高考。那么,作为南方科技大学的举办方——深圳市政府的态度如何呢?朱清时校长在接受《南方人物周刊》记者专访时无奈地说,"市政府坚持主张,一定要按教育部的要求,让孩子们参加高考。我们又是市政府办的学校,他们是老板,我不能违抗老板的意志。"②在迫不得已的情况下,2011年6月6日晚上,南方科技大学开始布置考场。然而,次日,在布置的两个考场内,直至开考15分钟后依然没有一名考生入场。考试被迫取消。这45名学生以实际行动拒绝参加高考,并称自愿成为"教育改革的小白鼠"。至此,这场发生在教育部与南方科技大学之间的间接冲突以学生拒绝高考暂时告一段落。

一波未平一波又起。2011年4月29日,中共深圳市委组织部发布《深圳市公开推荐选拔南方科技大学(筹)副校长等领导干部公告》的通知,将面向国内公开推荐选拔两名级别为正局级的副校长。择优选拔副校长,本无可厚非。但对于高举"去行政化"改革大旗的南方科技大学而言,这一公告无疑将其再次推上了风口浪尖,因为这种做法明显与《国家中长期教育改革和发展规划纲要(2010～2020年)》中"克服行政化倾向,取消实际存在的行政级别和行政化管理模式"的要求背道而驰。早已为筹建之事焦头烂额的朱清时校长在接受采访时也坦承,"学校虽然提出去行政化,但如果完全跟政府不对接,也有困难之处。"③他还透露,在筹办之初,深圳市政府就有安排两名干部来校的意图。面对处于尴尬境地的朱清时校长,深圳市委组织部的态度如何呢?据《中国青年报》记者电话采访后得到的答复:选拔程序已经启动,选拔工作按原计划推进。④ 另据深圳市考试院消息,截至2011年5月10日17时,已有86人报名。⑤

对于发生在南方科技大学身上的这两件事,社会公众的态度截然相反。如果说对南方科技大学努力争取自主招生权,公众尚持同情或赞成态度的话,那

---

① 教育部网站. 2011年5月27日教育部新闻发布会. http://www.moe.gov.cn/sofprogecslive/webcontroller.do?titleSeq=2546&gecsmessage=1

② 彭淑. 让教育回到原点—对话朱清时[J]. 南方人物周刊,2011(20):41—43.

③ 武欣中. 深圳公选正局级南科大副校长惹争议[N]. 中国青年报,2011-5-13,第3版.

④ 同③.

⑤ 深圳市考试院网站. 公开推荐选拔南方科技大学(筹)副校长等领导干部报名统计. http://www.testcenter.gov.cn/WebUI/Html/News/2301/2011-5/8001-1.html

么，招聘正局级副校长这件事却招来一片质疑、批评甚至谩骂声。在我看来，南方科技大学是可敬的，可敬之处在于敢于突破现有体制约束。另一方面，南方科技大学又是可怜的，可怜之处在于在强大的政府面前，她无法主宰自己的未来。事实上，自主招生是高校办学自主权的核心内容，需要通过去行政化的手段来加以维护。没有充分的办学自主权又怎么能去行政化呢？自主招生权也好、去行政化也罢，这仅仅是南方科技大学要实现正常办学活动的两个缩影。对中国现有的高等学校来说，南方科技大学也只是一个缩影，绝不是孤例。只是因为她是新生高校，所以具有典型代表性而已。其背后映射的是政府与高校之间无声的权力博弈。

2012 年 4 月 16 日，教育部向广东省发出通知，正式同意建立南方科技大学。历经五年，南方科技大学终于获得了合法的身份。①

虽然有关南方科技大学所带来的争论声随着时间的流逝而慢慢消退，但留给理论研究者的却是无尽的思考。2010 年，“推进政校分开、管办分离”和“落实和扩大学校办学自主权”就被正式写入《国家中长期教育改革和发展规划纲要（2010～2020 年）》。温家宝总理也在 2010 年全国教育工作会议上指出：“政府要减少和规范对学校的行政审批和直接干预，更多地运用法规、政策、标准、公共财政等手段引导和支持教育发展。”所有这些信息均显示，政府与高校之间的关系已经或即将发生实质性的改变，高校作为政府附属机构的历史将一去不返。理性地说，高校与政府之间实现完全的切割也不太现实。那么，在这两个极端关系之间，政府与高校究竟应该采用何种关系才能实现双赢，通过何种途径来明晰政府与高校之间的责、权、利边界，以构建“政府、学校、社会之间新型关系”呢？本研究试图从契约的视角来进一步探索政府与高校的关系。

（二）研究意义

由于政府与高校关系涉及面广、影响因素多，往往集热点、难点和焦点三种社会属性于一身，因此，本研究将此作为主题进行深入探索，兼具理论和实践双重意义。

从理论意义角度而言，其一，可以延展契约的适用范围。作为一种较古老的制度，契约的适用范围日渐广泛，从原来的宗教领域、经济领域、法学领域等逐渐渗透到社会生活的方方面面。自 20 世纪 60 年代以来，契约制度开始被西方发达

---

① 教育部网站. 教育部关于同意建立南方科技大学的通知（[教发函 2012]73）. http://www.moe.gov.cn/publicfiles/business/htmlfiles/moe/s5972/201204/134539.html

国家引入教育领域。随着20世纪80年代末90年代初市场导向的经济改革目标的确立，我国教育领域特别是高等教育也慢慢开始重视契约制度的积极作用。比如说高校后勤社会化改革、政府采购等均受契约制度的影响。但是在高等教育管理体制改革中却鲜见契约理念的身影，而从契约角度来研究政府与高校关系的更是凤毛麟角。因此，本研究将有助于进一步拓展契约在教育领域的适用范围。

其二，可以明晰政府与高校关系的本质。政府如何管理高校、高校如何自治等问题，学者研究成果丰富。这些研究成果对于缓和高校与政府之间的矛盾起到了一定的作用。但是这些研究成果或以政府为中心，或以高校为中心，最终也很难取得实质的效果，特别是对两者关系的定性还很模糊。本研究认为，政府与高校在一定范畴内是两个平等的主体，这种平等关系也是契约得以产生的前提条件之一，符合契约的精神。因此两者的关系实质是一种契约关系。

其三，有助于深化我国高等教育管理体制改革。世纪之交，我国开始了改革开放以来最大规模的高等教育管理体制改革，原来各部委所属的院校或归教育部，或下划地方政府管理。客观地说，这种管理体制改革还停留在政府内部，仅涉及中央政府各职能部门与教育部之间的关系、中央政府与地方政府之间的关系，高校只是被动地接纳管理主体的改变。因此，这种管理体制只是理顺了"条"、"块"之间的矛盾，还没有涉及政府与高校之间的关系，而后者才是高等教育管理体制改革的难点和重点。本研究将选择政府与高校关系现存的问题作为突破口，并提出相应的解决方案，调和两者之间的矛盾，从而有助于推动高等教育管理体制改革向纵深发展。

从实践意义角度而言，其一，有助于政府加快职能转变，约束公权力。法国著名思想家孟德斯鸠曾说过，"一切有权力的人都容易滥用权力，这是万古不易的一条经验。有权力的人们使用权力一直到遇到有界限的地方才休止"。[①] 时代在发展，政府自身的改革也要加速。公民社会的构建和国家对社会建设的重视，使得政府不得不加快职能转变，实现由全能政府向有限政府的转变，这是行政管理体制改革的主要方向。政府究竟管什么，采取什么样的方式来管理社会——这两个问题的解决应是政府职能转变的前提。而通过与高校达到某种程度的协议是一种行之有效的管理方式。近年来，政府部门已经在一些公共领域采用了契约管理方式，如交通等方面。在教育领域这种管理模式也较常见，尤其

---

① [法]孟德斯鸠. 论法的精神(上册)[M]. 张雁深，译. 北京：商务印书馆，1995：154.

是在一些非核心的教育服务方面。此外，通过契约可以有效划定政府与高校的行为边界，明确政府的行权范围和主要职能。

其二，有助于落实办学自主权。就高校角度而言，政府职能转变的伴随产物是办学自主权的落实。高校为争取办学自主权已呼吁多年，《高等教育法》也明确规定了高校享有的办学自主权。但为什么这些权利难以落实？除却其他众所周知的原因外，最根本的是没有界定政府违约所承担的责任。而契约的形成，不仅明确了高校应该享受的权利和承担的义务，同时也明确规定了政府不履约时所要承担的责任。通过契约来促进政府的自律，从而保证办学自主权的真正落实和良性运转，是本研究期望达到的理想效果。

二、文献综述

目前，政府与高校关系已经成为世界上诸多国家教育体制改革的重要突破点。近年来，国内外学者从不同背景、不同角度对改革政府与高校关系提出了许多建设性的想法，形成了丰富的文献资料。这些资料为本研究的深入奠定了坚实的基础。总体来说，这些资料涉及有关政府与高校关系的方方面面，如政府的教育职能、高校办学自主权、大学自治以及政府放权等主题。

(一) 国外研究动态

在高等教育界知名的外国学者基本上都直接或间接地就政府与高校的关系发表过真知灼见。但这些论述大多分散于一些高等教育经典著作中，直接以政府与高校关系为题的专著或论文并不多见。这些知名学者的学科背景非常丰富，除教育学外，还涉及经济学、管理学、哲学和历史学等人文社会科学。在此仅列出部分学者的观点。

19世纪以倡导自由教育而闻名于世的英国红衣主教约翰·亨利·纽曼(J·H. Newman)虽然没有直接阐述政府与高校的关系，而是更多地讨论大学的本质以及大学与教会的关系，但他主张大学自治的态度却十分鲜明。在《大学的理想》一书中，他认为大学是一个传授普遍知识的地方："一方面，大学的目的是理智的而非道德的；另一方面，它以传播和推广知识而非增扩知识为目的。如果大学的目的是为了科学和哲学发现，我不明白为什么大学应该拥有学生；如果大学的目的是进行宗教训练，我不明白它为什么会成为文学和科学的殿堂。"①

① [英]约翰·亨利·纽曼. 大学的理想[M]. 徐辉，顾建新，译. 杭州：浙江人民出版社，2001：1.

可见，大学本质上独立于教会之外，是相对独立的。如果大学变成教会、国家或任何局部利益的工具，那么大学将不再忠诚于它以知识为目的的本质。“大学是为自由研究的精神所塑造的”。虽然他在一定程度上也认为教会直接积极参与对大学的管理是必要的，以免大学与社区联手，在那些由教会独担的神学事务上与之为敌。然而，当他在1851年最终意识到自己被教皇任命为都柏林天主教大学校长的目的时（其目的是让他把大学变成一个受到精心保护的天主教的温室），纽曼毅然辞去了校长职务，以实际行动捍卫了他主张大学自治的立场。这种观点具有旺盛的生命力。一百多年后的美国学者罗伯特·赫钦斯（C·H. Haskins）对此也持相同观点。他深刻地指出，“失去了自治，高等教育就失去了精华。”①

但是，在高等教育哲学家约翰·布鲁贝克（J·S. Brubacher）看来，传统大学理念主张的大学自治，理想化色彩比较浓厚，在现实中这种自治是有限度的。他一方面承认自治是高深学问的最悠久的传统之一，也认为赞成自治的论据比较合乎逻辑，但是另一方面他又提醒我们，“有时经验而不是逻辑制约着学术传统。”②“在19世纪，英国和美国都不得不通过国家立法来打开自治的高等学府的铁门。”③他进一步断言，“现代高等教育合法存在的主要基础是政治论的。今日的学院和大学已经陷入了错综复杂的社会力量的网络之中。”④

对于这种观点，美国另一位知名学者马丁·特罗（Martin Trow）给出了有力的例证。他以二战后澳大利亚高等教育发展为个案，对政府与大学关系的发展趋势作出了判断。他认为，“澳大利亚的大学在社会变迁方面有向下发展的趋势，即向着成为大众化受控制的统一系统的普通成员方向发展。这种统一系统的成员在自由安排自己的教学和研究工作方向受到严格限制。”⑤而要减少中央政府对高等教育的控制，分权化或地区化是可行的办法。

马丁·特罗提出的缓解政府与高校矛盾的途径给学者们提供了新启发。为有效调和政府和高校两者之间日益尖锐的矛盾，1983年，美国学者伯顿·克拉

---

① ［美］约翰·布鲁贝克. 高等教育哲学［M］. 王承绪，郑继伟，张维平，等，译. 杭州：浙江教育出版社，1987：28.

② 同①，第29页.

③ 同①，第29页.

④ 同①，第46页.

⑤ ［美］伯顿·克拉克. 高等教育新论—多学科的研究［C］. 王承绪，徐辉，郑继伟，等，译. 杭州：浙江教育出版社，2001：149.

克(Burton R. Clark)在《高等教育系统:学术组织的跨国研究》一书中首次提出通过引入市场的力量来平衡政府与大学的权力的设想。他认为,高等教育发展受到政府、市场和大学自身三方面力量的综合影响,这三种力量相互之间可以形成一个协调三角形,每个角代表一种极端形式,即政府控制、市场导向和学术权威。三角形内部的任何一点都代表上述三种力量的不同组合。这就是著名的"三角协调模式"(见图 1)。他同时强调,每个国家由于历史传统、社会发展水平等因素的影响,政府与大学的关系也各不相同。如前苏联偏向政府控制,意大利偏向学术权威,而美国则倾向市场导向。①

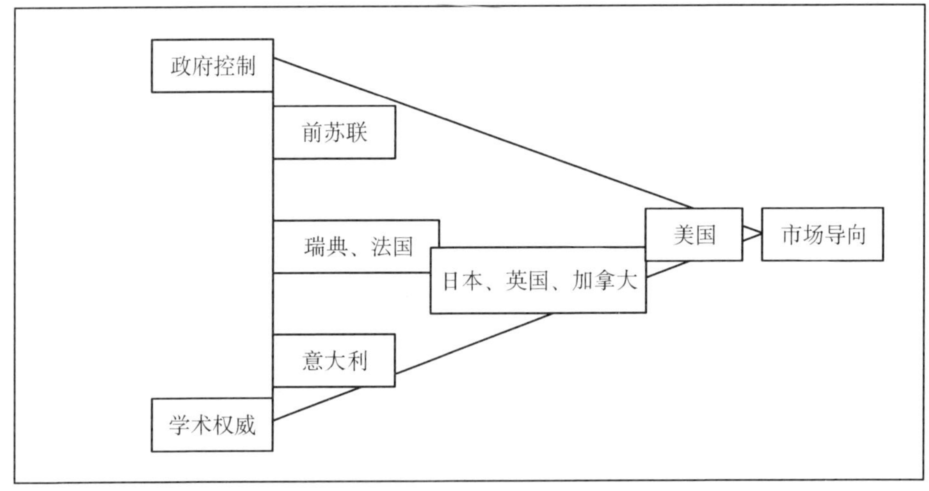

图 1　高等教育发展的三角协调模式

与之不同的是,荷兰学者弗兰斯・范富格特(Frans Van Vught)根据政府卷入高等教育程度的深浅,提出了国家控制(又称起干预作用的国家)和国家监管(又称起促进作用的国家)两种模式。国家控制模式是指政府卷入影响高等教育工作诸多方面的工作,包括学校的内部事务,如入学机会、课程学位要求、考试制度、教学人员的聘任和报酬等等;国家监督模式是指国家在高等教育发展过程中的影响是微弱的,诸多决策权都由高校自己决定。"国家提出高等教育运作的宽

① [美]伯顿・克拉克. 高等教育系统:学术组织的跨国研究[M]. 王承绪,徐辉,殷企平,等,译. 杭州:杭州大学出版社,1994:159.

阔的参数,但是有关使命和目标的基本决策乃是系统及其各院校的职权。”① 其代表作是《国际高等教育政策比较研究》。

由于高等教育发展的迅猛变化,英国经济学者加雷斯·威廉斯(Gareth L. Williams)在《高等教育的市场化:高等教育财政的变革与潜在变化》一文中,根据高等教育经费分配的相关研究结果又对克拉克和范富格特提出的模式进行了丰富和深化。他从大学经费来源的角度将其分为三种模式:官僚控制模式、学院控制模式和市场控制模式,其中官僚控制模式又可以细分为纯粹官僚模式、间接官僚模式和专业官僚模式。他认为每种模式都存有优点和不足。同时,他又从政府扮演的角色方面提出了六个细部模式,即竞争模式、政府作为监督者模式、政府作为促进者模式、政府作为供应者模式、政府支持消费者模式和政府作为消费者模式。②

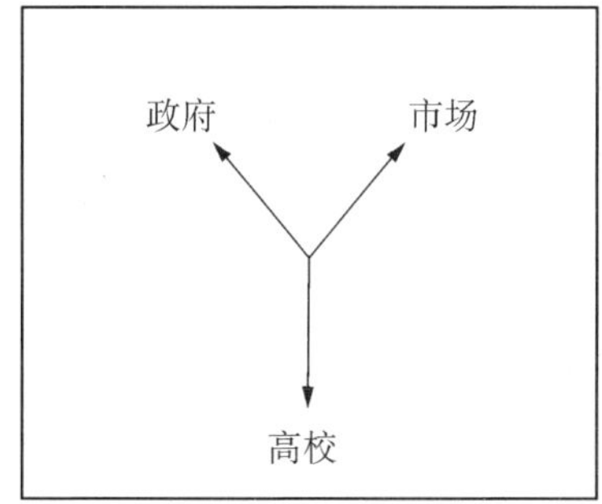

模式 1:竞争关系

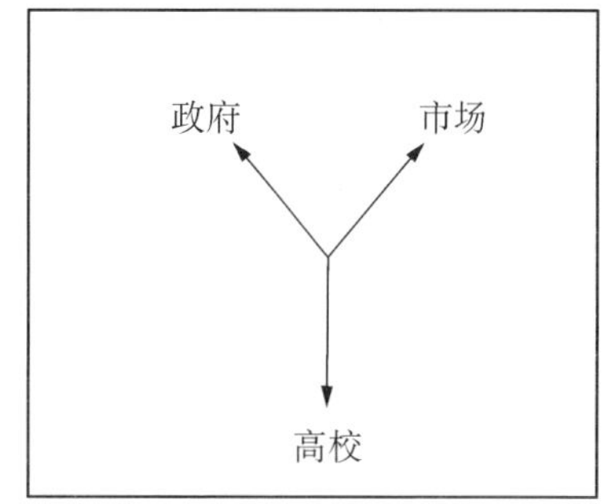

模式 2:政府作为监督者

图 2　高等教育发展的细部模式

在模式 1 中,高校像其他经济组织一样,受市场竞争所需要的专业知识、个人发展的需求和国家利益所左右。高校提供教学和科研服务的动机源于满足个体获得专业知识和技能,以及国家自身利益的考量,如学生获得知识和技能是为了提升自身的劳动价值,以及获得其他潜在的利益;政府则是为了增强国家的竞争力,抑或单单是为了维护其统治地位。

① [荷兰]弗兰斯·F·范富格特. 国际高等教育政策比较研究[C]. 王承绪,译. 杭州:浙江教育出版社,2001:414.

② Gareth L. Williams. The “Marketization”of higher education: reforms and potential reforms in higher education finance [A]. D. D. Dill & B. Sporn (eds.) Emerging patterns of social demand and university reform: Through a glass Darkly [C]. Oxford: Pergamon Press, 1995:171—173 .

如果专业知识和技能的需求不能被满足，或者自身利益被法律和集体行为，以及政府所保护，那么高校将会服务于他们的利益诉求。当高校的产品（学生）供不应求时，各个高校都会积极回应社会、政府的需求。这就是传统精英高等教育系统所面临的环境。

当专业知识更广泛地分散在媒体或者商业领域，保护主义被削弱，高校作为专业知识和技能供应者的权力减少了，他们会发现自己被一个或两个其他利益相关者所确定的方向所左右。学生的情景与此相似：如果接受高等教育的好处非常大，且机会均等，学生对高等教育不会苛刻要求，他们将会准备接受任何形式（层次）的高等教育。然而，如果高等教育带来的好处减少了，并且不是所有的毕业生都能得到相同程度的好处，那么学生将会对高校的要求更加苛刻。不能满足学生需求的大学和学院将会陷入麻烦之中。

然而，政府在这一情境中扮演着一个矛盾的角色。政府可能是一个裁判，调节供给方（高校）和需求方（市场）之间的关系，以确保公平竞争（见模式 2）。另外，政府也许视自身为游戏推动者的角色。为了达到超越市场的目的——比如，确保合格的工人或者复制社会结构——提供设施、制定游戏规则。在这一模式中（模式 3、模式 4）政府的作用是加强高校的供应商角色，甚至自己扮演供应商角色。第三种选择是政府可能在消费者背后发挥作用（见模式 5）。在极端的情况下，政府作为单一的代理消费者以垄断高等教育服务（见模式 6）。

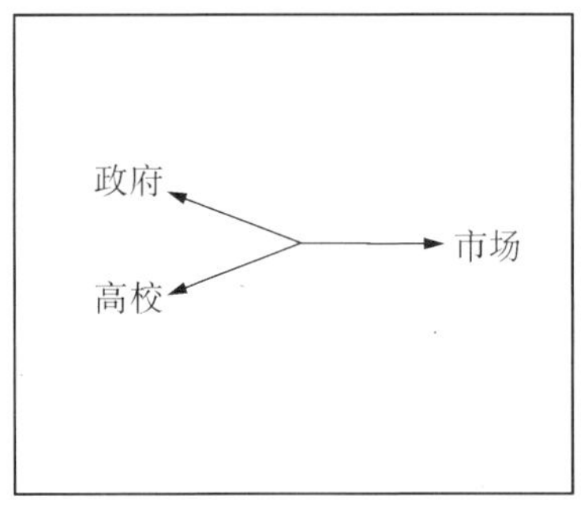

模式 3　政府作为促进者

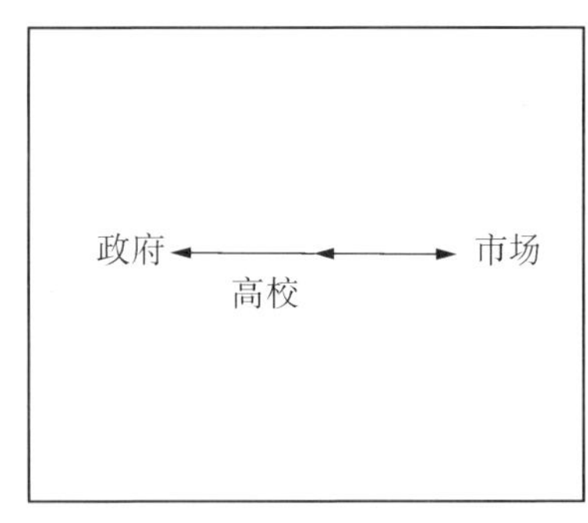

模式 4　政府作为供应者

图 3　高等教育发展的细部模式

模式 2 能广泛地说明英国政府以及大部分美国政府在高等教育中的传统角色。大学和学院在学生录取和教师聘任、科学研究、课程设置以及评估方面有很大的自主权。政府提供资金以巩固高校的自主权。

许多欧洲大陆国家的角色是模式 3 和模式 4。政府起着教育出资人的作用。政府任命教授,决定着哪些学生可以接受高等教育,并在课程设置和考试中起着很大的决定作用。国家和大学的作用有相当大的重叠。很多欧洲大陆国家的教授和其英国同行一样享有很大的学术自由和很好的工作保障。近几年发生的情况是政府已变得像模式 2 中那么中立,甚至部分转向模式 3 和模式 4 的情景。政府已经开始支持学生消费者,而不是学术的供应商,变得越来越像模式 5 和模式 6。即使在较极端的例子,政府也已经在缩小其与消费者之间的距离,而扩大和生产者之间距离。

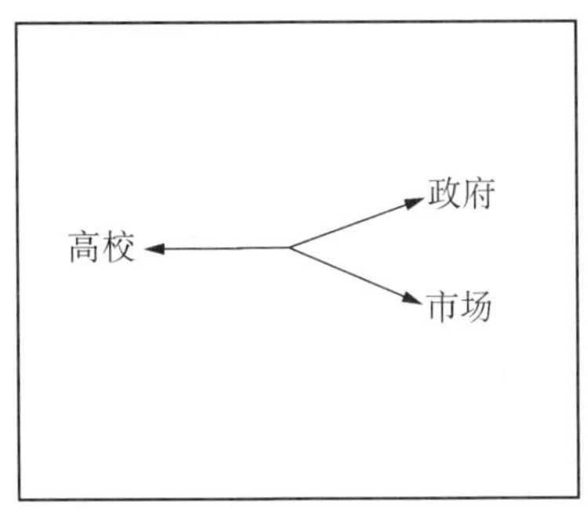

模式 5:政府支持消费者

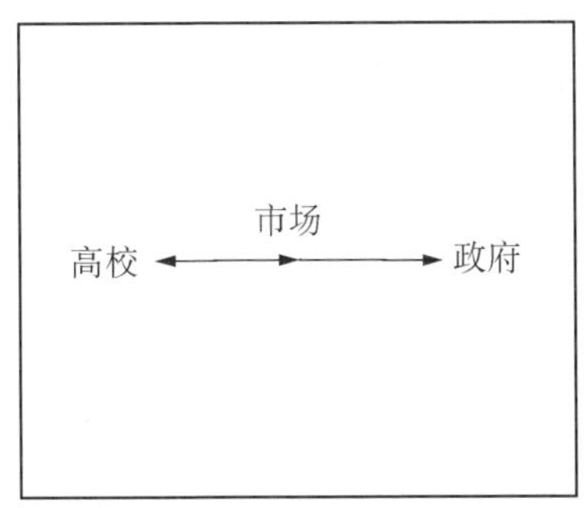

模式 6:政府作为消费者

图 4　高等教育发展的细部模式

尽管学者们提出了诸多设想,但没有就政府与高校关系给出明确的定性。海因斯(Hines)将美国公立高等教育与州政府之间的关系称作为伙伴关系。在伙伴关系中,政府和高校都要遵守一定的原则,共同合作,为学生及其他需求者提供中等后教育服务。政府和高等教育都有各自的目标和工作程序,同时双方又必须共同定义其关系。在一种真正的伙伴关系中,任何一方都无法单独定义这种关系。①

进入 21 世纪后,比利时鲁汶大学教授杰夫·范霍文(Jef C. Verhoeven)通过剖析法国、英国和比利时三个国家政府与高校关系的变化后认为,由于受新自由主义思潮在政治经济领域的影响、高等教育机构入学人数迅猛增加的现象以及人们倾向选择在高等教育政策方面更加开放的大学和院校的偏好,近十多年来,欧洲国家政府与高等教育机构的关联正在减弱,其主要表现就是政府放松管

① 转引自杨晓波.责任与自治:美国公立高校和政府的关系[J].高等教育研究,2003(3):102—106.

制、分权和大学自治,如法国和比利时(佛兰德区)从集权制走向分权制,英国(英格兰)从分权到集权。[①]

(二)国内研究动态

1979年12月6日,《人民日报》刊登了上海四位高校负责人对办好大学、扩大高校自主权问题的一些看法和意见。复旦大学苏步青校长认为,政府应该要相信校长能管好大学,学校自主权问题是教育体制问题。同济大学李国豪校长认为,现在高校没什么自主权,存在权力过分集中的现象。对此,华东师范大学刘佛年校长也表示赞同。他建议教育部门不要只用行政手段管学校,政府集权与高校自主要保持一个恰当的平衡,没有绝对的自主权和集权。所谓自主权,就是指用人权、财权和教学科研等方面的管理权。上海交通大学党委书记邓旭初直言,政府该统的没有统,不该统的统得太死。要想把大学办好,得给大学以适当的自主权。他建议,对大学的规模、专业设置、教职工编制、学生质量的最低要求等应由国家统一规定。而在国际交流等方面则可由学校根据本校实际自行决定。[②] 这篇文章吹响了开展政府与高校关系研究的号角。

此后,对政府与高校关系的研究随着经济体制改革及教育体制改革的不断深入而日渐升温。有学者利用中国知网(CNKI)文献检索系统分别以"大学(高校)、政府、关系"为"题名"和"关键词",精确检索了1980～2010年间国内跨库存文献,共检索到1 199篇和1 514篇,并作了年度分布统计。[③]

周川教授从政府应不应该管高校、管什么以及由哪一级政府来管、高校应该有哪些自主权等问题入手,阐述了政府与高校的关系。他认为,无论是从高校自身的生存与发展角度还是从促进社会发展进步的需求角度来说,政府都应该承担起管理高校的责任。这种责任体现在五个方面:一是规划与立法;二是拨款与筹款;三是评估与监督;四是制订设置高校标准;五是制订高校干部任免标准。相应地,高校也应该具有一定的办学自主权:一是自主设置专业;二是自主决定招生办法;三是依据干部标准自主选聘校院级领导人及系处级干部;四是自主评审教师职务;五是自主决定工资分配办法和奖惩办法;六是自主安排自筹资金的

---

① [比]Jef C. Verhoeven. 从欧洲的三个国家看—大学与政府关系的变化[J]. 郭歆,译. 清华大学教育评论,2003(5):1—8.

② 肖关根. 上海四位高校负责人呼吁:给高等学校一点自主权[N]. 人民日报,1979-12-6,第3版.

③ 何伟全,桂皎. 30年中国政府与高校关系的观察与反思[J]. 云南师范大学学报(哲学社会科学版),2011(6):138—145.

用途；七是自主调整校内院系设置；八是自主派出或接收留学人员。至于由哪一级政府管理高校，他主张实行以省级管理为主的体制。中央教育部主管部门要把主要管理职能下放给省级政府，行业部委主管的高校也要交由地方去办。①

劳凯声教授认为，政府与学校的关系从法律的角度看就是一个权力如何分配以及这种权力如何行使的问题。改革开放以来，随着高等教育体制改革的不断深入，要求在政府与高校之间形成一个既有利于政府进行统筹管理，又有利于调动各种社会力量参与办学的积极性，学校又具有较大的办学自主权的一种管理关系。这场改革要解决的不仅仅是政府与学校之间领导关系的问题，而是一次权力的重新划分，要重塑一种新的关系模式。为确保这种模式的形成，需要将政府与高校间的行政关系转向法律关系，并要确立有效的高等教育法律调控机制。②

胡建华教授借用了国外学者在分析大学与政府的关系时提出的两种模式（即国家控制的模式和国家监督的模式），他认为，20 世纪 80 年代以来，随着市场经济体制的逐步建立和高等教育体制改革的不断深入，我国大学与政府的关系也发生了某些重要的变化。从一定意义上讲，正在由“国家控制的模式”向“国家监督的模式”转变。这种转变成功的根本标志就是建立政府宏观管理、高校面向社会自主办学的体制。然而，由于市场尚处于发展与完善的过程之中，人们在大学与政府关系问题上长期形成的思维定式以及制度惯性仍在发挥着作用，因此在转变过程中政府如何发挥作用、高校如何自主办学，无论在理论上还是实践中都还没有得到很好解决。③ 胡建华教授还进一步认为，在大学与政府间保持一种必要的张力是保持两者关系动态平衡的关键，亦是构建现代大学与政府关系的基本原则。他通过分析战后日本国立大学与政府在一些重要问题上的冲突与调和所反映出来的两者关系的变化证明了自己的观点。④

龙献忠、陶静等认为，合作伙伴是治理理论的核心理念。传统政府与大学之间控制与被控制关系造成大学的办学自主权受到削弱、大学竞争市场难以形成、厌恶和阻碍创新等诸多弊端。同时，政府与非营利组织之间以及国外政府与大

---

① 周川. 高校与政府关系的几点思考[J]. 高等教育研究，1995(1)：73—77.

② 劳凯声. 高教体制改革中如何理顺政府与高校关系[J]. 中国高等教育，2001(20)：15—18.

③ 胡建华. 由“国家控制的模式”向“国家监督的模式”转变—大学与政府关系发展的基本走向[J]. 复旦教育论坛，2003(6)：3—5，17.

④ 胡建华. 必要的张力：构建现代大学与政府关系的基本原则[J]. 高等教育研究，2004(1)：100—104.

学之间合作伙伴关系的建立为我国政府与大学建立合作伙伴关系提供了借鉴和示范。构建我国政府与大学合作伙伴关系的路径有：改革大学单位制、推行大学法人化、重构政府公共权力、采取多中心治理模式和建立参与协商机制等。①

马陆亭研究员则认为，前一时期我国高等教育管理体制改革取得了突破性进展的提法主要体现在政府间关系的解决上，今后的重点应着力解决政府与高校的关系。为此要加强政府对高等学校的整体规划工作，改善行政作为的方式，通过制订大学章程和"契约"管理手段推动高等学校办学自主权的实现。②

（三）文献评析

以上仅仅按时间顺序列举了部分国内外大家的代表性观点。事实上，潜心研究政府与高校关系的学者队伍十分庞大，而且也的确有许多创新性的观点。回顾这些文献，学者们大致有五种理论视角，提出了三种主要的理想模型。

1. 五种理论视角

（1）角色论。"角色"是一个社会心理学术语，是指个体在特定的社会条件下在群体中所处的地位和身份。个体所处的地位不同，其社会角色也就不同，所展示出来的社会行为也就千差万别。在社会大系统中，政府是行政机关，高校则是学术机构，两者是不同的社会组织，扮演着不同的社会角色，发挥不同的作用。但两类组织是平等的，且都有自己的运行规则。前者"以力为中心"，而后者"以理为中心"。因此，在处理两者关系时，不能用某个组织的规则去要求其他组织，即既不能以政治领域的运行规则来要求高校，也不能以学术领域的运行规则来要求政府。政府在管理高校时主要应以法律手段为主，辅之以行政手段和经济手段。而高校则必须坚持在社会角色中的独立性，坚持大学自治与学术自由。在计划经济体制下，我国政府集举办者、管理者、办学者于一身，高校几乎是政府的行政附属物。社会主义市场经济体制的逐步确立和完善，对政府和高校的角色定位以及两者的关系提出严峻的挑战，需要分化与重塑政府角色，归位与调适高校角色，即政府要从高校的举办者、办学者的角色中脱离出来，成为高校的行政管理者，主要责任就是依法治教和教育服务，以宏观管理为主；而高校则要从政府的行政附属机关角色中解脱出来，成为独立自主的办学主体，并有权根据教

---

① 龙献忠，陶静．合作伙伴关系：治理视野中政府与大学关系的新愿景[J]．高等教育研究，2008(5)：38—43.

② 马陆亭．高教体制改革应转向解决政府与高校的关系[J]．民办高等教育研究，2008(4)：1—4.

育自身的规律和特点来组织和管理学校内部的日常办学活动。[①]

(2) 平衡论。自 20 世纪 90 年代初罗豪才教授首次提出现代行政法的基础是平衡论这个观点以来，[②]平衡论就与原来的管理论和控制论一起成为行政法的三个理论流派。与其他两种理论各自侧重政府和行政相对方的利益保护不同，平衡论站在兼顾双方利益的立场，主张行政主客体的权利与义务的均衡。"平衡论，即权利义务平衡论。"[③]为了建构学术免于官僚干涉的独立性，同时又保证国家控制部分专业如法律、神学和医学，早在 1798 年康德就试图寻求一种合适的模式来平衡大学和国家之间的需要。康德认为国家和大学的关系以基本的双元制为基础，并将大学的教学分为国家干涉的领域和不干涉的领域。[④]

以平衡论为依据，政府与高校的行政法律关系的变革需从以下几方面入手：一是明确高校与政府平等的法律关系。虽然双方权利和义务具有不对等性，但是通过这些倒置的不对等关系可以构成行政主体和行政相对方法律地位的总体平等，使原来的上下级领导与服从的隶属关系转变为间接的宏观调控关系、服务关系、合作关系、指导关系和监督关系等。二是分化和转变政府职能，实现大政府角色的转换，管理者和举办者的角色要分离。同时，国家要下放教育权，从具体的教育事务中退出来，减少"错位"现象。三是制订程序法，平衡政府与高校的权力分配；保障高校参与制定教育法规的权利、了解权、提出申请的权利、得到通知的权利、申请回避的权利、辩论权等，使高校在其利益受到侵害时能够依法得到救济。[⑤]

(3) 治理理论。"治理是指各种公共的和私人的个人和机构管理其共同事物的诸多方式的总和，它是使相互冲突的或不同的利益得以调和并且采取联合行动的持续过程。"[⑥]"治理的主要特征不再是监督，而是合同包工；不再是中央集权，而是权力分散；不再是行政部门的管理，而是根据市场原则的管理；不再是由国家指导，而是由国家和私营部门合作。"[⑦]其中权力的多中心化又是最重要

① 蒋建湘.论现阶段我国政府与高校的角色定位及其关系调整[J].现代大学教育，2002(5)：82—84.

② 罗豪才，袁曙宏，李文栋.现代行政法的理论基础—论行政机关与相对一方的权利义务平衡[J].中国法学，1993(1)：52—59.

③ 罗豪才.行政法之语义与意义分析[J].法制与社会发展，1995(4)：11—13.

④ 郑文.英国大学自治的理论基础和发展现状[J].现代大学教育，2006(4)：69—72.

⑤ 林玲.平衡论视野下的政府和高校关系的变革[J].内蒙古师范大学学报(教育科学版)，2007(7)：57—59.

⑥ 转引自俞可平.治理与善治[C].北京：社会科学文献出版社，2000：4.

⑦ 俞可平.全球治理引论[J].马克思主义与现实，2002(1)：20—32.

的特征。因此，在治理理论视野下政府不再是唯一的权力中心，各种公共或私人机构只要其行使的权力得到公众的认可，都可以在不同层面上成为相应的中心。因此，在举办权方面政府应该引入更多的办学主体，在现有公办高校中引入市场竞争机制，促进公共资源优化配置。在办学权方面，政府应将权力交给大学，使大学成为一个享有办学权、独立承担法律责任的法人实体。在管理方面，政府应该对大学进行宏观层面的监督与指导，改变传统的行政指令模式，以行政合同、协商、谈判的方式来管理高校，并与之建立完整的信息反馈渠道及权力双向、多向运行渠道。①

(4) 委托代理理论。委托代理理论是建立在非对称信息博弈论的基础上的一种理论。委托代理关系广泛存在于现代生活的各个领域。只要有两个或两个以上主体的合作性活动，就会有委托代理关系的产生。我国高等教育领域也存在一个多层的委托代理关系，政府与高校关系仅是其中的一个级别，且政府和高校同时扮演着委托人和代理人的角色。② 在社会主义市场经济体制逐步完善以及政府加快职能转变、高校对办学自主权呼声渐高的时代背景下，一是要进行市场化改造，淡化政府与高校间的行政色彩。政府对高校的管理实现直接向间接、具体向整体、刚性向弹性的转变。二是要赋予高校更多自治权，包括举办权、办学权和管理权，使政府对高等教育的管理从集中控制模式走向公共治理模式。三是要健全市场运行机制，包括建立非政府性高校评估机构以疏通政府与高校间的信息渠道；培育职业校长市场，建立代理人市场竞争机制，使委托代理关系由市场决定、监督、评价与奖惩，使委托方和代理方的目标保持一致。③

(5) 新公共管理理论。该理论认为政府不再是高高在上的官僚机构，而是一种服务机构。公民是享受政府服务的顾客。政府根据公民的需求来提供相应的服务。该理论主张以市场为导向学习和借鉴私营部门的管理方式和经验来提高政府服务效率，强化服务成本意识；主张重塑政府，强调要分权，从等级制度转变为参与和协作制；主张某些公共部门的私有化，或者是通过合同出让的方式，让更多的私人部门参与公共服务的供给等。④ 根据该理论的观点，要实现政府治理高校的目标，就必须要模糊公私机构之间的界限和责任，不能再坚持国家职能的专属性和排他性，而要强调国家与社会合作；强调国家与社会组织间的相互

---

① 敬然. 治理理论视野下我国政府与高校关系的重构[J]. 长白学刊，2008(6)：141—143.

② 李福华. 大学治理的理论基础与组织架构[M]. 北京：教育科学出版社，2008：99.

③ 建奇，钟云华. 基于委托代理理论的政府与高校关系构建[J]. 中国人力资源开发，2008(8)：9—11.

④ 李银珠. 西方新公共管理理论的契约框架：借鉴与启示[J]. 当代财经，2005(12)：60—65.

依赖关系，实现“大政府、小社会”向“小政府、大社会”转变；支持发展第三部门，以形成政府、高校和中介组织的稳定的平衡关系。①

2. 三种理想模型

(1) 依附论模型。依附理论是20世纪60、70年代西方一些激进派社会学家和拉美国家发展理论家用来批判西方现代化的理论，是分析第三世界国家发展道路的理论框架和研究方法。美国著名高等教育专家率先将此理论引入教育领域，用来分析西方发达国家与第三世界国家教育发展中的依附问题，并形成了教育依附理论。

由于政府是高校的主要政策和资源提供方，高等学校为了生存发展，为了增强在社会中、同行中的竞争力，对政府的依赖程度也越来越高。有学者认为，“铁的事实是，大学首先是国家的机构。”②高校必须要依附于政府，以获得发展所需要的政策和资源。因为“资源依附状态决定高校定位的类型”。③ 对民办高校而言，这种依附性更加明显，主要表现在两方面：一方面民办高校需要得到政府的行政审批才能获得合法性；另一方面民办高校的发展又离不开政府提供的政策资源，包括对民办高校的资金扶助政策、产权政策、回报政策、信贷政策等等。④潘懋元教授也认为，尽管学校和政府，尤其是私立大学和政府是有矛盾的，但高等教育的发展，包括私立高等教育的发展必须依靠政府。⑤

这种模型类似政府本位论或政府控制型。它有四个基本特征：一是自上而下，即政府行使权力，高等教育机构仅仅是响应政府的号召；二是同质化，即政府把高等教育看作一项同质的事业，不承认高等教育的松散结合和多维的性质；三是全方位控制，包括控制入学机会、课程学位要求、考试制度、教学人员的聘任和报酬等；四是直接干预，即政府直接影响高等教育的投入、生产和产出过程。⑥

① 罗大贵，杨红. 新公共管理理论视角下大学与政府之间的关系调整[J]. 学校党建与思想教育，2009(11)：21—23.

② [美]克拉克·克尔. 高等教育不能回避历史—21世纪的问题[M]. 王承绪，译. 杭州：浙江教育出版社，2001：34.

③ 王菊. 资源依附与高校发展定位的类型选择—从社会学的角度看我国高校发展定位问题[J]. 清华大学教育研究，2007(3)：60—64.

④ 张瑞，张莉娟. 民办高等教育中的资源依附现象探析[J]. 中国行政管理，2005(1)：100—104.

⑤ 潘懋元. 高等教育与社会的协调发展[J]. 复旦教育论坛，2005(1)：16—17.

⑥ 转引自杨明. 从政府控制模式到政府监督模式—中国高等教育政府管理模式的现代性转换[J]. 教育科学，2003(5)：1—4.

(2) 分离论模型。在布鲁贝克的分析中,认识论哲学强调"学术的客观性"和"价值自由",这种哲学实质是主张高校远离社会、远离政府,重回中世纪的"象牙塔"。的确,在大学产生之后的很长一段时间,政府与大学是没有多大联系的。有学者也指出,"14 世纪末以前,大学基本上不受政府的约束,并倾向于对现实持批判态度"。[①] 此外,一些经济学家也反对政府干预教育,赞成政府与高校分离。在英国经济学家密尔(又译为穆勒)看来,国家控制教育可能会使教育成为特定利益群体实现其利益的工具。由国家来控制教育会产生两方面的危险,"要知道,由国家强制教育是一回事,由国家亲自指导那个教育是完全不同的另一回事。"[②]新自由主义经济学家代表人物哈耶克也承认国家控制教育存在种种危险,认为政府与社会其他组织一样,仅仅是社会中的一种组织,它并不是社会的主宰。哈耶克主张政府从教育尤其是高等教育中退出,将其交给私人组织经营,政府的职责主要是提供资助以及扮演"守夜人"角色。[③]

(3) 合作论模型。虽然政府完全控制高校和高校完全自治在高等教育史上都有过相应的表现,但这种表现基本上都是很短暂的,并未形成大的潮流或趋势。而且从实践角度分析,世界各国的大学都不曾有过绝对的自治。事实证明,以上两种理论都不符合高等教育发展的规律,也都不能保持长久。政府与高校的关系绝不仅仅陷于两难选择。两者之间除了在权力配置上存在矛盾冲突之外,还有更多的合作空间。事实上,随着人类社会不断进步,政府与高校之间的相互依赖关系正日益加强和扩大,彼此通过合作都能满足各自的利益诉求。一方面,政府需要依赖高校培养经济社会发展的人才和科学研究,需要高校服务政府;而高校又需要政府提供充分的办学资源和重要的政策保障。两者是相辅相成的。从发展趋势看,社会越是向前发展,政府与高校之间的这种关系就越紧密。关键是如何在合作中保持两者之间的距离,防止各自的核心利益受到影响。

从依附论、分离论再到合作论,彰显了政府与高校关系变迁的历史脉络和发展趋势,也表明这样的事实:高校越趋近社会的中心,政府对其的依存度越高,政府与高校越来越成为捆绑在一起的利益相关方。从本质上看,政府与高校关系的调整其实就是双方利益诉求的变化和重新分配。双方之间究竟确立何种关

---

① 赵婷婷. 自治、控制与合作—政府与大学关系的演进历程[J]. 现代大学教育,2001(2):54—61.

② [英]约翰·密尔. 论自由[M]. 程崇华,译. 北京:商务印书馆,1959:115.

③ [英]弗里德利希·冯·哈耶克. 自由秩序原理(上)[M]. 邓正来,译. 北京:生活·读书·新知三联书店,1997:111.

系，既是一个有待于持续研究的历史理论问题，也是一个需要加以解决的实践问题。近年来，作为合作论的最新研究方向，构建政府与高校契约型关系渐渐由理论研究步入管理实践。法国、新加坡和日本等国已经采用了这种管理模式。我国有学者也提出探讨政府对高校的契约管理。从组织性质看，政府与高校都是为公共利益服务的机构，两者无论在形态还是在地位上都有一定的独立性和平等性。从现时背景看，高校已经走出象牙塔，而且与国家战略联系在一起。高校需要面向社会自主办学，但政府并不能因此而否定自己应有的责任，有效的管理既是学校的意志也是国家意志。政府对高校进行契约管理就是体现这种要求的一种方式。这种管理模式实质上就是要在政府与高校间建立一种真正平等的伙伴关系。无论是从历史上还是从现实中都可以找到对应的例子，如早期历史上的大学特许状，现阶段我国对“211 工程”和“985 工程”院校的管理都是一种直接或间接的契约管理。[①] 可见，这种理想模型将成为调适政府与高校利益诉求关系的一种新的理论尝试。

三、基本概念

（一）政府

政府是指执行国家权力进行政治统治并管理社会公共事务的机关。政府有广义和狭义之分，前者是指行使国家权力的所有机关总和，包括立法、行政、司法等公共机关，后者是专指国家权力的执行机关，即国家行政机关。本研究中的政府取狭义，尤其是指中央和地方管理教育事务的行政机构。

（二）高校

这是高等学校的简称。在我国高等学校根据性质和类型不同，又往往区分为公办高校、民办高校以及普通高校和成人高校。本研究中的高校主要是指普通高校，包括公办普通高校和民办普通高校两大部分。此外，与高校含义接近的有“大学”一词。在本研究中，如果没有特殊说明，视两者为同义。

（三）政府与高校关系

政府与高校关系主要是指两者之间的职能、责任、权利的边界划定以及作用和定位的明晰，往往又可以简称为“府校关系”或“政校关系”。

---

① 马陆亭.政府与高校间的契约管理模式探讨[J].中国高等教育，2008(21)：19—21.

(四) 契约

通俗意义上说,契约就是合同或协议,是两个以上行为主体相互间达成在法律上具有约束力的协议。对契约的认识可以从多种学科角度出发,包括社会学中的社会契约、行政法学中的行政契约、经济学中的不完全契约、心理契约等。本研究中所指的契约更多涉及行政契约和民事契约两部分的内容。

四、拟解决的问题及基本框架

从契约理论角度来审视政府与高校关系是一种新尝试,有许多的理论和实践问题需要探索认识。就笔者的能力范围,拟解决如下六个方面的问题:①什么是契约?契约是怎么产生的?其传统本义和现代内涵又是什么?政府与高校契约关系的实质内涵和主要特征是什么?②政府与高校建立契约关系有哪些主要的理论支撑?③在现阶段,我国政府与高校建立契约关系有何必要与可行性?④制约我国政府与高校建立契约关系的现实因素有哪些?⑤从全球视角来看,其他国家政府是否与高校存在契约关系?有何经验可以借鉴?有何教训可以吸取?⑥为构建这种契约关系,我国政府和高校需要做什么样的制度安排?

围绕这些问题,本研究的主要思路是:从分析问题入手,对已有相关研究文献进行梳理和评述,从中寻找相应的理论基础,构建研究模型。结合时代发展要求,阐述构建契约关系的必要性,面对现实制约因素,借鉴国外经验,从体制机制创新的角度来重新进行制度安排。因此,本研究的主要内容包括七大部分:

第一部分是导论。这部分的内容主要是以案例分析为切入口,引出本书所要阐述的主题,即政府与高校的关系;然后围绕这个主题对国内外现有文献资料进行归纳梳理并加以评析;在此基础上进一步划清本文所要研究的边界以及要解决的主要问题,并简单介绍本书所采用的研究方法。

第二部分是契约概说。主要是通过回溯契约在中西方的起源、分析契约的传统本义和契约在多学科领域中的应用及表现,归纳出契约精神的实质内涵。

第三部分是契约在政府与高校关系中的引入。主要是从政治、经济、文化以及教育自身等侧面阐述我国政府与高校建立契约型关系的必要性。同时,又从大学产生的历史根源以及实践需求介绍两者建立契约关系的可行性。

第四部分为理论基础,即政府与高校契约型关系的理论依托。主要通过介绍国家与社会关系理论、利益相关者理论和博弈理论的重要观点,来寻求我国政府与高校契约型关系的理念。

第五部分为历史回顾与问题归纳。通过回顾新中国成立以来我国政府与高校的关系，以及概括目前政府与高校关系的现状，根据契约的现代内涵，从平等、自由和问责等角度审视制约政府与高校契约关系建立的瓶颈障碍。

第六部分为西方发达国家经验的借鉴。主要选择美国、日本和法国这三个国家为代表，介绍政府与高校契约型关系在这些国家的表现形式，如美国的特许高校制度、日本的国立大学法人化和法国的行政合同制。

第七部分为对策建议。针对目前我国政府与高校在形成契约关系方面的障碍，从缔约机制、实施机制和违约机制等方面提出相应的对策建议。

五、主要研究方法

（一）文献分析

站在巨人的肩膀上来寻找课题进行研究，是研究者要遵循的基本规律。从研究方法角度来说，这实际上就是文献法的本质所在。文献法是一种既古老又富有活力的研究方法，也是最基础和用途最广泛的方法。其目的就是在浩如烟海的文献资料中搜集与课题研究相关的信息。恩格斯曾说过："历史从哪里开始，思想进程也应该从哪里开始。"[①] 因此，本研究将其列为首选，事实上也是必选的重要研究方法之一。

从操作层面来说，就是研究者利用多种信息渠道和采取多种有效方法，搜集、整理、消化和分析既有的研究成果，包括国内外学者的著作和论文，了解和掌握政府与高校关系的历史变迁与现状，把握政府与高校关系发展的动态与趋势。在综合这些文献资料的基础上，寻找研究的主题，明确研究的目的、阐述研究的意义以及厘清研究思路，提出研究假设。换言之，就是围绕"什么是政府与高校契约型关系"这个核心概念，回答"如何构建相应的制度来保证契约型关系的稳定"等问题，并作为研究的逻辑起点。

（二）比较分析

"比较的方法乃是人类思维本身的一项特征，是人类认识和理解世界的基本手段"。[②] 由于"人类面临许多基本的和共同的问题，但在不同时期和不同地方，

① 马克思，恩格斯. 马克思恩格斯选集（第2卷）[M]. 北京：人民出版社，1972：122.

② 梁治平. 法律的文化解释[A]. 见：梁治平，编. 法律的文化解释（增订本）[C]. 北京：生活·读书·新知三联书店，1998：36.

人们理解这些问题的立场、对待这些问题的态度和解决这些问题的方式并不相同……产生了不同的意义世界。”①

在经济全球化和高等教育国际化进程加快的背景下，世界各国间的交流日益频繁和必要。因此，一些国际经验很容易在世界范围内得到共享。古人云："知己知彼，百战不殆。"无论是"知己"还是"知彼"，其实都是一种寻找差异的比较研究法。

"知己"就是从纵向比较的维度，了解我国政府与高校关系发展的来龙去脉以及政府出台相关政策的时代背景，重点分析两者发展变化情况及政府政策调适的动机和原因；而"知彼"就是从横向比较的维度，以全球的视野审视世界各国和地区政府管理高校的现状，分析判断其发展的成功经验与失败教训。

（三）调查分析

"没有调查，就没有发言权。"调查的目的就是通过设计方案，收集与研究内容相关的材料加以分析和综合，对研究假设进行验证并为进一步的研究提供观点和论据。本研究主要通过调研教育行政主管部门及相关职能处室负责人和部分高校校长（院长），掌握政府与高校对契约关系的理解和认同程度，为研究积累丰富的第一手资料。

---

① 梁治平.法律的文化解释[A].见：梁治平，编.法律的文化解释（增订本）[C].生活·读书·新知三联书店，1998：37.

第一章
契约概说

第一节 契约的起源及传统本义

契约起源于人类的生产和交易活动。人类对它的认识与探索源远流长。作为一种古老的制度，契约几乎与人类的历史一样久远。在中西方浩如烟海的历史文献中对此都有记载，很容易发现其留下的印迹。西方的契约观点最早可以上溯至古希腊学者伊壁鸠鲁和古罗马学者卢克莱修。后者认为，人类曾经两次订立契约：一次是人类还没有语言之前神与人订立的原始契约，另一次是私有制出现后人与人之间订立的契约。这就是说，西方契约有两个源头：一是宗教的源头。如在希伯来语的《圣经·旧约》中有287次提到了"brit"（盟约）这个词，而"盟约"的意思就是指"合同"、"契约"。[①]《圣经》也提到人与人之间订立"盟约"，如在《圣经·创世记》中就有许多章节叙说了神与人之间的"盟约"；另一个就是世俗源头，主要是指古罗马的《十二铜表法》。生产力的提高使剩余产品的出现成为现实，并进一步导致贫富分化。为了遏止穷人与富人之间的争斗，维护安宁的社会秩序，人们重新订立了维护公共安全的盟约，要求人们自愿服从法律、遵守盟约。"一个人如果破坏了公共安宁的盟约，就绝不容易过一种镇静安祥的生活。"[②]本文侧重从世俗源头来回顾契约的产生与发展。

---

① [奥地利]雷立柏.圣经的语言和思想[M].卓新平，译.北京：宗教文化出版社，2000：14.

② [古罗马]卢克莱修.物性论[M].方书春，译.北京：商务印书馆，1981：333.

一、古罗马时代的契约

在世界历史上，古罗马具有非同一般的地位。它原本是意大利半岛上位于台伯河附近的一个很小的奴隶制国家。约在公元前4世纪左右，它开始向外扩张，陆续吞并了意大利半岛上其他小国以及希腊和地中海沿岸广大地区。公元前2世纪前后发展成为古罗马帝国。从地域上看，古罗马帝国是一个地跨亚、非、欧三大洲的大帝国。从社会领域看，它是一个多民族杂居、多元文化交织但又崇尚法治的国度。正是在这种文化包容、各种利益纷争的时代里，各种新事物不断涌现，不同利益群体为了维护各自的利益纷纷寻求合理的制度作为保障。因此，现代社会诸多事物皆可追溯至这个历史时代。契约就是其中之一。

“罗马法尤其是罗马契约法以各种思想方式、推理方法和一种专门用语贡献给各种各样的科学，这确是最令人惊奇的事。在曾经促进现代人的智力慾的各种主题中，除了物理学外，没有一门科学是没有经过罗马法律学滤过的，”[①]“所有现代契约概念都是从这个阶段发轫的。”[②]

(一) 从形式到实质：古罗马契约的涅槃

据史料考究，在罗马社会早期，并没有用来表述“契约”的专用词。“罗马社会早期并无契约自由的观念，甚至连契约概念的表述也是极为原始的。”[③]一般认为，罗马法中的契约概念来自拉丁语“耐克逊(nexum)”。“从一位拉丁考古学家传下来的一个定义，认为‘耐克逊’是每一种铜片和衡具的交易。”[④]交易当事方称之为“耐克先(nexi)”。在当今社会，交易行为随处可见，而且也非常便捷迅速。然而，对于尚处奴隶社会的古罗马，交易虽然也相对频繁，但是，如果交易行为要获得合法性，必须经过一个十分庄严且复杂的仪式。据公元前452年古罗马颁行的最早一部成文法——《十二铜表法》第六表第一条记载：“如有人缔结抵押自身或转让物件的契约，要有五个证人及一个司秤在场，那么当时所作的诺言不得违反。”这表明交易仪式有着严格的要求，一是交易当事方必须亲自到场，二是必须要有不少于五位的成年罗马市民到场作证，三是要有一个具有同样身份

---

① [英]梅因.古代法[M].沈景一，译.北京：商务印书馆，1996：191—192.

② 同①，第189页.

③ 马俊驹，陈本寒.罗马法契约自由思想的形成及对后世法律的影响[J].武汉大学学报(哲学社会科学版)，1995(1)：65—71.

④ 同①，第178页.

的市民扮演司秤，四是还要有一套完整的程序，交易当事人必须要按照这套程序说出规定的套话。著名法学家盖尤斯(Gaius)对此曾有过形象的描述：在交易开始时，司秤手持一把铜秤。买主手持铜块走到司秤面前说："依照罗马法律，此物应归我所有，是我以此铜块买来的。"然后，买主用铜块敲秤，并将它交给卖主，作为买价。买卖关系即宣告成立。

最初的时候，"耐克逊"多用于金钱的借贷，后来发展到一切要式行为都要采取这种庄重的仪式，而且只有这种庄重的仪式才能使当事双方的合意具有法律效力。因此，"耐克逊"又被广泛应用于商品交易之外的缔结婚姻、解放奴隶甚至订立遗嘱等活动。然而，这样一来，就与罗马市民法规定的财产所有权的让与概念——"曼兮帕蓄(mancipatio)"产生了混淆。"铜片和衡具是'曼兮帕蓄'的著名附属物。通过这种仪式，即在前文中描述过的古代仪式，'罗马财产'最高形式中的所有权就由一个人移转到另外一个人。'曼兮帕蓄'是一种让与，因此就发生了一个困难，因为这样的定义似乎把'契约'和'让与'混淆起来了，而在法律哲学上，它们不仅仅是各别的，而且在实际上是相互对立的……我们有不可误解的有关社会事务状态的各种迹象，证明'让与'和'契约'在实际上是混淆不分的；同时，直到人们在缔约和让与中采用一种别的实践前，这两个概念的差异从来没有为人们所领会到。"① 而且这种混淆的的确确在一段时期内普遍存在，都"把一个契约长期地认为是一种不完全的让与。"②

后来，随着罗马社会的进一步发展，"耐克逊"与"曼兮帕蓄"逐步分离开来，两者的边界也更加清晰。当铜片和衡具交易的目的在于让与财产时，就称为"曼兮帕蓄"；如果交易侧重于形式的庄严化，就称为"耐克逊"。前者更多地表示为物权，后者则涉及债权，专指契约。这时候的"耐克逊"虽然仍然具有较浓厚的让与色彩，但毕竟多了些买卖的意味，离契约(contract)的现代意义也更近了。

在早期的罗马，除了最初的"耐克逊"和"曼兮帕蓄"之外，也曾出现过要式契约和略式契约，其中要式契约又分为口头契约(contractus verbis)和文书契约(contractus litteris)，这属于市民法调整范畴；略式契约又细分为要物契约(contractus reais)和诺成契约(contractus consensu)，它们是万民法的产物。③

---

① [英]梅因. 古代法[M]. 沈景一，译. 北京：商务印书馆，1996：178.

② 同①，第181页.

③ [意]彼德罗·彭梵得. 罗马法教科书(中译本)[M]. 黄风，译. 北京：中国政法大学出版社，1996：309，359.

口头契约往往采用一问一答的方法进行，强调契约双方通过口约达成协议，并具有约束力。这种问答必须按照一定的形式进行，问话和答话都是固定的。比如："你答应给付?"，"我答应"；"你给付?"，"我给付"；"你允诺?"，"我允诺"；"你应保?"，"我应保"；"你担保?"，"我担保"；"你做?"，"我做"。①

文书契约是以债务依据的形式出现的一种契约形态。盖尤斯将它分为三类，即债权誊账、亲笔字据和约据。② 债权誊账起源于古罗马家庭的账目管理，主要用于本国人之间的债务关系，形式上比较宽松，缔约人到场与否皆具有约束力。亲笔字据和约据是古典法中适用于异邦人的文书契约。文书契约的出现导致了口头契约的进一步衰退。

要物契约是以标的物的给付为成立条件的。如果缔约人不履行给付，即使意思表示一致，也不产生债权债务关系。这种契约形态也可以分为四种：消费借贷、使用借贷、寄托和质押。诺成契约以缔约人的合意为契约成立的要件，不需要固定形式(如说套话、当事人到场等)，没有繁琐的手续(如书写契约等)，也不一定交付标的物。它分为四种，即买卖、租赁、合作和委托。在契约发展的四个阶段中，诺成契约的出现实现了契约从形式主义到实质主义的根本性转变，标志着古罗马契约的成熟和完善。亨利·梅因对此进行了高度评价，他说：

> 在生活的接触中，最普通和最重要的一种契约无疑是那称为"诺成"的第四种。每一个社会的集体生存，其较大部分是消耗在买卖、租赁、为了商业目的而进行的人与人之间的联合、一个人对另一个人的商业委托等等交易中，这无疑使罗马人像大多数的社会一样，考虑到把这些交易从专门手续的累赘中解脱出来，并尽可能使社会运动最有效的源泉不至阻塞。这类动机当然不以罗马人为限，而罗马人和其邻国人通商贸易，必然使他们有丰富的机会看到在我们面前的各种契约到处都有变成诺成的倾向，即一经表示相互同意立即具有拘束力……"诺成契约"在数量上是极端有限的。但是，毫无疑义它在契约法史上开创了一个新的阶段，所有现代契约概念都是从这个阶段发轫的，意志的运动构成合意，它现在完全孤立了，成为另外一种考虑的主题；在契约的观点上，形式全部被消除了，外部行为只是看作内部

---

① [古罗马]盖尤斯.法学阶梯[M].黄风，译.北京：中国政法大学出版社，1997：228.

② 转引自郑云瑞.西方契约理论的起源[J].比较法研究，1997(3)：259—272.

意志行为的象征。[①]

此后，随着罗马法在世界范围内的影响日益深远，契约的概念也随之延伸。当历史步入19世纪时，伴随着世界上第一部民法典——1804年《法国民法典》的诞生以及1896年《德国民法典》的颁布，现代意义上的契约终于获得了应有的法律地位，并由此逐步走向全世界。

(二) 对形式的眷恋：古罗马契约发展的特点

由于过分注重交易的形式，而且还与传统让与形式有所混淆，古罗马时代的"耐克逊"在某种意义上忽视了当事方的主观合意。契约行为的形式主义是这个时期契约的主要特点。"仪式不但和允约本身有同样的重要性，仪式甚至比允约更为重要。"[②]"由于人们仅强调形式在契约行为中的意义和作用，忽视了早期罗马契约行为中蕴涵的合意因素，没有给予合意因素以应有的地位。"[③]个中原因在于古罗马人非常注重传统，即使这种形式已经不适应时代发展的潮流，其仍然视之为有效的条件。正因如此，有学者认为，"与当事人的真实意思无关的耐克逊，与其说是一种契约，不如说是财产所有权的让与方式更为恰当，它与现代契约概念相去甚远。"[④]用亨利·梅因的话来说，"古代法特别使我看到粗糙形式和成熟时期的'契约'间存在一个很远的距离。"[⑤]

二、我国古代契约的历史回顾

虽然西方的契约制度较为完善，但从产生时间看却要落后于东方国家。如果从词源上来考究，我国古代跟古罗马相似的是，也没有"契约"一词，"契"和"约"是经常分开使用的。在我国古代典籍中，几乎很少出现两者连用的现象。但是，"我国使用契约的历史很长，如从原始社会末开始使用萌芽状态的契约算起……已有4000多年了。其间曾使用过的契约总数，大约接近于一个天文数字。"[⑥]"我国现存最早的契约原件是《西汉本始元年(公元前73年)居延陈长子

① [英]梅因. 古代法[M]. 沈景一，译. 北京：商务印书馆，1996：188—189.

② 同①，第181页.

③ 转引自郑云瑞. 西方契约理论的起源[J]. 比较法研究，1997(3)：259—272.

④ 马俊驹，陈本寒. 罗马法契约自由思想的形成及对后世法律的影响[J]. 武汉大学学报(哲学社会科学版)，1995(1)：65—71.

⑤ 同①，第177页.

⑥ 张传玺. 中国古代契约资料概述[J]. 法律文献信息与研究，2005(2)：6—13.

卖绔券》,距今也有两千多年了。”[①]

(一) 从判书到合同:我国古代契约形式的变迁

事实上,“中国古代的契约法(或制度)十分发达。虽然没有形成专门的契约法典和似于近代西方那么发达的契约理念,但是在各朝各代都已经有了关于契约的规范或民间习惯。”[②]只是在不同历史时期,由于受当时社会生产力发展程度的影响,契约也以不同的形式实际存在着。

在原始社会末期,随着经济的发展,人们的交换关系也日益频繁。但是由于没有文字,人们往往借助自然界的器物如卦、绳子、兽符等作为信物。《说文解字·后叙》中记载:“古者庖牺氏……始作《易》八卦,以垂宪象。及神农氏结绳为治,而统其事。”《史记·五帝本纪》又曰:黄帝“合符釜山”。在一些少数民族中也有使用竹签和木片等作为信物的。所有这些形式后来都称为“判书”。《周礼·秋官·朝士》中说,“凡有责者,有判书以治则听。”郑玄后来解释说,“判,半分而合。”意思是将交易的价格写在竹签或木片上,然后将其一分为二,买方和卖方各拿一半并以此为信,等到买方付清价格后就可从卖方那里拿回竹签或木片的另一半。现在看来,这种交易虽然原始,但已经比较接近契约的性质,而且它也成为我国判书制度的起点。

“已发现的有文字可证、有实物可考的最早的契约资料为西周中期的铜器铭文。”[③]“铭文还记载了当时订立契约的要式程式和官府官吏的职责。”[④]1996年在湖南长沙走马楼出土的简牍中,也记载了缔约程序和手续。虽然这个时期的契约还是以判书制度存在,但这种制度随着历史的发展,表现形式更加丰富。根据用途的不同,判书又细分为三种,即傅别、质剂和书契。《周礼·天宫·小宰》中说:“听称责以傅别”、“听卖买以质剂”、“听取予以书契”。这就是说,傅别用于借贷关系,其形状“谓为大手书于一札,中字别之”。质剂用于货物买卖关系,其形状“谓两书一札,同而别之”。书契用于赠予关系,其形状是“其券之象,书两札,刻其侧”。《周易大传·系辞传下》说:“上古结绳而治,后世圣人易之以书契,百官以治,万民以察。”根据契约的规格,又可分为大约和小约,前者主要是指邦国之间签订盟约、要约,后者则指民间契约,又称“万民约”。此外,根据契约的性

---

① 张传玺.中国古代契约资料概述[J].法律文献信息与研究,2005(2):6—13.

② 李仁玉,刘凯湘.契约观念与秩序创新[M].北京:北京大学出版社,1993:50.

③ 同①.

④ 孔庆明.法哲学新论[M].长春:吉林人民出版社,2002:345.

质，又有神之约、民之约、地之约、功之约、器之约和挈之约的区分。[①]

进入两晋时期后，中国古代契约的发展达到了高峰。主要原因是随着印刷术的发明，纸张使用日益广泛。相应地，原来借助自然界器物来订立契约的形式也开始转向依赖纸张。傅别、质剂等渐渐退出历史舞台，书契开始广为流传。标志性的事件就是出现了合同（又称"和同"）。"合同就是会合齐同之意"，[②]表示当事方意思一致。它从书契脱胎而来，又吸收了傅别和质剂等形式之长处。从判书开始算起，合同成为中国古代第五种契约形式。这种形式的特点是，将两札书并在一起，并在中间接缝处写上"合同"二字，以使每一札书上都有"合同"两字的一半。合同的出现也意味着我国古代人们对契约的认识更深入了。大约在唐代以后，合同就逐步成为通用名词。

（二）多样发展与官府干预：我国古代契约发展的特点

（1）契约种类逐步多样化，调整的范围也不断扩大。在原始社会时期，契约种类还停留在原始的买卖状态，即买卖契约，主要以口头契约为主。到西周时期，又丰富发展了租赁契约和借贷契约。这之前的契约主要是调整交易双方的权利关系。到秦汉时期出现了一种新的类型，即担保制度。契约开始涉及第三方的利害关系。当时，担保制度主要有保证担保和以物担保两种形式。在保证担保中，第三方与债权人商定，当债务人不履行债务行为时，由第三方来代为履行。这种担保主要以第三方的信用为基础。相应地，契约的使用范围也不再局限于不动产、债权等方面，而是扩展到买卖奴婢、边关贸易以及国与国之间的关系。到隋唐时期又新增了寄托契约。"唐代寄托保管行业相当发达，有专门的'寄附铺'接受委托寄存财物，还有专门从事仓储批发的'邸店'，又有专门寄存钱币的'柜坊'，因而这一时期的寄托契约也很丰富。"[③]

（2）官府干预色彩较浓厚。随着经济的不断繁荣，交易现象的频繁发生，一方面为了维护统治阶段的利益，另 方面也为了便于加强社会管理，官府逐步参与契约活动，在一定程度上主导了契约的发展。官府的这种参与主要体现在两个方面：一是制订统一的契约格式。契约皆由官方制作，并加盖朱色官印，使契约规范化。到唐代中后期，契约式样开始普遍流传了。在北宋时期，政府制订了

---

① 孔庆明．法哲学新论[M]．长春：吉林人民出版社，2002：346.

② 张传玺．秦汉问题研究[M]．北京：北京大学出版社，1985：177.

③ 马王君．论中国古代的契约制度[J]．河南政法管理干部学院学报，1999(2)：75—78.

典卖契约的标准样式。这种样式由地方官府印刷，又叫“官板契纸”或“印纸”。老百姓如果要进行交易，需要去官府购买这种“印纸”，然后再根据当事方的意愿进行填充，最后再交相应的税契。二是设立专门管理机构。据史料记载，秦末西汉初期，在长安以及一些重要城镇设有专门机构，负责管理贸易市场及边关贸易。隋唐时期，这些机构不仅管理范围得到扩大，而且管理的规定也日益明确。“如《唐律》规定，对较为重要的动产如奴婢等的买卖，须在成交三日内由主司‘市券’，即须由官府强行订立买契约，以办理过户手续和征收税金。”①

三、契约的传统本义与主要功能

(一) 协议(合同):契约的传统本义

“现代技术世界是一个典型的以契约为基础的世界，契约不仅远未死亡，而且已经横扫世界——正如悲观主义者可能说的那样——像瘟疫一样。”②关于契约的概念，世界各国表述不尽一致，在历史上有过多种表述。据不完全统计，目前有关契约的概念“已有上千种意思”。③ 然而，不同的生活层面、不同的学科视野对契约的理解和运用也有不同的侧重。因此，“对一个概念下定义的任何企图，必须要将表示该概念的这个词的通常用法当作它的出发点。”④

从语词上分析，“契约”是一个同义复合词，由“契”和“约”两个同义词合并而成。在中国古代，“契”既指一种协议过程，又指一种协议的结果。《说文解字》说:“契，大约也”。所谓“大约”是指邦国之间的一种盟约、要约。为了保证这种协约的效力，还要辅之以“书契”。书契就是符书，是指用来证明出卖、租赁、借贷、抵押等关系的文书，以及法律条文、案卷、总账、具结等。“契约”这个合成词最早见于《魏书·鹿悆传》，据该书记载:

> 景俊送悆上戏马台，北望城垒，曰:“何此城之固，良非彼军士所能图拟，卿可语二王，回师改计。”悆曰:“金墉汤池，冲甲弥巧，贵守以人，何论险害!”还军，于路与梁话誓盟。契约既固，未旬，综果降。

---

① 马王君.论中国古代的契约制度[J].河南政法管理干部学院学报，1999(2):75—78.

② [美]麦克尼尔.新社会契约论[M].雷喜宁，潘勤，译.北京:中国政法大学出版社，1994:65.

③ 同②，第4页.

④ [奥]汉斯·凯尔森.法与国家的一般理论[M].沈宗灵，译.北京:中国大百科全书出版社，1996:4.

可见，在中国古代，契约主要是作为一种盟约和约定的媒介或形式。这种原始的“契约”大致包含了三层涵义。第一层涵义是指书写形式的分类。即刻于金、木之上者，称之为“契”，而书写于竹、木纸帛之上者，称之为“约”。第二层涵义是从缔约的行为层面来解释，以刀、丝等工具作为分券、束约的主要方式；第三是象征意义方面。刀、丝之类的工具介入契约形诸文字有其象征意义，蕴含朴素的契约理念。契主双方须经周密思考，一旦达成协议，则不许反悔。以上三方面涵义可归纳为“联信结义”、“相互约束”、“立约不悔”，这三者共同构成了中国古代契约的原始观念。[①]

在西方，从早期的“耐克逊”可以引申出“有联系”或“有约束的联系”之义。它表明，“在一个契约合意下的人们由一个强有力的约束或连锁联结在一起，这个观念一直继续着，直到最后影响着罗马的‘契约’法律学；并且由这里顺流而下，它和各种现代观念混合起来。”[②] 由于约束的目的是为了维持交易活动的秩序，强制交易双方履行相应的义务，因此，契约首先就与秩序和法联系在一起。契约常被定义为在法律上具有强制执行力的许诺或协议。然而，由于大陆法系和英美法系的本质不同，两者对契约的理解也略有差异。

大陆法系国家侧重于强调契约的合意。如 1804 年公布的《法国民法典》第 1101 条规定，“契约为一种合意，依此合意，一人或数人对于其他一人或数人负担给付、作为或不作为的债务。”[③] 19 世纪末公布的《德国民法典》第 154 条也规定，“依当事人双方甚至一方的意思表示认为契约所有各点的合意为必要者，在契约的所有各点未经双方合意以前，如有疑义时，其契约为未成立。对于个别之点的合意，虽曾记载于书面，亦不发生其效力。”[④] 可见，在大陆法系中，契约的本质就是双方当事人的合意。双方当事人以发生、变更、担保或消灭某种法律关系为目的的协议就叫契约。

而在英美法系中，契约的承诺或协议内容得到强化。如美国《合同法重述》对契约定义为一个或一组承诺(promise)，法律对于契约的不履行给予救济或者在一定意义上承认契约的履行为义务，若违反允诺，法律将给予救济(remedy)。[⑤] 在

---

① 刘云生. 中国古代契约法研究[M]. 重庆：西南师范大学出版社，2000：36—37.
② [英]梅因. 古代法[M]. 沈景一，译. 北京：商务印书馆，1996：177—178.
③ 法国民法典[C]. 马育民，译. 北京：北京大学出版社，1982：221.
④ 沈达明，冯大同，赵宏勋，等. 国际商法(上)[C]. 北京：对外贸易出版社，1982：191.
⑤ 同④，第 43 页.

《牛津法律大辞典》中，契约是指两人或多人之间为在相互间设定合法义务而达成的具有法律强制力的协议，强调契约的法律效力；在理解契约的意义时认为，契约中双方当事人必须有交换的事实，契约成立，双方必须有协议。在英国《不列颠百科全书》中，按照最简单的定义，契约就是可以依法执行的诺言。《布莱克法律词典》将契约解释为两个或多个当事人为创设作为或不作为的义务所作的承诺。①

由此可知，尽管契约概念被不断地赋予新的含义，但古罗马时代对契约的界定——即契约是由于双方意思一致而产生相互间法律关系的一种约定，仍然是当代各种契约观念共同的历史渊源。基于此，我们认为，所谓契约就是一种当事双方或多方就各自利益要求满足心理预期，即在合意基础上而形成的一种具有法律效力的协议，实质上是一个由不同当事人以追求合意为目的而相互支持又彼此制衡的一个利益共同体。这个共同体有三个特征：一是当事人共享契约所赋予的权力，没有任何的独裁或专断行为，强调共同决策，二是契约的履行需要当事人的共同治理，任何一方的违约都将受到其他当事人的惩罚；三是以共赢为目的。即契约所规定的所有当事人的利益均要实现，侧重合作共赢。概括起来说，就是要共权、共治和共赢。

（二）合意与交换：契约的内在规定性

无论契约在不同历史阶段其内涵有何变化，但其本质上都有着相似的内在规定性。这种规定性主要体现在两个方面：

（1）以合意为前提。契约的订立往往需要几个主体共同参与，仅仅一个主体是不可能形成契约的。因此，契约能否形成就要看当事方是否有订立契约的意愿，是否对契约拟定的内容认可。不能依靠任何外力强制或迫使当事方签订契约，或者签订不平等的契约。也即订立契约是当事方自主自愿进行的，任何通过采用威胁或其他胁迫方式订立的契约都是无效的。只有各当事方都愿意签订契约且对契约内容协商一致并全部认可后，契约方才有效。所以，契约是当事方达成一致意见或者协商同意后的一种行为结果。在这个意义上来说，当事方的合意是契约成立的前提条件。而且这种合意不是某一个当事方的合意，而是所有当事方的相互合意。著名经济学家张五常教授曾指出，契约就是“合意，一个相互的合意”。没有合意的契约就不是真正意义上的契约。从根本上说，也就没

① 转引自杨解君．论行政法理念的塑造[J]．法学评论，2003(1)：19—27.

有契约的产生。

(2) 以交换为内容。契约是随着私有财产不断丰富并且有交换需求而发展起来的。它是商品交换活动的直接产物。契约的目的就是为了保证商品交换活动的正常进行。因此,交换也就成了契约的主要内容。无论是大陆法系还是英美法系均认识到,契约的目的是为了设立、变更或消灭权利义务关系,即为正当的交易。[①] 它是立约人在缔约时认为对双方更为有利的一种交易,以自主的方式在当事人之间公平地分配权利和义务,并最大限度地反映人们的自由意志和利益追求。这种交换既包括简单的实物交换,也隐含着高层次的权利、责任和利益的交换。没有交换的契约是空洞的契约,是形式上的契约,也是没有意义的契约。交换充实了契约这种形式的空间,也为契约得以延续发展提供了保障。

(三) 契约的主要功能

"契约功能是指通过契约来协调人类社会中的各种关系、维护社会的正常的生产和生活秩序、保持社会的永续发展的一种调节力量。它不仅包涵主体的个体化与独立性,也包括主体的社会化与平等性,体现着自由、平等、权利、竞争、协作等一系列规则"。[②] 简单地说,契约的功能有几个方面:

(1) 可以保护当事方合法利益。契约是在当事方合意的前提下形成的,对各方的权利义务都作了明确的规定。契约一旦订立就具有法律效力,必须加以执行。所有当事方都有执行契约的义务,严格按契约履行规定的权利与义务。只要其中一方不执行或执行不到位,就会影响到其他当事人的合法利益,就要受到相应的处理,这样就保证了当事人的合法权益。

(2) 可以维护社会秩序的稳定。契约是一系列规则的集合,是平等主体之间自由意志的协商结果。它从经济、政治等方面明确了所有当事方的社会关系。一个契约如此,那么无数个契约的叠加则可以明确全社会人的相互关系。契约反过来又可以约束当事方的不良行为,从而使其走上合法的履约道路,最终维护了整个社会的经济秩序、公共秩序甚至政治秩序。

(3) 可以弥补和完善国家法律。契约关系历来就是法律规制的重要对象。契约与法律的关系也非常密切。但是法律也有不足之处:一方面,法律是一种抽象性的规范,具有强制性的特点,需要依靠国家强制力来约束人们的行为;另一

---

① 李永军. 契约效力的根源及其正当化说明理论[J]. 比较法研究,1998(3):225.

② 张涛. 论小康社会中契约功能的实现[J]. 石油大学学报(社会科学版),2005(1):34—37.

方面，法律“从根本上说不是直接规定人们应该做什么和不应该做什么，而是间接地规定一个人们的自治范围，让人们根据自己的认识和判断以及直接所处的具体环境和情况去自行立法，即私人自治和契约自由”。[①] 所以，契约所强调的自由的“软性”又可以弥补和完善国家法律的“刚性”。

第二节　契约的广泛应用及契约精神

一、契约在多学科领域的应用

在中西方文化史中，契约文化历史悠久。契约的使用范围随着人类社会的不断发展也在不断延伸和扩展，以至于所有领域都可见契约的身影。我国学者何怀宏教授将其归纳为四个方面：一是在经济法律领域中的使用，如罗马法；二是在宗教神学领域中的使用，如《圣经》；三是在社会政治学领域中的使用，如霍布斯、洛克等的论著；四是在道德哲学领域中的使用，如康德、罗尔斯等的著作。[②] “契约的性质常常被律师从技术学说角度讨论，也被伦理学家、经济学家和政治理论家从普遍的社会哲学视角加以讨论”。[③] 本文仅以政治哲学、行政法学、经济学和法社会学四个学科领域为例来描述契约的使用范围。

（一）政治哲学中的契约

国家起源理论是西方政治哲学的重要组成部分和主要研究领域。这也是契约在政治哲学中的重要应用。有据可考，早在古希腊时期一些学者就开始尝试从契约角度来探索国家起源的问题。如智者学派、伊壁鸠鲁学派和斯多噶学派。其中最著名的莫过于伊壁鸠鲁。他最先提出了一个影响至今的著名论断，即国家起源于人们相互间的契约。在此之后，不同历史时期的学者根据当时的社会发展状况又对此观点进行了丰富和发展，提出了许多独立见解，代表人物包括近代的格老秀斯、斯宾诺沙、霍布斯、洛克、卢梭以及现代的罗尔斯等思想家。

时至今日，在政治哲学中大致有三种典型的契约理论，即古代社会契约理

---

① 邱本.契约总论[J].吉林大学社会科学学报，1995(4)：39—47.

② 何宏怀.契约伦理与社会正义—罗尔斯正义论中的历史和理性[M].北京：中国人民大学出版社，1993：12.

③ [美]莫里斯·科恩.契约的基础[J].于立深，周丽，译.法制与社会发展，2005(1)：147—158.

论、近代社会契约理论和现代社会契约理论。

（1）古代社会契约理论。主要是指古希腊时期围绕国家产生所形成的相关论述。当时城邦制逐步走向衰落，人们不但无力拯救这种制度，而且无法在新的国家中找到自己的方位，因而只能更多地从自我角度来思考问题。其根本观点是国家和法律不是神意的安排，也不是根据宇宙的自然秩序形成的，而是人类为了某种需要和目的以契约的方式建立起来的。这种朴素的契约论思想反映了民众的自觉意识和对统治阶级滥用权力发动战争的厌恶，也揭示了百姓对稳定而有保障的生活的向往。

智者学派的普罗泰戈拉认为，城邦的产生是因为人类最初迫于生活需要，联合起来组成社会、建立城邦。而集大成者则非伊壁鸠鲁莫属。作为德谟克利特原子论的忠实继续者，伊壁鸠鲁认为，原子的运动除了直线下落和“偏斜”运动这两种形式外，还有第三种运动形式，即“碰撞”。而这种“碰撞”在社会政治生活中的直观化就是社会契约。他明确指出，国家和法的形成是人们在长期发展过程中彼此订立的契约，其存在的价值在于保障个人的自由和安全，从而将智者学派有关国家和法形成的思想上升到一种理论。他的这种契约论思想充分体现在他的《格言集》中，如“自然法是一种求得互不伤害和都不受害的（对双方）有利的契约”、“公正不是某个自身存在的东西，而是存在于人们的互相交往中，它是一种契约，是每一次在一些国家内为了不损害他人和不受他人损害而制订的契约”、“公正没有独立的存在，而是由相互约定而来，在任何观点，任何时间，只要有一个防范彼此伤害的相互约定，公正就成立了”等。① 正因为伊壁鸠鲁第一次提出了契约论，马克思称赞其为最伟大的希腊启蒙思想家。后来古罗马学者西塞罗进一步阐述了伊壁鸠鲁的观点，他认为“国家是人民的事务。人民不是偶然汇集一处的人群，而是为数众多的人们依据公认的法律和共同的利益聚合起来的共同体”。② 在这里，公认法律的实质就是一种约定，其中隐含了契约的思想。

（2）近代社会契约理论。当西欧封建社会进入最后历史阶段之际，伴随着工业革命的兴起和资产阶级的出现，契约理论也获得前所未有的大发展。“一个愈来愈以自由买卖契约为基础而安排其经济事务的社会，愈来愈以自由契约的

① 转引自黄克剑.“社会契约论”辨正[J].哲学研究，1997(3)：28—39.

② 谭平.古希腊罗马时期的“契约论”[N].学习时报，2005－10－25.第6版.

眼光来观察它与国家的关系,是再自然不过的事”。[①] 这个阶段的契约理论以“自然法”和“天赋人权”为基石,重点阐释国家权力与人类自由关系之间的内在逻辑。

1651年,霍布斯出版《利维坦》一书。在该书中,他认为国家不是神造的,而是人造的,它既不是上帝派定的,也不是自古以来就存在的,而是一种人造物体。那么,人是怎么造成国家的呢?他认为,人们最初的生活处于“自然状态”,即每个人都按照自己的本性而生活。由于“自然状态”中蕴含着“自然权利”和“自然法”的矛盾,人们为了越出“自然状态”,摆脱战争的威胁,就必须放弃一些自然权利,必须要有社会契约,“其方式就好像是人人都对每一个其他的人说:我承认这个人或这个集体,并放弃我管理自己的权利,把它授予这人或这个集体,但是条件是你也把自己的权利拿出来授予他,并以同样的方式承认他的一切行为。这一点办到之后,像这样统一在一个人格之中的一群人就称为国家”。[②] 这种权利的相互转换就是契约。“如果权利的转让不是相互的,而是一方转让,其目的是希望因此获得他方或其友人的友谊或服务……便不是契约,而是赠与、无偿赠与或恩惠”。[③] 而对于契约的内容,霍布斯认为,“有些是明确的,有些是推测的。明确的表示是所说的言词具有其本意的理解……推测的表示有时是语言的结果;有时是沉默的结果;有时是行为的结果,有时是不行为的结果。”[④]关于契约的订立方,他认为,契约是个人之间达成的协议,而不是君主与臣民之间的协议。契约的当事方是允诺把权利给君主的人,而君主不在其中,且他不受契约的任何限制。同时,人们一旦让出权利就再也不能收回,否则就是违约。“因为被他们推为主权者的那个人承当大家的人格的权利只是由于他们彼此间的信约所授予的,而不是由他对他们之中任何人的信约所授予的,于是主权者方面便不会违反信约;这样一来,他的臣民便不能以取消主权的借口解除对他的服从。”[⑤]

虽然洛克也认可“自然状态说”,但他发展了一套与霍布斯不同的理论。洛克设想的“自然状态”并不是霍布斯所描述的那种“每一个人对每个人的战争状

---

① [美]约翰·麦克里兰.西方政治思想史[M].彭淮栋,译.海口:海南出版社,2003:215.

② [英]霍布斯.利维坦[M].黎思复,黎廷弼,译.北京:商务印书馆,1985:131—132.

③ 同②,第101页.

④ 同②,第101页.

⑤ 同②,第134页.

态”，而是一种“完备无缺的自由状态”，“这也是一种平等的状态，在这种状态中，一切权利和管辖权都是相互的，没有一个人享有多于别人的权利”，[①]这些权利就包括生存的权利、享有自由的权利以及财产权。这也是构成他“天赋人权”说的重要内容。洛克强调这是一种自由状态，不是一个放任状态，但腐化和罪恶以及犯罪现象也在所难免。“既然人们都像他一样有王者的气派，人人同他都是平等的，而大部分人又并不严格遵守公道和正义，他在这种状态中对财产的享有就不安全，很不稳妥。”[②]可见，这种自然状态极不稳定且经常存在受到别人侵犯的威胁。“为了保护人们的生命、自由和财产等天赋权利不受侵害，克服自然状态的种种缺陷，人们在理性的启示下，相互协议订立契约，自愿放弃个人一部分自然权利从而交给社会，组成一个机构来行使，国家由此建立起来了。”[③]因此，国家或政府的权威来自社会契约，而且这种社会契约只有取得被统治者的同意时才能成立。由此，他进一步提出了与霍布斯主张契约不可收回的相反的观点，即社会契约是可以收回的，也是可以废除的。如果国家或政府的统治没有得到人们的同意，那么人们就有推翻政府的权利。“当立法者们谋图夺取和破坏人民的财产或贬低他们的地位使其处于专断权力下的奴役状态时，立法者就使自己与人民处于战争状态，人们因此就无需再予服从，而只有寻求上帝给予人们抵制强暴的共同庇护”。[④]

“契约论在启蒙时代的西方是幸运的；正像它在 17 世纪遇到过洛克那样，它在 18 世纪遇到了卢梭。”[⑤]在人们为什么在自然状态下转让权利从而形成契约这个问题上，与霍布斯和洛克一样，卢梭认为，“人是生而自由的，但却无往不在枷锁之中。”这就是说，在自然状态下每个人都会遇到自身能力无法应付的情况，必须要与他人联合才能生存。“我假定人类曾经走到这一步：在自然状态中侵害人类生存的各种障碍在强度上超出了每个个人为了维持该状态所能使用的力量。于是这种原始状态便难以为继了，人类如果不改变，生存方式将行将毁灭。”[⑥]“找到一种结合方式，它用全部共同的力量来捍卫和保护每个结合者的人

---

① [英]洛克. 政府论(下篇)[M]. 叶启芳，瞿菊农，译. 北京：商务印书馆，1996：5.
② 同①，第 77 页.
③ 王义保. 论国家起源的不同契约观及启示[J]. 学海，2004(1)：188—192.
④ 同①，第 133—134 页.
⑤ 黄克剑. “社会契约论”辨正[J]. 哲学研究，1997(3)：28—39.
⑥ [法]卢梭. 社会契约论[M]. 杨国政，译. 西安：陕西人民出版社，2004：10—11.

身和财产，每个人虽与众人结合，却只服从他自己，并且和从前一样自由。”[①]解决的有效办法就是订立契约。因此，他认为，一个理想的社会建立于人与人之间而非人与政府之间的契约关系。难能可贵的是，卢梭还用一句话界定了社会契约的大意，“如果我们把那些非本质因素从社会契约中排除，我们就会发现社会契约可以归结为下面的话：我们每个人都把自己的人身和全部力量共同置于普遍意志的最高领导之下，我们接受每个成员进入集体，作为整体不可分割的一部分。”[②]

(3) 现代社会契约理论。由于以洛克和卢梭为代表的资产阶级启蒙思想家将社会契约理论发展到了前所未有的高度，以至于此后近两百年来都无人能出其右，政治哲学也一度步入低谷。一直到20世纪70年代，由于以罗尔斯为代表的新自由主义者的出现，才再次将政治哲学的发展推向另一个发展巅峰，也复兴和超越了以往的社会契约思想。

罗尔斯的社会契约理论以洛克等提出的社会契约论为基础，“我一直试图做的就是要进一步概括洛克、卢梭和康德所代表的传统的社会契约理论，使之上升到一种更高的抽象水平。”[③]但罗尔斯反对他们提出的“自然法”和“天赋人权”等理论的自明性，认为社会契约理论的逻辑起点应该是“原始状态”。这种“原始状态”由“自然状态”演化而来，但是从形式上看，“原始状态”是剔除了一切历史、现实和经验因素的一种最初状态。“这种原初状态当然不可以看作是一种实际的历史状态，也并非文明之初的那种真实的原始状况，它应被理解为一种用来达到某种确定的正义观的纯粹假设的状态。”[④]在这种“原始状态”里，人们所处的环境和禀赋差别不大，自然资源和其他资源处于“中等程度匮乏”；另一方面，人们又是无知的，既不知道自己先天的资质和能力，也不知道他在社会中所处的阶级地位，因而人们需要相互联合以过上一种比他们各自努力单独生存更好的生活。罗尔斯认为这种“原始状态”是最公平的。在这里相互联合可以理解为人与人之间所达成的契约。可见，罗尔斯设立“原始状态”的目的就是要建立一种公平的程度，以确保共同达成契约是正义和公平的，即保证缔约的环境是公平的，缔约的结果——正义——也是公平的。在这种公平的缔约环境里，生活在其中的人

---

① [法]卢梭. 社会契约论[M]. 杨国政，译. 西安：陕西人民出版社，2004：11.
② 同①，第12页.
③ [美]约翰·罗尔斯. 正义论[M]. 何怀宏，何包钢，廖申白，等，译. 北京：中国社会科学出版社，1988：2.
④ 同③，第10页.

们所做的任何选择都被认为是正义的。正是在正义的基础上人们建立了政府和法律以及理想的国家。因此，罗尔斯认为"正义是社会制度的首要价值"。①

(二) 行政法学中的契约

按照古罗马法学家乌尔比安的分类，法有公法和私法之分。公法的目的在于保护国家公益，而私法则以保护私人利益为目的。由于契约最初与产权、物权和债权等紧密相连，因此，契约在私法领域得到广泛应用。"我国及世界各国基本上都是从民商、经济法的角度来界定契约范畴的。"②因此，契约在行政法中的引入还是一件新鲜事物。

1. 契约对私法的超越：在行政法中引入的可能

法国学者克罗戴特·拉法耶曾说，"一个概念只有在它本身形成领域之外的其他经验领域中被其他研究者重新提出并被研究，这个概念才有意义。"③换言之，长期在私法领域中游荡的"契约"只有得到公法或其他学科的认可和使用，方能体现它存在的价值。对此，我国知名法学家贺卫方也持同样观点。他认为，"契约已不仅仅只是一个民法上的概念，而且成为一种社会观念，一种衡量社会进步的尺度。"④在大陆法系中，民法属私法范畴。贺先生的观点无疑是指契约要突破私法的局限，勇敢地走入公法和其他学科领域。"在法学中，契约已不再是传统私法的专有概念，它已跨入私法的范畴而进入到公法的领域。"⑤可见，呼吁契约超越私法范畴业已成为法学家的共识。

然而，行政法引入契约的正当性何在？法学家的理由归纳起来有三：一是法学领域对公法与私法划分的反思。公法和私法的划分已有数千年的历史，且成为大陆法系国家的基本法律体系。学界持续不断的探索使公法和私法呈现一片繁荣景象，但随之而来的问题是，出现"二元对立"的理论陷阱，在法律实践中人们误以为两者是相互排斥、相互对峙的。庆幸的是，一些法学先知们未雨绸缪，认为严格的公、私法二元划分是不存在的。如日本学者美浓部达吉就认为，公法和私法的分离是相对的，两者都是法律关系，有许多共通点。若以为公法和私法截然不同，以为两者全无共通原则存在，那亦和一元说者同样，不免陷入极端的

---

① [美]约翰·罗尔斯. 正义论[M]. 何怀宏，何包钢，廖申白，等，译. 北京：中国社会科学出版社，1988：1.

② 蒋先福. 契约文明：法治文明的源与流[M]. 上海：上海人民出版社，1999：9.

③ [法]克罗戴特·拉法耶. 组织社会学[M]. 安延，译. 北京：社会科学文献出版社，2000：107.

④ 贺卫方. 法边馀墨[M]. 北京：法律出版社，1998：95.

⑤ 杨解君. 论契约在行政法中的引入[J]. 中国法学，2002(2)：93—103.

错误。[①] 20世纪30年代初，针对罗斯福新政时期国家对经济的强制干预，美国现实主义法学家指出，“公法与私法、私人自治领域与公共权力行使领域之间没有一条明显的界限。”[②]这些观点表明，公法私法二分只是理论上的一个假定，而且越来越多的现象表明，公法和私法是交叉互补的，两者的界限并非如人们所想的那样牢不可破。二是传统行政存在的困境。传统行政最典型的特点是对行政权力的倚重，强调权力主体对权力客体的支配地位以及后者对前者的无条件服从，忽略行政相对方的意愿与切身利益。在现代社会中，这种行政模式的局限性和弊端也日益显现。杨解君先生将其总结为五个方面：首先是与参与型行政不相协调，不符合现代行政的需求；其次是合作行政、服务行政相背离，与服务型政府的构建不合拍；再次是存在导致独断专横的个人专制的可能；复次是可能培育敌对的情绪或不守法的意识；最后是提高行政成本，降低行政效率。[③] 三是行政法作为一种新的法律部门尚处发展阶段，还有许多空白领域，这也为契约进入行政法提供了空间。行政法的产生来源于国家或政府角色由“守夜人”向“管理者、服务者”的转变。这种转变也是20世纪80年代左右提出来的。因此，相比历史传统悠久的刑法、民法和宪法等，行政法还处于发展的初级阶段。国外学者对此皆有表述，如美国学者沃伦曾说，“行政法领域实际上还是婴儿期，而且正企图从过去已经出现的很多传统的法律领域独立出来。”[④]作为一门年轻的学科，必须要依赖于原有的成熟的法律分支学科，吸收其经实践检验且有普适性的理念、原则与内容，才能使行政法学的体系和内容不断丰富和完善。而契约发展至今，无论是其内容还是原则都比较成熟，这些内容和原则完全可能填补行政法学那些空白领域。

2. 行政契约：契约进入行政学的产物

契约理念在行政法学中的引入，不仅给后者所崇尚的权力理念带来新鲜的血液并产生诸多新的行政法理念，而且也带来了两者复合交叉的新生物——行政契约，或称行政合同。客观地说，契约引入行政法学并非一帆风顺，更不是一个“自然演变”的过程，它的进入引发了学者们的一些强烈质疑。这其中包括一

---

① [日]美浓部达吉. 公法与私法[M]. 黄冯明，译. 北京：中国政法大学出版社，2003：234.

② 朱景文. 中国特色社会主义法律体系：结构、特色和趋势[J]. 中国社会科学，2011(3)：20—39.

③ 杨解君. 论契约在行政法中的引入[J]. 中国法学，2002(2)：93—103.

④ [美]肯尼思·F·沃伦. 政治体制中的行政法(第3版)[M]. 王丛虎，牛文展，译. 北京：中国人民大学出版社，2005：9.

些知名学者。如梁慧星教授就曾提出疑问:“什么是行政合同,中国现实中有没有行政合同,哪些属于行政合同?这些问题当然有深入探讨的必要。”[①]另一位民法专家王利民教授也认为,行政契约究竟如何定义以及其规范的对象是什么,还要深入探索。

专家的质疑也间接地说明,由于理论基础以及个人的知识背景等因素的影响,学者对行政契约本质的把握还处于一个见仁见智的发展阶段。仅就国内而言,就有四种流行说法。第一种说法认为,行政契约是以行政主体作为当事人的契约,是一个行政府主体和其他行政主体或相对人之间达成的意思表示一致的协议。[②] 这种观点由于强化了行政主体在行政契约中的重要作用,因而被视为主体标准说。第二种说法认为,行政契约是行政主体为了实现行政管理目的而与相对人之间(包括其他行政主体和民事主体)通过协商而达成的意思表示一致的协议。行政契约“是以公法上的效果发生为目的,使复数的对等者间相反的意思表示达到一致而后成立的公法契约”。[③] 由于这种观点强化了缔结行政契约的目的是为了更好地履行行政管理职能,而又被视为目的标准说。第三种说法认为,行政契约是围绕行政法上权利义务意思表示一致而发生的缔结、变更、终止行政法律关系的协议。这种观点由于没有突出行政主体在行政契约中的主导作用以及是否为实现行政管理目的,而且是强化了行政法上规定的权利义务,因而又被视为法律关系标准说。

无论哪种含义,行政契约的行政性和契约性特征都是不能忽视的重要内容。所谓行政性,是指在行政契约的订立、履行、变更以及解除等过程中,行政机关(行政主体)享有行政优先权,这些权力包括对契约履行的监督指挥权、强制履行权以及单方面解除契约的权力。所谓契约性主要是指以合意为基础,不能强制行政相对方订立契约。

3. 行政契约在世界各国的实践

尽管对行政契约的内涵的认识还在不断深化的过程中,但行政契约在国内使用也是不争的事实。“随着现代国家职能的扩张,福利国家思想的兴起,以及给付行政领域的拓展,行政契约作为一种体现现代行政民主思想,灵活并富有弹

---

① 梁慧星. 讨论合同法草案征求意见稿专家会议上的争论[A]. 法学前沿(第二辑)[C]. 北京:法律出版社,1998:55.

② 罗豪才. 行政法学[M]. 北京:北京大学出版社,1989:228.

③ [日]和田英夫. 现代行政法[M]. 倪建民,潘世圣,译. 北京:中国政法大学出版社,1993:211.

性的新型行政管理手段，已经在行政活动中获得了广泛的应用。”①

在西方发达国家，行政契约的运用已相当普遍。法国是世界上最早出台民法典的国家，也被称为“行政法的母国”。尽管在法律制度上并没有行政契约的概念，但由于法国存在独立的行政审判系统，通过行政判例建立健全了比较完善的行政契约制度。行政契约制度也广泛应用于经济、能源甚至科学研究和教育卫生等领域。比方说，二战后，法国政府为了振兴经济，往往通过行政合同的方式向企业提供一定的资助，由企业来承担政府所要实现的经济期望，例如“公共工程承包合同，公共工程捐助合同，独占使用共有公产合同，出卖国有不动产合同等”。② 在德国，行政契约又叫公法合同。德国是世界上第一个在法律中明确提出行政契约概念的国家。1976 年制定的《联邦行政程序法》中作了专章规定，因此行政契约不仅受到法律的保障，而且拥有较高的法律地位。此外，行政契约的类型也非常丰富，包括对等合同、隶属合同、义务合同、处分合同、和解合同以及双务合同等。行政契约已经成为德国政府推行政策的重要工具。

行政契约在普通法系国家中也比较常见。虽然在普通法系国家的行政法中没有行政契约相应的概念和条款，但美国法律规定，以政府为一方当事人的合同都称政府合同，或者是采购合同。这种合同往往与商业有关，因此，又具有行政契约的属性。在日本，行政契约也没有明确的法律规定，但在实践中，行政契约适用的范围十分广泛，如行政机构取得行政活动所需财产时、公共设施建设、公共企业利用以及社会保障和公害防治等方面。日本学者盐野宏教授认为，“不论现行法制如何规定，在实现中和观念上，行政上的契约形式是广泛存在的，并将行政法上的契约分为准备行政中的契约、给付行政中的契约、规制行政中的契约和行政主体间的契约四类。”③ 可见，行政契约在普通法国家行政管理领域以及整个社会生活有着举足轻重的作用。

我国虽然既不属于严格意义上的大陆法系国家，更不属于以判例法为特征的普通法系国家，但在法律实践中却兼具了两种法系的优点和长处。尽管在《中华人民共和国合同法》中并没有行政契约的提法，但隐性的行政契约形式却普遍存在于生产、生活以及各行各业。我国行政契约的产生时间不长，大致是改革开

① 施建辉. 行政契约缔结论[M]. 北京：法律出版社，2011：1.

② 范文进. 行政契约中的权利义务配置研究[D]. 重庆：西南政法大学硕士学位论文，2006.

③ [日]盐野宏. 行政法[M]. 杨建顺，译. 北京：法律出版社，1999：136.

放以来才出现的。最典型的案例就是20世纪80年代初在农村广泛推行的“家庭联产承包责任制”。后来,党的十三大报告也肯定了行政契约的合法性,“无论实行哪种经营责任制,都要运用法律手段,以契约形式确定国家与企业、企业所有者与企业经营者之间的责任权利关系。”随着我国经济体制逐步由计划经济向市场经济的转轨以及服务型行政改革的推进,行政契约使用范围在扩大,频率也在加快。除了农村土地承包,又出现了国有土地出让合同、全民所有制工业企业承包租赁经营合同以及现在公众熟知的政府采购、BOT(build-operate-transfer)项目合同、房屋拆迁及移民安置合同等。在我国台湾地区,1999年2月3日当局仿照德国正式颁布了《行政程序法》,且也以专章的形式对行政契约制度作了明确的规定,包括行政契约的界定与类型、缔约程序、生效要件、无效事由、契约指导与协助、契约调整与终止、契约执行、损失补偿与准用民法规定、救济等内容。① 此外,在我国澳门特别行政区也有《澳门行政程序法》,并规定公共工程承揽合同、公共工程特许合同、公共事业特许合同、博彩经营特许合同等均属行政合同。②

(三)经济学中的契约

据历史记载,13世纪以后在西方的商业领域已经较广泛地使用契约了。到15世纪中叶,契约的运用技术已经达了较高的程度。如当时法国最著名的银行——麦第奇银行就通过契约以合伙经营的方式设置了许多分行。在契约中不仅详细描述了合伙人的资本股份、分行负责人的报酬以及分行的业务范围,甚至还涉及当发生资产处理纠纷时的应对策略。经过数百年的潜移默化,契约已经成为现实经济活动的重要元素,深深扎根于经济活动的每个角落。它与产权共同成为支撑市场经济发展的两个重要支点。由于契约所倡导的诚信观念,有时候契约经济成为市场经济的代名词。这说明,市场经济为契约制度的发展提供了一个新的平台,也进一步促进了契约制度的现代化。时至今日,现代经济学中人们对契约的认识已经形成了较完整的理论体系。

1. 古典契约理论

在这种理论中,契约的特性比较原始,主要体现在以下五个方面:第一,契约的简单性。即契约的当事人只有两方,不涉及除契约当事人以外的任何人,达成

---

① 吴庚.行政法之理论与实用[M].台北:台北三民书局,1996:361.

② 应松年.外国行政程序法规汇编[C].北京:中国法制出版社,1999:618—620.

协议的目的也仅以个人利益最大化为目标,没有其他的私欲杂念或不诚信的地方。在信息获取方面,每个决策者都要有关于其选择的对象和结果的全部信息,因此,交易也非常简单,交易成本为零。

第二,契约是自由的。签订契约是当事方在不受任何外部力量的控制、干预的情况下自由选择的结果。市场中存在足够的交易方即买主和卖主,因此人们可以自由地选择交易伙伴,自愿缔结契约,不给当事人施加任何其他交易条件。

第三,契约是个别的、不连续的。也就是说,没有持续性的契约,也没有通过契约来建立长期的合作关系。人们之间订立契约也是偶然的。亚当·斯密认为,"由于契约而产生的办理某事的义务,是基于由于诺言而产生的合理预期。诺言跟意图单纯的宣告大不相同。虽然我说我想为你做这件事,但是后来由于某种事件发生我没有做到,我并没有犯违约罪。诺言就是你向允诺的人宣告你一定履行诺言。因此,诺言产生了履行的义务,而违反诺言就构成损害的行为。"①

第四,契约是标准化的。即契约的条款非常全面、完整、明确而且有较强的约束力,根本不考虑以后的修改或调整的可能状态,当事方必须自觉履行契约。一旦出现任何一方不履行契约的现象就只能诉讼于法庭。

第五,契约是即时的。由于对交易当事人的责权利作了明确的规定,不需要对未来的事件做出明确的规划,因此,全部的契约行为、契约活动,无论是过去还是未来的,都归结于或转化为当前的事情处理。

2. 新古典契约理论

由于有限理性和交易费用的存在,现实中的契约通常是不完全的。首先,缔约双方难以预料到未来的所有或然事件,因为世界存在不确定性;其次,即便缔约双方知道会有不确定性,也难以用某种共同语言来描述所有的不确定性;再次,即便缔约双方能够预料并且描述某种不确定性,也难以用可证实的方式写入合同之中并且被第三方实施。因此,新古典契约理论便应运而生。代表理论是瓦尔拉斯的卖者喊价模型、埃奇沃思重新签订契约的交易模型和阿罗-德布鲁一般均衡模型。瓦尔拉斯在1874年发表的著作——《纯粹经济学要义》中假设,所有交易者在一个大厅内相遇,假定都为竞争价格接受者,并假定存在一个可随意

① [美]坎南.亚当·斯密关于法律、警察、岁入及军备的演讲[M].陈福生,陈振骅,译.北京:商务印书馆,1982:149.

喊价的拍卖商。根据每次报价，那些市场参与者将按照定价规则办事，即价格随着市场对这种商品求过于供部分的信号朝同一方向变动。这样，在一个只有两种商品的市场中，卖者喊价过程就会达到一定价格与数量，从而成为市场供求方程的解。

可见，在新古典契约理论中，契约也有三方面特征：第一，契约的抽象性。契约成为实现利益均衡的手段。第二，契约的完全性。跟古典契约理论一样，新古典契约理论也认为，契约是在有秩序的、不混乱的、没有外来干扰的情况下顺利进行完成的。换言之，契约条款在事前都能完全写出来，事后也能完美地执行，而且当事人能够准确预测在契约履行过程中发生的意外情况，并能做好积极的应对准备。此外，在新古典契约理论中，契约也只能在当事双方发生，不涉及第三方的利益。第三，契约的不确定性。阿罗明确地指出："关于未来，一个最引人关注的特征是，人们不能完全地认识它。人们的预测，不论是关于未来价格的，还是关于未来销售状况的，或者即使是关于人们未来在生产或消费过程中可以利用的产品之质量的预测，也肯定是不确定的。"①

3. 现代契约理论

20 世纪 30 年代初，刚刚从英国伦敦经济学院获得学士学位的科斯(R. H. Coase)获得一项游学美国的奖学金。当他途经芝加哥大学时，听了几堂由奈特(F. H. Knight)主讲的课，之后若有所悟并突现灵感，写了一篇名为《公司的本质》的文章并于 1937 年公开发表。在该文中，科斯将企业理解为一种不同于标准的市场交易的契约，从而开了现代契约理论研究之先河。六十年后，他以此篇论文获得诺贝尔经济学奖。

现代契约理论是与现实结合所形成的契约理论，是在现代契约经济学充分发展条件下得以迅速发展起来的。此后出现了两个分支理论。

一是完全契约理论。所谓完全契约(complete contract)是一种以完全竞争市场为假设前提而形成的契约。在完全竞争市场背景下，缔约双方有能力完全预测契约期限内可能发生的重要事件，并在契约中明确约定分担这些重要事件。缔约双方愿意遵守双方所签订的契约条款。但缔约双方就契约条款产生争议时，往往由第三方如法院按照契约约定强制执行。这种理论把所有的交易和生产关系抽象为一种契约关系。假定在当事人之间信息不对称的情况下，完全理

① 转引自刘彦勇. 关系契约与家族企业管理[D]. 大连：东北财经大学硕士学位论文，2007.

性的委托-代理总是可以设计一个最佳契约，而产权结构和权威是不重要的，因为通过契约安排总是可以实现最佳效果的。代表人物有阿尔钦、莫里斯、格罗斯曼和张五常等。

二是不完全契约理论（incomplete contract）。这是一种假定人是有限理性、外在环境充满复杂性和不确定性的前提下而形成的契约。缔约双方均无法对未来进行预判，因此，契约条款是不完全的。其主要内容包括契约的不完全性、剩余控制权和垂直一体化模型。这种理论又细分为交易费用经济学派和新产权学派。其中交易费用学派认为，有限理性、机会主义和资产专用性是不完全契约理论的三个重要假设前提。虽然新产权学派也认为契约是不完全的，但它把“剩余控制权”定义为企业的所有权，认为剩余控制权的转换可以为兼并一方带来收益，同时给被兼并一方带来成本，如果收益大于成本便会产生一体化。同时，它还认为，企业是物资资产的集合体，所有契约权利分为“具体权利”和“剩余权利”。具体权利是指契约中已经明确规定了的物资资产的权利，比如利润的分配比例、货物的规格等。剩余控制权是指初始契约中没有规定的对所有物资资产的权利。剩余控制权和剩余索取权是对应的，一方拥有剩余控制权也就拥有了剩余索取权，否则资源的配置就是没有效果的。① 不完全契约理论的出现在经济学家中产生了深远的影响。哈特曾说，“过去十多年里，经济学出现的新领域是在不完全契约的标题下前进的。”② 21 世纪以来，不完全契约理论得到了越来越广泛的应用，除了被应用于传统的企业理论、公司财务和公司治理领域之外，还应用于项目管理领域以及对婚姻和儿童抚养的研究等等。

（四）法社会学中的契约

20 世纪末以来，法社会学成为一个活跃的学科。这种学科的出现也为认识契约提供了新视野，同时也产生了新的契约理论——关系契约。一般认为，关系契约理论的开创者是美国著名法学家麦克尼尔（Ian R. Macneil）。

1. 什么是关系契约？

在麦克尼尔看来，《法律重述》所说的“契约就是一个或一组承诺，法律对契约的不履行给予救济，或者在一定的意义上承认契约的履行为一种义务”并不是事实上契约的定义，而是法律上的契约定义。同样，把契约理解为一个或一组承

---

① 尹霞，孟令彦.契约理论的发展历程[J].时代经贸（中旬刊），2007(SB)：64—66.

② 转引自虞慧晖，贾婕.企业的不完全契约理论述评[J].浙江社会科学，2002(6)：184—187.

诺也是正确理解契约的严重阻碍。《法律重述》将契约界定为一项允诺，试图以这个定义让我们有一个正确的理解，而事实上承诺是一个虚幻的概念，这个定义不过是像“一个承诺就是一个承诺”一样的同义反复。① 因此，“所谓契约，不过是有关规划将来交换的过程的当事人之间的各种关系。这种规划是出自社会中另外三个契约根源的结合。一种选择意识和对未来的认识通常促使人们为未来进行活动，制订计划。当这些行动和计划关系到交换时，这种交换就被规划到以后了。就是说，某些交换的因素，不是立即发生，而是要到将来才发生。这种规划，或更确切地说，这种规划发生时人们之间的关系，就是我所指的契约”。②

因此，麦克尼尔所提示的契约概念在双重涵义上是社会性的：所谓契约不再是法解释学中的个别的、孤立的意思表示，而是包括当事人及其协议内容的内在性社会关系的社会经济概念，③使法律规范与社会规范在契约关系中得到整合；对于契约关系的准确把握持开放性的态度，将契约看作为实现交换的过程，突破就法论法的概念学解释，运用社会学的研究方法，使契约解释更为贴近现实。

综合起来说，关系契约是一个自我实施的条款，它根植于交易双方一个特定的环境，在这个环境中这些条款不能由第三方（如法院）实施。例如，一个正式契约必须事前予以明确地规定条款，这些条款事后能被第三方验证，而一个关系契约可能是基于仅由交易双方可观察的结果达成的承诺，或者是由于事前详细明确这些结果需要很高的成本。④ 在人类社会生活的各个方面都存在着大量的关系契约。以企业为例，老板与下属之间未写明的任务分配、补偿、晋升、终止雇佣等方面从来没有在雇佣契约中得到完全的明确；供应链也经常涉及长期的紧密合作关系，通过这种关系供应双方在不可预见或不可签约事件发生时实现相互适应等。事实上，无论企业内部或企业间的交易，当签订或实施一个完全契约需要很高成本的时候，交易双方可能选择依赖于关系契约。⑤

2. 关系契约的特征

(1) 私人关系的嵌入。“关系嵌入性是理解关系契约的出发点。契约服务于交易，而每项交易都是嵌入在复杂的关系中的，因此，必须将契约与其社会背

① [美]麦克尼尔. 新社会契约论[M]. 雷喜宁，潘勤，译. 北京：中国政法大学出版社，1994：4—5.

② 同①.

③ 同①，第171页.

④ 刘彦勇. 关系契约与家族企业管理[D]. 大连：东北财经大学硕士学位论文，2007.

⑤ 潘晨苏. 关系契约与产权结构[D]. 杭州：浙江大学博士学位论文，2005.

景联系起来进行考察才能理解契约的本来面目。关系契约中的交易各方并不是陌生人，他们大多数的互动发生在合约之外，不需要法院根据看见的条款来执行，而是代之以合作和威胁、交流与策略这样一种特殊的平衡机制。”①

(2) 交换物品难以被测量。同古典契约一样，关系契约也强调以交换为内容。不同的是，古典契约的交换内容往往是有形的而且可以被测量，而关系契约中用地交换的内容无论在数量和价值方面来说都是模糊的，因而是不可测量的。

(3) 关系契约是不完全契约。由于关系契约面向未来，对未来可能发生的事无法准确预测，因此在协议内容上表现出来的就是不完全性。同时，关系契约也不是一种正式契约，由于预测到签订正式契约的成本较高，所以关系契约是一种隐性的非正式契约。

关系契约的出现，在法学、经济学和管理学等领域均产生了不同的反响。麦克尼尔的代表作《新社会契约论》成为 1978 年以来引证最多的美国法学专著之一，以至于美国知名契约法教授斯图尔特·麦考利(Stewart Macaulay)宣称："一个人在没有研究麦克尼尔之前不应当试图写关于契约的作品。"② 它不仅扩大了契约的范围、降低了"合意"的重要性，重视关系规范和社会规范的作用，尊重契约的不完全性，而且强调关系团结和关系维持以及重视资产专用性投资的保护。③

二、契约精神的重要实质

回顾契约发展的漫长历史，我们可以粗略地将其划分为三个阶段，即形式主义阶段、实质主义阶段和理念精神阶段。正是因为契约已经超越形式并上升为一种理念、一种社会精神，所以其可以穿透任何一个坚固的领域从而进入社会生活的方方面面。"契约是一种社会精神，它牢笼百态、宰制万端，它就是无处不在的'神'。"④ 有学者甚至指出，一个国家可以暂时没有政府，但生活中一刻也离不开契约。这就是常说的契约精神。所谓契约精神就是指已经内化为人们思想观念的契约原则或规范，包括缔约原则、履约规范和违约惩戒条款等，通俗地说，就

① 孙元欣，于茂荐. 关系契约理论研究述译[J]. 学术交流，2010(8)：117—123.

② Stewart Macaulay. "Relational Conract Floating on a Sea of Custom? Thoughts about the Ideas of Ian Macneil and Lisa Bernstein." 94 Northwestern University Law Review, (2000)：76.

③ 康娜. 关系契约视野下的婚姻和婚姻立法[D]. 重庆：西南政法大学博士学位，2008.

④ 舒扬. 论法治精神与契约精神[J]. 中州大学学报，1999(1)：21—25.

是人们对契约所持观点、看法的总和。

契约的定义虽然简洁明了，但由此衍生出来的契约精神却十分丰富。不同学者由于各方面的差异所得出的结论也各不相同。我国著名法学家江平教授认为，契约精神的实质就是自由平等。也有学者从宪政的角度指出，契约精神至少包括以下八个方面，即主体意识、权利意识、平等观念、自由观念、民主思想、法治思想、宽容理念和和谐理念；[①]还有学者对契约精神进行了另类解读，认为契约精神是一种相互妥协、满足对方要求进而满足自我要求的精神。可见，契约精神的内涵无法一一列举，未来可能还有很多新解读，然而人们呼声最多的带有普遍性的契约精神主要集中在主体平等、自由权利和问责意识三个方面。

(一) 主体平等

契约本身意蕴着订立契约的当事方在权力、能力以及其他方面的平等。无论是强者还是弱者、富人或穷人，在契约面前都是平等的。如果契约当事方不平等，就会出现强势一方支配另一方的现象，契约也就无法达成，更不能得到有效履行和受到法律保障。在这里，平等有三重含义：

(1) 缔约主体的人格平等。黑格尔在阐述契约的本质时曾说，“契约是双方当事人互以直接独立人格对待。”[②]因此，平等的人格是社会进步和发展的前提，也是契约关系得以形成的前提。[③]

(2) 缔约主体的身份平等。任何一方当事人都不能凌驾于其他当事人之上。这种平等实质是人格上的平等，这要求平等看待每一个个体，赋予每个个体平等的机会。如果某一方利用自己的有利条件比如财富、地位、权力等而支配、操纵另一方，则契约不能达成。早在19世纪，法国思想家托克维尔就断言，身份平等的逐渐发展是事所必至。无论是从梅因爵士提出的“从身份到契约”，还是詹姆士提出的“从宗教社会到公民社会”等论断，都表达了同样的价值立场。

(3) 缔约主体的法律关系平等。这是指契约的缔结主体在责、权、利的分配上要对等，每个当事人都需要承担一定的责任、享受对应的权利和获取对等的利益。“条件是你也把自己的权利拿出来授予他，并以同样的方式承认他的一切行

---

① 李步云，肖海军．契约精神与宪政[J]．法制与社会发展，2005(3)：73—82.

② [澳]维拉曼特．法律导引[M]．张智仁，周律文，译．上海：上海人民出版社，2003：295.

③ 丁慧，刘悦．婚姻的契约属性与婚姻立法的价值选择[A]．陈苇．家事法研究(2007年卷)[C]．北京：群众出版社，2007：2.

为。”①缔约双方平等享有契约规定的权利义务，没有任何一方能超出契约的规定。一旦一方违背契约，其必将受到制裁。

主体平等虽然大多数体现在私法中，但在公法中也比较常见。正因为契约蕴涵了平等精神，才成为近代资产阶级革命者反对封建专制的理论武器。

（二）自由权利

人是生而自由的。而契约也体现了当事方的自由意志。“对人来说只有体现自由的东西才是好的。”②因此，契约以自由为精神追求，契约自由是推动契约生长、发育并不断完善的精神原动力，③而自由又是契约的内容和生命所在。在这个意义上，契约是否自由也成为衡量私法是否成熟的重要标志。“人的意志是生来自由的，而契约便是由当事人双方自由意志的合致而形成。由于是自由的，这种合意就既不是出于外界的强迫，也不是出于一方的一厢情愿，而是发自内心的自由的意思表示相一致。”④

缔约者拥有的契约自由权利主要表现在五个环节：

(1) 有权决定是否缔约。即每一个自然主体都拥有选择是否订立契约，而不受缔约与不缔约的强制。在古典自由主义者看来这是再顺理成章不过的事情了。

(2) 有选择缔约相对人的自由。当事方有充分的权利选择与谁缔约或不与谁缔约。

(3) 有决定契约内容的自由。契约内容自由是自由权利的灵魂所在。即使契约内容存在失衡之处，但只要是当事方的真实意思表示，也同样具有强制力。因为这充分尊重了当事人的自由权利。

(4) 有选择契约形式的自由。契约的当事人在订立契约时可以通过协商的原则选择合适的契约形式，而不受任何固定形式强制。

(5) 有选择解决契约纠纷方式的自由。换言之，缔约者在是否缔约、与谁缔约、缔结什么契约以及当对方违约时选择何种解决办法等方面拥有天然的自由。在契约的缔结、履行以及完成的整个过程中都没有任何形式的独裁与专断。

---

① [英]霍布斯. 利维坦[M]. 黎思复，黎廷弼，译. 北京：商务印书馆，1985：131—132.

② 马克思恩格斯全集(第1卷)[M]. 北京：人民出版社，1956：61.

③ 胡启忠. 契约正义论[M]. 北京：法律出版社，2007：8—9.

④ 傅静坤. 二十世纪契约法[M]. 北京：法律出版社，1997：172.

（三）问责意识

问责意识最早可以追溯至19世纪初公布的《法国民法典》，其存在的依据来源于《法国民法典》中确立的三大原则之一，即与财产神圣、契约自由平行的过失责任。因此，问责意识是过失责任在当代的高级发展。200多年以来，这种原则逐渐在世界各地获得认可并具有普适性意义，在有些国家或地区还上升为法治的基本原则。在社会契约理论中，问责意识的依据则来自于“权为民所授”的假设。“全体公民拿出自己的一部分权利交由一个民选的集团来统一行使，并与之签订契约；如不能很好地服务公众，这个集团将承担违约的责任——被人民罢免。”①

因此，由于契约的神圣和庄严，长期以来有着“契约即法”的习惯认识。这就是说，契约一旦缔结并生效就具有法律约束力，也意味着缔约双方必须自觉遵守和履行。任何一方不得随意改变或者毁约。一方毁约必然给另一方带来巨大的损失，这是不公平的，不仅造成履约成本过高，同时也给社会诚信造成负面影响。当履约过程中发现困难或产生分歧时，缔约方要本着协商的态度并经当事方同意后才能修改或停止履约。然而，由于契约缔结时存在不完全性和不确定性等因素，此外双方在有关信息的获得上存在不对称现象，因此，在履约过程可能存在着机会主义、道德风险以及搭便车等现象，这增大了缔约的风险。为充分保证双方根本利益免受不正当损害，因此，契约条款中对违约行为的处理提出了明确的规定。这就是契约的问责意识。这种问责意识能够约束当事方严格认真地履行契约。这种问责，根据解决形式不同大致有经济问责、行政问责甚至政治问责等类型。

① 转引自张志辉. 委托代理理论视角下我国政府官员问责制的研究[D]. 重庆：西南交通大学硕士学位论文，2009.

第二章
契约在我国政府与高校关系中的引入

虽然说契约和契约精神已经广泛渗透于社会生活以及许多学科领域，但是政府与高校关系的调整能否引入契约，本身就是一个值得探讨的问题。破解这个理论和实践双重问题除了要从社会发展宏观背景入手分析引入的必要性以外，还要从政府与高校关系自身的发展状态来分析引入的可行性。此外，还要深入探索契约引入后政府与高校关系的内涵变化。

第一节　引入契约的宏观背景

目前我国正处于战略转型期，这是一个众所周知的事实。这种战略转型不仅仅局限于经济领域，还涉及社会方方面面。这就为政府与高校关系由传统向现代转型提供了鲜明的时代背景。另外，从国际高等教育尤其是高等教育管理体制发展趋势的角度来说，以契约的方式来调解我国政府与高校之间的冲突与矛盾以期形成新的关系也显得非常必要。

一、事业单位改革要求明确政府与高校关系

事业单位是中国特色较浓厚的机构组织类别。它是在计划经济体制框架下建立起来的，对我国经济社会发展起着重要的推动作用。据统计，目前我国共有126万个事业单位，共计3 000多万从业人员，主要分布在教育、科学、文化、卫生、农业等行业领域，其中仅教育、卫生和农技服务从业人员三项相加就占据事业单位总人数的四分之三。

长期以来，我国事业单位普遍存在着性质模糊、职能混杂、责任边界不清、财政负担过重等突出问题，政府对事业单位工作人员管理也一直沿用党政机构的管理模式。随着经济体制改革的不断深入，特别是社会主义市场经济体制改革目标的提出，事业单位固有的问题日渐暴露并引起党和国家的高度重视。在此种背景下，加快推进事业单位改革就推上了议事日程。

事业单位改革大致沿着先放权后分类、先人事制度改革后分配制度改革的思路进行。以1992年召开的十四大为分水岭，可以将我国事业单位改革分为两个大的阶段。

第一个阶段是十一届三中全会到1992年。在“文化大革命”期间，我国事业单位与其他党政机构一样，遭受了严重的破坏。十一届三中全会以来，随着拨乱反正工作的稳步推进，我国事业单位的各项秩序也逐步得到恢复，如在事业单位恢复了职称评审工作。同时，又积极推行了许多改革举措，如在事业单位推进专业技术职务聘任制，建立健全干部人事管理制度，并适当下放事业单位的组织人事管理权限，赋予事业单位一定的用人自主权。

1987年召开的党的十三大提出了政事分开的改革要求，本着事业单位自主经营、自主管理的原则，实行人员分类管理制度，试行管理人员和专业技术人员辞职辞退制度以及改革工资分配制度。因此，这一阶段的特点就是放权，并推进管理体制改革。

第二个阶段是从1992年召开的十四大至今。这个阶段除了继续坚持原来的改革思路外，重点就是推进了事业单位的分类改革，并出台了许多文件，推出了许多举措，将事业单位改革不断推向纵深。

1993年中共中央印发《关于党政机构改革的方案》和《关于党政机构改革方案的实施意见》，指出事业单位改革的方向就是要实现政事分开，走社会化的路子。同时，这两份文件根据事业单位经费来源的不同，将事业单位划分为三类，第一类是经费自收自支的，享受企业的各项自主权，实行企业化管理；第二类是实行差额补助的，政府在管理上适当放活；第三类是全额拨款的，其数量和规模从严控制。这标志着事业单位分类改革揭开了序幕。

1996年，中共中央办公厅、国务院办公厅印发《中央机构编制委员会关于事业单位改革若干问题的意见》，这是党和国家就事业单位改革下发的第一个文件。这个文件除了继续坚持政事分开的原则外，还提出了事业单位分类改革的工作方法，即积极发展既为社会主义市场经济所急需又在经费上实行自收自支或企业化管理的事业单位，压缩不适应国民经济和社会发展需要的事业单位；主要从事生产经营活动但作为事业单位管理的事业单位，原则上改为企业。然而，这种分类方法在具体操作过程遇到了前所未有的困难，并进而限制了事业单位分类改革的进展。

进入21世纪后，事业单位分类改革也重新起航。在新的历史起点上加快推进事业单位改革是中央立足当前、着眼长远作出的重大决策部署。但与以往不同的是，这次改革不仅提出了新的分类标准，而且还开展了试点工作，并且确立了市场导向。

2001年，中央机构编制委员会办公室专门成立了“事业单位分类改革和分类管理调研组”，通过对全国众多事业单位的走访，调研组提出了事业单位分类的新标准，根据社会功能将事业单位分为行政保障类、公益类和经营类。所谓行政保障类，即是承担政府行政行为或为政府行政行为提供保障事务职能的单位；所谓公益类，即是为承担国家交办的发展公益事业或准公益事业、基础性任务，面向社会提供服务的单位；所谓经营类，即是为从事有偿性经营服务、具有自我发展能力、有稳定收入来源的单位。这种分类标准得到了国家的采纳。2002年，中央在《关于制定“十一五”规划的建议》中提出“继续推进政企分开、政资分开、政事分开、政府与市场中介组织分开”。此后召开的十六大以及十六届四中、五中全会也再次强调要“加快推进事业单位分类改革”。据此，全国有9个省、区、市出台或研究拟定了分类改革方案，13个省、区、市对事业单位进行了摸底调查和清理整顿，7个省、区、市对事业单位进行了模拟分类，包括浙江、江苏、上海等13个省、区、市推进了改革试点工作。

经过数年的试点工作，2006年，经国务院批准，中央机构编制委员会办公室制定了《关于事业单位的分类及相关改革的试点方案》(征求意见稿)，该方案基本采纳了2001年调研报告的内容，以事业单位的社会功能为标准将其划分为承担行政职能的、从事公益服务的和从事生产经营活动的三个大类，并选择浙江、山西和重庆两省一市作为试点地区。2009年10月，经国务院同意，成立了以国务委员马凯同志任组长，中央机构编制委员会办公室、财政部、人力资源和社会保障部、中宣部、国家发改委等部门负责同志参加的分类推进事业单位改革文件起草组。2011年3月23日，中央下发了《关于分类推进事业单位改革的意见》及组织实施的九个相关配套文件，明确提出“功能明确、运行高效、治理完善、监管有力”的十六字总体方针，为我国事业单位的体制机制改革描绘了一张蓝图。

同时,《意见》对事业单位的分类又进行了细化,并提出相应的管理办法,主要是将从事公益服务的事业单位又细分为公益一类和公益二类。公益一类是指承担义务教育、基础性研究、公共文化、公共卫生及基层的基本医疗服务等基本公益服务,不能或不宜由市场配置资源的事业单位;承担高等教育、非营利医疗等公益服务,可部分由市场配置资源的,划入公益二类。此外,《意见》还明确提出了事业单位分类改革的时间表,即今后 5 年,在清理规范基础上完成事业单位分类,承担行政职能事业单位和从事生产经营活动事业单位的改革基本完成,从事公益服务事业单位在人事管理、收入分配、社会保险、财税政策和机构编制等方面改革取得明显进展,管办分离、完善治理结构等改革取得较大突破,社会力量兴办公益事业的制度环境进一步优化,为实现改革的总体目标奠定坚实基础。到 2020 年,建立起功能明确、治理完善、运行高效、监管有力的管理体制和运行机制,形成基本服务优先、供给水平适度、布局结构合理、服务公平公正的中国特色公益服务体系。这充分展现了国家推进事业单位分类改革的决心和信心。

由上可知,事业单位改革的根本原则是政事分开。"所谓政事分开,就是指彻底改变事业单位作为政府附属物的状态和以政代事的局面,将政府承担的具体的技术性、服务性的社会职能剥离出来,同时将事业单位承担的行政职能回归到政府部门。简而言之,政事分开就是指政府作为提供公共服务的'政治决定'的提供者与事业单位作为提供公共服务的具体事务的承担者分开。"①可见,政事分开就是要明晰政府与事业单位的功能边界,明晰两者间的关系,从根本上来说就是要给予事业单位更多的自主性和独立性,提高其生存的能力和展现其应用的活力。"政事分开仍然是管理体制改革的主题,行政主管部门需要加快职能转变,进一步落实事业单位法人自主权,划清政府与事业单位之间的权力边界。对面向社会提供公益服务的事业单位,积极探索管办分离的有效实现形式,逐步取消行政级别。"②

虽然在既有方案中并未明确指出政府与事业单位究竟应该是何种关系,但种种迹象显示,从原来的隶属关系走向契约关系是历史大潮流。"根据'决策'与'执行'相分离的原则,通过对'行政'与'事业'两个部门之间责任界线的明确划

① 于德刚,张玉强.政事分开的必要性及实施原则探讨[J].前沿,2003(12):83—88.
② 胡亮,杨菁.事业单位分类改革强化公益属性[N].中国经济时报,2011-4-12,第2版.

分，将公共服务举办主体和实施主体之间由传统的隶属关系改换为现代契约关系。”①“尽管事业单位改革方案中没有明确将来政府和事业单位之间的关系，但这在改革后难以回避。政事分开后，政府和事业单位，要从依属关系转变为契约关系。政府对事业单位的管理，要以评价式监督为主，不能再随便干预。而一旦是契约关系，事业单位负责人就该公开招聘了，不能再走政府任命的程序。”②

在我国现行的法律法规中，高校属于事业单位。因此，事业单位改革的不断深入，尤其是政府与事业单位契约关系的建立，必将为政府与高校构建契约关系奠定主基调。

二、加快转变经济发展方式要求创新行政管理方式

实践证明，我国三十多年波澜壮阔的经济改革成绩斐然。2011 年，我国国内生产总值(GDP)高达 47 万亿元，仅落后于美国，首次超过日本成为世界第二大经济实体。虽然经济总量有目共睹，但这并不代表这种发展方式可以持续下去。事实上，我国经济改革的道路并非一帆风顺，经常会经受来自国内外的风浪侵蚀。2008 年，美国经济领域出现的一只蝴蝶——次贷危机，经过短暂发酵后最终在全球演变为金融风暴。作为新兴国家的代表，我国的经济也受到正面冲击。也正是这次冲击，使我国经济发展中不平衡、不协调、不可持续的问题如投资和消费关系失衡、收入分配差距拉大、产业结构不合理等更加突出。事物的发展总是辩证的。“危”中也孕育“机”。面对国际金融危机的严重冲击。党中央作出了三个重要判断：第一个判断是国际金融危机虽然使我国遇到了 21 世纪以来经济社会发展中最为困难的时期，但必须把保持经济平稳较快发展作为经济工作的首要任务，立即果断实施有力的宏观经济政策，保持经济平稳较快发展的总体态势；第二个判断是国际金融危机并没有根本改变世界经济中长期发展趋势。我们必须坚持对外开放的基本国策，拓展发展的外部空间；第三个判断是我们要努力从国际国内两个方面为经济长远发展营造良好的条件。

基于上述判断，党中央、国务院更进一步强调指出，表面上看，国际金融危机是对我国经济增长速度的冲击，实质上是对我国经济发展方式的冲击。因此要走出国际金融危机的阴影，转变现有的经济发展方式已势在必行。胡锦涛同志

---

① 朱光明．关于政事分开的几点思考[J]．中国行政管理，2005(3)：55—58.

② 钱昊平．事业单位改革面临六大挑战[N]．南方周末，2012 - 5 - 24，第 B10—11 版.

在党的十七大报告指出，“实现未来经济发展目标，关键要在加快转变经济发展方式、完善社会主义市场经济体制方面取得重大进展。”“加快转变经济发展方式，推动产业结构优化升级。这是关系国民经济全局紧迫而重大的战略任务。要坚持走中国特色新型工业化道路，坚持扩大国内需求特别是消费需求的方针，促进经济增长由主要依靠投资、出口拉动向依靠消费、投资、出口协调拉动转变，由主要依靠第二产业带动向依靠第一、第二、第三产业协同带动转变，由主要依靠增加物质资源消耗向主要依靠科技进步、劳动者素质提高、管理创新转变。”

加快转变经济发展方式不再局限于经济领域的自我改革与完善，而是上升为我国经济社会发展领域的一场深刻变革。十七届五中全会强调，“十二五”时期是全面建设小康社会的关键时期，是深化改革开放、加快转变经济发展方式的攻坚时期，制定“十二五”规划必须要以科学发展为主题，以加快转变经济发展方式为主线，必须要将其贯彻经济社会发展全过程和各领域。

加快转变经济发展方式也需要行政管理体制改革为其提供保障。经济基础决定上层建筑。上层建筑一定要适应经济基础。十七届五中全会强调，改革是加快转变经济发展方式的强大动力，必须以更大决心和勇气全面推进各领域改革。要推进行政体制改革，为科学发展提供有力保障。“我国经济发展方式存在的问题有多方面的原因，既同我国经济发展处于的阶段性矛盾和国外发展的环境变化有关，也同传统的发展理念束缚有关，但从根本上看，是体制机制仍存在许多弊端。因此，加快转变发展方式，既需要转变发展观念和发展思路，更需要靠深化体制改革，尤其需要推进行政体制改革。”① 这就是说，如果不推进行政体制改革，政企不分的老问题就不可能得到彻底解决，现代企业制度也不可能得以建立。此外，一些依靠行政垄断的经济现象也不可能完全杜绝。所以，只有加快行政体制改革，才能为加快转变经济发展方式提供动力和保障。在一定程度上可以说，经济发展方式能否实现根本性的转变，很大程度上要取决于行政体制改革能否有实质性的进展。

行政管理体制是行政体制的核心部分，也是行政体制改革的突破口和关键所在。它是一个国家行政机构的设置、行政权力划分等而形成的基本制度的总称，属于上层建筑。“经过多年努力，我国行政管理体制改革取得了显著成绩，从总体上看基本适应经济社会发展的要求，有力保证了改革开放和社会主义现代

① 魏礼群. 推进行政体制改革促进发展方式转变[J]. 人民论坛，2011(8)：8—10.

化建设。但现行行政管理体制改革仍然存在一些不适应的方面。"①这种不适应突出地表现在"政府职能定位不清、宏观调控体系不完善、社会管理和公共服务仍然薄弱,部门职责交叉、权责脱节和效率不高的问题仍然比较突出,对行政权力的监督制约机制还不完善等。"②

行政管理学原理认为,职能、结构、功能是构成行政管理体制的重要元素。因此,一般而言,行政管理体制改革主要从上述各方面入手。但是按照加快转变经济发展方式的要求,最基础的还是行政管理方式的转变。

"行政方式主要有三类:一是单方命令手段即行政权力方式;二是行政指导方式;三是契约方式。"③行政权力方式又称为刚性手段,包括行政许可、行政处罚、行政强制;行政指导方式又称为柔性手段,包括行政奖励等。而契约方式则包括行政合同、特许经营、民营化、公私伙伴关系等市场化手段。随着"福利国家时代"的到来,政府的角色将"成为一名服务提供者或资金提供方"。④ 与之相适应,"给付行政、服务行政将逐步占据主导地位,只靠权力手段已不能满足社会和人们的要求,契约手段大量涌现,契约手段不仅在给付行政领域被广泛使用,而且在传统的规制或秩序行政领域也被作为权力的补充手段得以运用。"⑤因此,我们所说的加快行政管理方式的转变,实际上就是将行政管理方式走向多样和综合,大量采用契约方式,充分发挥它的优势和潜力,以进一步丰富现有的行政手段。

政府与高校关系的调整,从本质上说是政府管理高校方式的改革。新中国建立以来,我国政府对高校的管理基本上沿着政府逐步由对高校微观管理转向宏观管理的方向发展。《国家中长期教育改革和发展规划纲要(2010~2020年)》也承诺,要"改变直接管理学校的单一方式……减少不必要的行政干预"。然而,这种发展速度并不令人满意,社会各界甚至部分高校也纷纷提出要"去行政化"。抛开"去行政化"的是非对错,有一点可以肯定的是,"去行政化"并不是要消灭行政方式,而是要采取契约方式来规范政府与高校之间的行为边界,约束

① 汪玉凯,李庆滑.实现科学发展,深化行政体制改革—首届中国行政改革论坛综述[J].中国行政管理,2010(6):125—127.
② 同①.
③ 杨解君.从多维视角看契约理念在行政法中确立的正当性[J].江海学刊,2003(2):127—134.
④ 转引自赵立波.关于政事关系若干理论与实践问题的思考[J].中国行政管理,2009(12):7—11.
⑤ 杨解君.论行政法理念的塑造—契约理念与权力理念的整合[J].法学评论,2003(1):19—27.

双方的行为，以避免简单粗暴的指令性方式和可能引发政府失灵的指导性方式，真正体现政府对高校的宏观调控，切实维护政府和高校自身的利益。从上述分析看，契约方式是一种不可回避的选项。

三、实施高等教育强国战略要求构建现代大学制度

中国近代高等教育的发展历史并不悠久，从 19 世纪末的京师大学堂算起也仅有百余年。相比西方高等教育发达国家而言，它并不起眼。然而，如果以高等教育的发展速度来衡量，中国的高等教育却令人刮目相看，尤其是世纪之交以来，其发展速度更是出人意料。

以高等教育毛入学率为例。美国著名高等教育专家马丁·特罗以高等教育毛入学率为标准，将高等教育发展程度划分为三个阶段，低于 15%为精英教育阶段；15%～50%为大众化阶段；50%以上为普及化阶段。从 1977 年恢复高考以来，我国高等教育毛入学率长期在低位徘徊。1978 年只有 1.55%，1988 年为 3.7%，即使到二十年后的 1998 年也还只有 9.76%。此后，随着高等教育的大扩招，高等教育毛入学率也迅速上升。标志性的年份出现在 2002 年，当年我国高等教育毛入学率达到 15%，实现了从精英教育阶段向大众化阶段的历史性转变。“在人均国内生产总值 1 000 多美元的条件下，中国高等教育发展实现了从精英到大众化的转变，用 10 年走过了其他国家 30 年、50 年甚至更长时间的道路，”时任教育部部长周济如此评价。然而，高等教育前进的脚步并未停歇，高等教育毛入学率这个数字还在不断地改写。2004 年该数字超过 19%，2007 年为 23%，2009 年上升至 24.2%，2010 年为 26.5%。根据规划，预计到 2015 年我国高等教育毛入学率将达到 36%，2020 年达到 40%。就个别区域而言，在北京、上海等一些大城市，高等教育毛入学率早已超过 50%，进入普及化阶段。

与高等教育毛入学率相关的是高等学校在校生数的变化。新中国成立之初，我国只有 200 所左右的高校，相比 4 亿人口总量，高校在校生只有区区 11 万人。改革开放之初的 1980 年，全国也只有 670 余所高校，相比 10 亿人口总量，在校学生只有 110 万人左右。直到 1988 年，在校生数才突破 200 万人。此后 8 年时间一直停留在 300 万人以内。1998 年，高等学校发展到 1 000 余所，在校大学生达到 623 万。此后呈加速发展态势，几乎每年都较上年快速上升。到 2005 年底，中国的高等学校数为 2 300 余所，在校生数已超过 2 300 万人，超过俄罗斯、印度和美国等传统高等教育大国，成为世界上规模最大的高等教育国家。此

后不久，中国在研究生教育方面又超过美国，规模位居世界第一。2010 年，全国共有普通高等学校和成人高等学校 2 723 所，高等教育总规模达到 3 105 万人。其中普通高等学校 2 358 所（含独立学院 323 所），成人高等学校 365 所。[①] 高等学校在校生数连续六年保持世界第一。

高等教育这种跨越式发展得益于改革开放以来我国经济实力的不断增强和人民群众对接受高等教育的精神需求。然而，快速发展的高等教育不仅招来了公众对教育质量下滑的质疑，更重要的是还引发了人们对我国高等教育未来走向的思考。实现大众化后，我国高等教育将向何处去？

几乎在高等教育大扩招政策实施的同时，1998 年北京大学百年校庆之际，江泽民同志向全世界宣布，我国要建设若干所世界一流大学。这为我国高等教育发展指明了方向。1999 年，时任教育部副部长的周远清同志认为，由于寄托了民族、国家的兴旺，21 世纪将是高等教育大发展的新世纪。中国要开创高等教育的新纪元，关键是要进一步解放思想，强化“三个意识”，其中第一个意识就是要强化国际意识，建设高等教育强国。“我们已经确定，先将基础雄厚、实力较强的清华大学和北京大学建设成世界一流的大学，并以此来带动全国的高等教育，从而逐步实现进入世界教育强国的行列。”[②]在 2007 年召开的教育部直属高校工作咨询委员会第十八次全体会议上，陈至立同志明确提出了要加快从高等教育大国向高等教育强国迈进的步伐。两年后，在杭州召开的“2009 年高等教育国际论坛”上她进一步指出，与世界高等教育强国相比，我国高等教育还有很大差距，主要表现在：高等教育资源配置、结构布局和学科专业设置还不够合理；教育教学观念、人才培养方式、教学内容和教学方法还不先进；拔尖创新人才的培养成效不明显；还没有真正意义上的世界一流大学，在世界上居于前列的学科还比较少；缺乏大师级的师资。[③] 2010 年，建设高等教育强国被写入《国家中长期教育改革和发展规划纲要（2010～2020 年）》。实现从高等教育大国向高等教育强国的转变因而成为未来很长一个时期内我国高等教育改革与发展政策的基本走向。

---

① 教育部网站. 2010 年全国教育事业发展统计公报. http://www.moe.edu.cn/publicfiles/business/htmlfiles/moe/moe_633/201203/xxgk_132634.html

② 周远清. 为 21 世纪准备：中国高等教育的改革与发展[J]. 中国大学教学，1999(6)：4—6.

③ 陈至立. 深入贯彻落实科学发展观为建设高等教育强国而努力奋斗[J]. 中国高教研究，2009(11)：1—3.

自世纪之交以来，我国高等教育领域的改革从未间断，可谓波澜壮阔，取得了伟大的成就。这些成就用一句话来概括，就是基本完成“两个转变”，明确提出“一个方向”。所谓“两个转变”，一是指高等教育发展阶段的转变，实现了从精英化向大众化的华丽转身；二是指高等教育发展模式的转变，逐步实现了由原来的以规模扩张为特征的外延式发展向以公平、质量和卓越为核心的内涵提升式发展转变。所谓“一个方向”就是指明确了加快中国特色现代高等教育建设，向着由高等教育大国向高等教育强国的历史性跨越这个方向迈进。

要实现高等教育强国的宏伟目标，必须要趟过高等教育改革的“深水区”，彻底破除制约高等教育发展的体制束缚，不断深化改革。为加强对全国教育体制改革工作的组织领导，国务院还成立了由 20 个部门组成的国家教育体制改革领导小组。随着试点任务的陆续启动，一场轰轰烈烈的改革已迫在眉睫。与过去不同的是，这场改革不是自上而下或自下而上的单向改革，而是上下联动的双向改革。政府与高校都必须要明确各自在此次改革中所承担的责任和义务。责、权、利的明晰是保证此次改革取得成效的前提。无论是巩固已有的改革成果，还是规范未来改革的过程，都需要约束政府与高校的行为边界，真正形成上下联动的格局。可见，实现高等教育强国的关键还是要构建现代大学制度。“建设高等教育强国，只有通过建立现代大学制度才能实现，换言之，如果不改变传统的制度设计，要成为高等教育强国是不可能的。[①] “现代大学制度建设的基本点是处理好大学与政府的关系”，[②]这是前提条件。2010 年 12 月 6 日，国务院办公厅印发了《关于开展国家教育体制改革试点的通知》。在《通知》确定的十项改革试点任务中就有五六项涉及高等教育，其中“改革高等教育管理方式，建设现代大学制度”更是直指政府与高校的关系。

四、顺应全球教育管理均权趋势要求合理配置政府和高校权力

由于社会、政治、经济、文化、历史传统等背景各不相同，世界各国高等教育管理体制各有千秋。依照教育行政权力配置的去向，可以简单地将其归纳为两种主要模式。第一种模式是中央集权制。所谓中央集权制“是指中央教育行政

① 王洪才，张继明. 高等教育强国与现代大学制度建设[J]. 厦门大学学报(哲学社会科学版)，2011(6)：119—126.

② 王洪才. 论现代大学雏形[J]. 中国高等教育，2007(13—14)：33—35.

机构和地方教育行政机构之间是一种命令与服从的隶属关系”。[①] 其主要特征就是教育行政事务的决策权、执行权甚至包括监督权都集中在中央教育行政机构，而地方教育行政机构只能根据上级机构的决定、命令和指示行使有关的教育行政管理职能，并要向上级机构负责。这种模式的弊病就是权力过于集中，不利于充分发挥地方教育行政机构的积极性，往往带来行政决策的迟缓和低效率。代表国家有法国等。第二种模式叫地方分权制。顾名思义，所谓地方分权制是“指中央教育行政机构和地方教育行政机构之间是一种平行的或合作的对等关系，上层对下层权力范围内的事务无权干涉”。[②] 其主要特征是地方行政机构对管理地方教育有着高度的自治权，中央机构原则上不得随意干预，只有在必要的时候且在一定范围内，中央教育行政机构才能扮演指导、调控以及服务等角色。代表国家有欧洲的德国、北美洲的美国和加拿大等。客观地说，无论是中央集权制还是地方分权制，都在一定程度上适应了这些国家和地区的经济、政治发展要求。同时，在这两种模式下都出现了一批世界著名大学，如法国的巴黎大学、德国的柏林大学以及加拿大的多伦多大学。然而，这两种模式也有内在的缺陷，即均忽视了高校在教育行政权力分配过程的应有地位。

20世纪80年代以来，一方面由于经济、科技发展迅猛，高等教育逐步由社会的边缘走向社会的中心，其作用与地位日益提升，另一方面由于新右派政治哲学的盛行、教育行政管理效率的低下以及公众对高等教育质量下滑的质问，无论是采用中央集权制模式的国家还是地方分权制模式的国家均着手改革各自既有的高等教育管理体制。与以往不同的是，这次改革并不是简单地用一种模式来代替另一种模式，而是双方不断吸引、渐次靠拢、不断融合的改良运动。具体来说，就是两种模式均摒弃其固有的不足之处，借鉴吸收彼此的优点来改良自身。“实行中央集权制管理的国家开始扩大地方权力和学校办学的自主权；而采取地方分权制的国家则逐步削弱地方政府的权力，增加中央政府的权力，同时，也引入市场机制，重视家长的参与。”[③] 我国学者用“均权化”一词描述了发达国家教育行政管理体制改革的主要特征。[④] “也就是说，各项教育行政不管是实行中央集权制还是实行地方分权制，都正在趋于相互靠拢、相互协调，向均权化发展，促

① 曹雁.近十年来教育行政体制研究综述[J].中小学管理，2006(12)：35—38.
② 同①.
③ 谷贤林.均权化：当代西方教育管理的新特征[J].外国教育研究，2002(11)：48—50.
④ 路文生.论现代教育行政管理体制的发展趋势[J].高等师范教育研究，1994(6)：55—57.

使中央与地方行政管理权逐步走向合理分配”。① 另外一些学者也称之为“均权制”，将其与中央集权制和地方分权制一起视为教高等教育行政管理体制的第三种类型。②

所谓均权化就是教育行政权力在中央、地方、高校以及社会等主体之间的合理、协调配置，以调动各方参与办学的积极性，提高办学效率和教育质量。可见，均权化有三种表现形式：一是教育行政权力在中央政府和地方政府之间的配置；二是教育行政权力在中央、地方政府和高校之间的配置；三是教育行政权力在中央政府、地方政府、高校与社会之间的配置。因此，推进均权化的路径也相应有几个方面：其一是适度增强国家干预教育事务的权力，这主要是针对采用地方分权制的国家而言。如美国是典型的地方分权制，国家基本上没有干预地方办学的权力。近年来，美国政府也意识到，过度依靠地方办学不利于教育公平的实现，导致教育在全国范围的失衡发展。因此，美国政府也有加强联邦教育行政权力的趋势，使中央与地方权力趋于平衡或均权，标志性的事件就是 1972 年成立联邦教育部。其二是加强地方教育权限。这主要是针对采用中央集权制国家而言。如法国 1982 年和 1983 年先后公布了地方分权法和权限分配法。其三是扩大或约束高校的办学自主权。高校办学自主权过大或不足，均不利于高等教育的发展。办学自主权过大往往会带来滥用权力的风险；而办学自主权不足又难以调动高校办学的积极性。在 1968 年颁布的《高等教育指导法》中，法国政府强调了大学“自治”、“多学科”和“民主参与”三个重要原则。自 1989 年开始就逐步改变了原来较极端的集权政策，除了扩大了学区的管理权限外，政府还与大学签订相应的协议。具有自治传统的英国政府则采取了一些措施直接或间接地把一些规划强加给自治的大学。在政府的影响下，大学也开始接受一些共同的准则。③ 其四就是积极引入社会主体参与办学。

新中国成立后尤其改革开放 30 年来，为适应高等教育管理体制改革的均权化趋势，我国采取了许多改革措施，如加强省级政府高等教育统筹权，改善“条块分割”问题，积极发展民办教育事业等。在第三个层面，即高校办学自主权方面，政府让权、放权、还权于高校是发展主线，但未获得实质性推进。目前，我国已经

① 路文生.论现代教育行政管理体制的发展趋势[J].高等师范教育研究，1994(6)：55—57.

② 李素敏，吴国来.发达国家教育行政的发展趋势[J].教育科学，1999(2)：60—62.

③ Jef C. Verhoeven.从欧洲的三个国家看—大学与政府关系的变化[J].郭歆，译.清华大学教育研究，2003(5)：1—8.

成为世界上高等教育大国，正朝着世界高等教育强国迈进。要实现这个宏伟目标，除了提高社会各界参与办学的积极性外，还离不开广大高校的参与。这就需要政府放下身段，顺应世界潮流，尊重高等教育发展规律，尊重高校自身的生存权和发展权，借鉴西方发达国家成功的经验，把均权思想引入进来，构建契约型的政府与高校关系。

第二节　引入契约的可行性分析

契约具有超凡的渗透力，已经在很多领域中得以运用。从前文论述中可知，将契约引入政府与高校关系的调整也十分紧迫和必要。但是，政府与高校能否形成契约关系不仅仅取决于外部环境压力，更在于自身的条件和基础，即可行性。毛主席曾说过："外因是变化的条件，内因是变化的根本。"因此，本节中我们试图从理论、历史以及实践三个角度来论述这种可行性。

一、理论可行：基于契约产生条件的分析

有关政府与高校关系的契约属性，特别是政府与公立高校之间的契约关系，学者们早已有研究。如有学者运用委托-代理理论来分析政府与公立大学的契约关系。他们认为政府是公立大学的投资主体，但政府本身往往又不能直接治理大学，因此，委托专家治理大学是一条必由之路。事实上，"依托懂得大学办学规律和具备治校经验的人才并赋予一定的职责和权益，这是大学发展的基本趋势"，[①]"通过委托-代理方式管理公立大学不仅是我国政府的一贯做法，而且世界上许多国家也是如此"。[②]"委托-代理关系无论从本质上看还是从形式上看，都是一种契约关系。[③] 借用著名经济学家科斯的论断，大学事实上也是一组"契约集合"，内含了大学与政府、大学与学生、大学与其他社会主体等之间的契约关系。虽然已有研究理由比较充分，但政府与高校的关系为何具有契约属性，还需要从契约的产生条件来分析。

---

① 曲绍卫."契约不完全"代理：我国公立大学制度低效问题探析[J].教育与经济，2006(3)：15—18.

② 马开剑.契约管理：公立大学与政府关系的新视角[J].教育发展研究，2009(9)：10—13.

③ 朱传杰.现代企业理论与现代契约理论[J].合作经济与科技，2008(4下)：20—21.

契约为何会产生？这本身就是一个难解的问题。不同学者给出了各种各样的解释。麦克尼尔认为，契约产生的初始根源包括四个因素：社会、劳动的专业化和交换、选择和未来意识。

他认为，契约的源头就是社会，社会自始至终都是源头。因为社会不仅创造了共同需求和爱好，而且还有丰富的语言和稳定的社会结构。“没有社会，契约过去不会出现，将来也不会出现。把契约同特定的社会割裂开来，就无法理解它的功能。”①

契约的第二个初始根源是劳动专业化和交换。劳动专业化是我们日常生活中司空见惯的事，其实质就是指社会的不同分工。阿德莱·史蒂文森曾打了一个比方，“我们都为上帝而工作，但是，你用你的方式，我用的是上帝的方式。”②不同的社会组织有着不同的社会分工，其劳动的专业化程度也不可代替。交换是与劳动专业化如影随形的。没有专业化的劳动，大家生产的产品是一样的，也就没有交换的必要和可能了。“在个人不生产为维持自己的生存和生产所需要的一切东西的广泛的专业化中，每个人都必须从他人那里取得产品才能维持专业活动。③“除了可度量的互惠交换之外，交换可以无数的方式进行，如习惯、法老豢养修筑金字塔的奴隶、社会主义的中央配给制或复杂的雇佣关系。但是，不管交换的特定的技术是什么，没有交换，专业化的体系就会终结。那样一来，大家都会变成非专业化的种地人，或者更可能变成一群又一群靠狩猎和采集维持生计的人。”④

选择性是契约的第三个初始根源。它是指在一系列行为中进行某种自由的挑选。选择的背后实质是意志的自由。没有选择，契约就没有任何意义。“如果从契约的概念中去掉了选择，那么，世界上最好的契约当事人就不是人类，而是群居性的昆虫。”⑤“但是，契约概念并不要求选择是真实的，只要我们像是在选择一样行为就可以了。”⑥

麦克尼尔认为，在一个社会中，有了专业化和交换，有了某种选择性，就有了

---

① [美]麦克尼尔.新社会契约论[M].雷喜宁，潘勤，译.北京：中国政法大学出版社，1994：1.
② 转引自[美]麦克尼尔.新社会契约论[M].雷喜宁，潘勤，译.北京：中国政法大学出版社，1994：2.
③ 同①，第2页.
④ 同①，第3页.
⑤ 同①，第3页.
⑥ 同①，第3页.

契约的基本雏形，但是只有加上自觉的未来意识，契约才真正成熟。“总之，劳动的专业化和交换、选择性、未来意识，根植在并且交互作用于社会中，使契约成为可能。”①

那么，这四个因素在政府与高校关系中是否具备呢？这是决定政府与高校能否形成契约关系的关键所在。

首先，麦克尼尔认为社会是契约源头的观点依然无可争辩。事实上，社会不仅是契约产生的基石，也是政府和高校赖以生存的环境。社会是政府和高校的“衣食父母”，政府和高校的活动都要围绕社会的需求来展开。没有社会，政府和高校均不可能存在，更不用说在两者间构建契约型关系。因此，社会需求仍旧是政府与高校构建契约关系的基础，后者是前者发展的需求。

其次，政府和高校作为人类社会两种不同性质的组织，有着彼此不同的分工。政府的主要职责在于促进经济社会发展、保卫国家和民族独立、维护社会秩序、制定和实施法律法规等方面，而高校则肩负着培养人才、开展科学研究、服务社会和引领文化等使命。社会越往前发展，政府和高校的社会分工就越细化和专业化，两者之间的依赖关系也日益紧密。而基于生存的交换活动也更加频繁。高校为政府提供治世之才，政府又为高校提供办学资源和政策保障。

再次，政府和高校是彼此独立的，拥有充分的选择权利。在社会大背景下，政府和高校是两个自由的个体，既保持恰当的距离，又遵循各自的发展规律而不越位、错位和缺位。一方面，政府可以根据形势的变化，确立经济社会发展目标和制订相应的政策制度；另一方面，高校也有权在历史传统以及办学资源约束下，寻找科学合理的办学定位、设置学科专业、选聘教师、招收学生等。

最后，政府和高校也有较强的未来意识。就政府而言，无论哪一届政府都会提出自己的执政方针；就高校而言，每所高校都有自己的办学理念，这些方针和理念都指向未来，将进而细化为具体的规范或项目。因此，政府和高校均应有较好的前瞻性。这一点是不证自明的。综上分析，我们可以得出如下结论：政府与高校构建契约型关系在理论上是可行的。

二、历史可行：基于中世纪大学特许权的分析

众所周知，现代意义上的大学发端于中世纪。“大学和大教堂、议会一样，都

① ［美］麦克尼尔．新社会契约论［M］．雷喜宁，潘勤，译．北京：中国政法大学出版社，1994：4.

是中世纪的产物。”①11 世纪初在意大利诞生的博洛尼亚大学常被视为世界上最早的大学。之后在西欧地区又陆续出现了一批以巴黎大学、牛津大学和剑桥大学为代表的高等教育机构。虽然早期的大学与现代大学之间有着一定程度的区别，但“它们是我们现今大学的源头和赖以发展的基础。两者组织结构相同，且历史的连贯性从未间断。它们创造了现代世界的大学传统，无论是最年轻的还是历史最悠久的高等教育机构都是这个共同传统的继承者”。② 至于大学为何出现在中世纪的原因，大致有三方面：一是西方世俗学校的发展。中世纪往往被后人视为一个黑暗的世纪。文艺复兴之前，西欧各国还处于封建社会，教皇的势力如日中天，“学校完全掌握在教会手中……没有哪所学校不是依附于修道院、大教堂或主教团等大的宗教机构。”③随着 11 世纪在西方不断兴起的教会改革运动，教会逐步退出了对学校发展的垄断。在此背景下，一些新兴的世俗学校渐渐露出水面。“在意大利北部，世俗学校和教会学校并行发展。”④二是知识自身的发展。在中世纪早期，“七艺”是学校主要的教学内容。除此以外，就没有别的知识可教了。后来，包括亚里士多德、欧几里得、托勒密等在内的数学家、物理学家、天文学家以及希腊医生的著作，甚至在黑暗时代被埋没的罗马法文本等通过意大利和西西里涌入西欧。“这些新的知识冲破了教会学校的束缚，创造了专门的学术职业。它吸引那些求知欲旺盛的青年……来到巴黎和博洛尼亚，组成了那些学术行会组织。这些行为为我们提供了对大学最早的也是最好的诠释，即：师生协会。”⑤可以说，没有新知识，大学也不会产生。三是城市的发展。西罗马帝国分裂以后，西欧的城市开始衰败，一直到 10 世纪至 11 世纪。随着经济的复苏，城市也开始复兴。以研究中世纪史而著称的美国学者汤普逊曾说，“中世纪城市，是经济社会力量的产物。”⑥城市的复兴除了带来巨大的物质和精神需求以外，最重要的是出现了一种新的社会组织即行会的兴起以及城市对自治的追求。这就为大学的产生提供了可资借鉴的制度参照。

大学是在教会控制力量之外所衍生出来的一件新事物。一方面，教会试图

① [美]查尔斯·霍默·哈斯金斯. 大学的兴起[M]. 梅义征，译. 上海：上海人民出版社，2007：1.
② 同①，第 2 页.
③ [法]雅克·韦尔热. 中世纪大学[M]. 王晓辉，译. 上海：世纪出版集团，2007：8.
④ 同③，第 9 页.
⑤ 同①，第 3—4 页.
⑥ [美]汤普逊. 中世纪经济社会史(300—1300 年)(下册)[M]. 耿淡如，译. 北京：商务印书馆，1997：415.

通过传统的方式来加强对大学的控制；另一方面，由于教皇权力的式微以及世俗王权势力的上升，教会再也不能将大学控制在自己的特权范围内并作为其依附的机构。加之世俗王权意识到大学在社会发展中的重要作用，也尝试去干预甚至控制大学，因此，大学从其产生到得到确认经历了一个漫长的过程。在这个过程中，对于采取何种方式来管理大学，如何处理教会、世俗王权以及后来的国家（政府）与大学的关系，各方均进行了努力的探索。其中通过特许状（charter）授予大学特许权成为最常见、最有效的方式。

特许状是什么？它是怎么产生的？据史资料记载，西欧国家特许状的产生与城市的发展有着直接的关联。随着罗马帝国的崩溃以及日耳曼民族的入侵，罗马时代原有的中央集权制度也开始瓦解。采邑制度趁机风行。所谓采邑制度就是指国王把自己的土地分封给手下的骑士或贵族以得到他们的效忠，骑士或贵族也照此再次分封。采邑制度施行的结果就是权力的分散和封闭。这种制度有点类似于我国封建社会的“诸侯制”。国王名义上是最高领袖，但他的权力十分有限。这种制度的经济根源是自给自足的自然经济。公元10世纪左右，西欧各国的生产力不断发展，商品经济逐步发展起来，在战争中遭到破坏的城市也开始复兴。但是商品经济的发展和城市自由民的增加与当时落后的以采邑制度为代表的封建制度不断产生矛盾。因此，为了摆脱在原有政治体制中所处的不利地位以谋求自身的发展，一些城市与封建领主和国王展开了旷日持久的斗争，以谋求获得更多的自治权。公元967年出现了现存最早的法兰西城市特许状，这份特许状给予居民免受奴役的自由。后来特许权扩展至允许开办集市和市场的自由等。可见，特许状就是载明国王或封建领主手中的权利、权力授予给其他组织的文件。

大学的诞生与城市的复兴也有着许多相似之处。大学诞生后，由于其本身尚处在形成过程中以及它的世俗化倾向，从而在内部和外部引发了持续的冲突。就外部冲突而言，主要是教会的抵制以及大学与城镇居民之间的冲突、大学学者经常与国王的官员及其下属之间发生冲突。如博洛尼亚大学诞生后，随着外来学生及其他人员的大量涌入，那里的住房和生活必需品价格迅速上涨。一些学生组成社团以集体搬迁为威胁迫使当地居民在房租或其他生活必需品价格上作出让步。为了保证大学以及其他方的切身利益，一方面大学的学生和教师通过社团组织寻求更多的特权，另一方面，教会或国王也承认大学应享有的一些特权。

1158 年，弗里德里克·巴巴罗沙皇帝在巡视意大利时，接受博洛尼亚大学部分师生的请求，颁布了《完全居住法》，授予到博洛尼亚大学就读的学生有在城市中居住和自由活动的权利，承认外地学生享有与博洛尼亚居民同等的权利，认可学生享有社会和政治地位，确认学生及校长的司法权力。这是大学获得特权之始。此后，在意大利，无论是城镇或是大学，都必须去皇帝那里得到一份正式权利或特权许可状，而且“任何新建的大学都必须由教皇谕旨颁准”。[①] 在法国，1198 年教皇西勒士丁三世赐给巴黎大学许多特权。

1231 年，教皇格利高利九世颁布法令，限制巴黎主教的权力，以谕令肯定巴黎大学的自决权，承认巴黎大学拥有独立的审判权和罢课权等一系列权力。这些权力后来也继续得到各执政者的认同。如 1304 年，巴黎卫队长皮埃尔·朱迈尔逮捕并处决了两名大学学者。当时的国王对其进行了严厉的惩罚，包括免职和捐钱给两座赎罪教堂。这种模式后来也扩展至英国和更远的美国大学。如牛津大学和剑桥大学分别于 1254 年和 1318 年得到教皇训令，后来英国王室也授予了它们各种特许状。在殖民地时期诞生的美国哈佛大学，其生存的合法性也得到英国王室颁布的特许状。

通过特许状，中世纪的大学获得了许多特权，归纳起来有五个方面：第一，大学拥有内部自治的权利。第二，教师拥有自由讲学权，学生拥有自由游学的权利。第三是独立审判权，即司法自治权。大学有权设立特别法庭，当教师和学生与大学之外的人发生法律纠纷时，不受城市法庭或教会法庭管辖，而由大学法律审判。第四是赋税与兵役的豁免权。大学师生可以免除赋税及服兵役的义务。第五是学位授予、讲演、罢教和迁校的权利，包括居住权和自由迁徙权。如果学校与所在城市当局发生矛盾，或者对所在地的条件及环境感到不满意，有权搬到其他地方继续办学。大学还有颁发任教特许证的权利和授予学位的权利。有结社、罢课、罢教、自由安排课程等诸多权力。

总之，在中世纪时期，大学拥有的权利还是很大的，远远超过了今天大学所拥有的权力。现在看来，虽说大学的产生与特许状没有必然的联系，但中世纪大学要在教会、世俗君主和独立自治城市三足鼎立的格局中获得发展的空间，真的离不开特许状的保护。特许状从本质上来理解，就是一种契约，即把大学应有的权利和义务通过政府的许可变为一种现实，因此，特许状常被现在的学者视为大

---

① [法]雅克·韦尔热.中世纪大学[M].王晓辉，译.上海：世纪出版集团，2007：87.

学自治实现的标志以及制订大学章程的重要参照。中世纪的大学也被当作现代大学制度构建的原点，这对于调整政府与大学的关系有着非常重要的历史借鉴意义，也为政府与高校形成契约型关系提供了历史可行性。

三、实践可行：基于契约在教育领域应用的分析

契约之所以能在教育领域得到广泛应用，主要原因在于教育属性的特殊性、教育过程的复杂性和教育种类的多样性。就教育属性而言，从本质上理解就是培养人的活动。这种培养活动具有周期长、过程复杂的特点。每个阶段、每个环节都要充分反映学生的心理和生理需求。同时，教育又集公益性和产业性为一体，教育阶段越高，其产业性特征越明显，且营利的可能也就越大。所以，无论从哪个角度考虑，契约均可以像楔子一样嵌入教育领域。从政府角度看，“政府部门已经广泛应用各种契约，以提供如交通、卫生、废物回收、消防等服务。尽管由私人提供的契约社会服务尚不普遍，但私人（特别是非营利组织）在儿童照料、健康、就业和福利服务等方面已经扮演着重要的角色。”① 事实上，将契约引入教育领域是较早以前就开始了的事情。诺尔曼·拉洛奎指出，“在教育部门，政府在提供非核心教育服务方面，如学生接送、食物供应、清洁卫生等方面利用契约的方式由来已久。”② 他还认为，人们通过契约形式获得教育服务有许多优点。一是契约可以提高服务的效率，让政府部门有机会获得平时不大可能获得的专业技能；二是可以缓解政府教育经费不足并适应新的社会需求，更加便利地推进教育改革；三是可以激发教育供给者之间的竞争，从而扩大教育服务的规模。此外，还有提升教育质量、提高政府工作效率、拓宽教育渠道、加大政策透明度等方面的功能。③

因此，近年来在世界各地如美国、菲律宾、哥伦比亚和英国等，大范围地出现了由政府部门通过契约形式提供教育服务的现象。如新西兰的“选择性教育项目”、美国的“特许经营学校”等。在我国高等教育领域，许多学者也引入了契约的理念并将其用于分析高等教育领域的方方面面。

（1）用于分析高校与教师的关系。郭为禄认为，高校与教师逐渐从基于身

---

① [新西兰]诺尔曼·拉洛奎．教育服务供给的契约模式-类型研究和国际案例分析[J]．何金辉，译．国际教育快讯，2007(3)：2—14.

② 同①.

③ 同①.

份的任命关系转向基于契约的聘用关系，但由于高校与教师存在着不对称的聘用关系，教师业绩考核中的法制缺失以及教师权利保障的制度缺位，使得聘用过程中的契约关系难以落实。因此，完善高校中的聘任制度，规范教师业绩考核标准与流程，鼓励教师参与学校民主管理，完善教师权利保障体系，是完善高校与教师契约关系的根本途径。①

(2) 用于分析契约理论与大学办学理念之间的关系。任增元、刘元芳认为，随着我国高等教育理论与实践中出现的知识转型、体制转轨以及质量问题等深刻变化，需要引入契约理论透视和剖析大学办学理念。大学的首要和根本任务是教学和培养人才。在契约理论指导下，大学性质应由“行政管理规训者”转变为“教学服务的提供者”，高等教育产品观由“学生产品观”提升为“服务产品观”，教学服务过程要体现适切性和敏捷性这一时代特征。②

(3) 用于分析学生管理制度创新方面。余雅凤认为，高校学生管理制度应该体现以人为本的价值追求。将契约理念引入高校学生管理，不但可以促进高校依法治校、依法管理的进程，而且对于保证大学理念以及高等教育的功能的实现，体现对学生的人文关怀、以学生为本和服务于学生的原则具有重要意义。针对我国高校现行学生管理的弊端，可利用行政契约的控权性，对高校权力实施必要的限制。③

(4) 用于分析调整政府与公立高校关系方面。曲绍卫认为，我国政府与公立大学是一种委托代理关系，而赋予大学治理者权力的边界却是一种“契约不完全”代理。正是政府决定的高等教育体制、大学内部管理体制等多种委托关系的不完全性，党政权和边界交叉显著且责权利上的不对称性，从而滋生了“寻租”、机会主义和“败德”行为。监督机构的设置属于“自我监督”行为，从制度框架变革委托代理关系势在必行。④

(5) 用于分析政府自身方面。程倩认为，近代社会，人类的信任关系从习俗型的信任关系转为契约的信任关系。在这个过程中，政府信任关系也是工具理性的体现。契约型信任关系是历史发展的必然，同时，契约型信任关系也在人类

---

① 郭为禄. 论高校与教师契约关系的形成与完善[J]. 云南师范大学学报(哲学社会科学版)，2009(1)：74—80.

② 任增元，刘元芳. 契约理论与大学办学理念[J]. 教育发展研究，2008(11)：73—76.

③ 余雅凤. 引入契约理念，创新学生管理制度[J]. 教育研究，2007(6)：48—53.

④ 曲绍卫. “契约不完全”代理：我国公立大学制度低效问题探析[J]. 教育与经济，2006(3)：15—18.

信任模式上实现了变革。但是,在本质上,契约信任关系是人与人疏离和不信任的结果,是形式化和工具化的信任关系。揭示近代以来人类信任关系的这一性质,其目的是要扬弃这种信任形式,恢复人类信任关系中的实质性内容。①

虽然上述研究尚处于理论阶段,有许多值得深入探讨的问题,但是自从20世纪末随着我国高等教育管理体制改革的推进,"共建"、"合作"等形式进入政府文件,尤其是以"211工程"和"985工程"为代表的一种新的治理模式——项目制的出现,为政府与高校建立契约型关系提供了切实可行的实践借鉴。

第三节　我国政府与高校契约型关系的内涵及性质

一、政府与高校关系

(一)政府与高校关系的内涵

在现代汉语中,"关系"一词的词义非常丰富,大致有五个方面的解释:其一是指用来描述事物之间相互作用、相互影响的状态;其二是指用来描述人与人或人与事物之间某种性质的联系;其三是强调对事物的影响或重要性;其四是泛指原因、条件等;其五用来表明某种组织关系的证件,多用在政治领域,如团关系、党关系等。②

据此理解,政府与高校关系可以适用于上述多种含义。但政府与高校关系的内涵是什么?迄今为止还没有相关论著或辞典对其做出明确的定义,也没有清晰的解释和表述。一般认为,政府与高校关系常可简称为"政校关系"或"府校关系"。作为两种性质截然不同的社会组织,政府与高校关系是历史发展到一定阶段的必然结果,也是两者相互联系、相互发展、相互作用的状态,并在一定的时空范围内得以显现。在不同的历史阶段,政府与高校关系的表现形式是各不相同的,两者一直处于动态发展变化之中。然而,"政校关系的发展变化不同于自然界生物关系的演化过程,而是表现为一种社会关系的变化",③且受多种内外

---

① 程倩.契约型政府信任关系的形成与意义[J].东南学术,2005(2):33—38.

② http://baike.baidu.com/view/68355.htm

③ 毛克平.政府与高校关系之内涵分析[J].现代企业教育,2007(9):101—102.

部因素的影响。外部内容主要包括历史传统、政治体制、经济实力等，而内部因素则主要是指两者的组织属性。

（二）政府与高校关系的特点

从组织社会学的角度而言，政府和高校是两种不同的社会组织。政府是一个国家依靠暴力来维护和实现特定的公共利益而产生的政治统治机构和社会管理组织。狭义的政府即行政机构，它是构成国家的基本要素并从属于国家权力机关。具体来说，政府的最高行为目标是服务社会公共利益，在阶级社会则以服务统治阶级利益为宗旨；政府的行为边界主要发生在公共领域而较少或不涉及私人空间；政府的行为方式以国家暴力如警察、监狱等为后盾，具有凌驾于其他一切社会组织之上的强制力。可见，政府职能具有鲜明的公共性、强制性、执行性等特点。公共性即政府为所有社会群体和阶级提供普遍的、公平的、高质量公共服务。强制性即政府拥有国家最高行政权力，权力的影响对象涉及全体公民，而且政府所制定的各种行政法规、行政措施和发布的一切行政命令等，所有的政府管理对象都要遵守。执行性即政府是国家权力机关的执行机关，要执行权力机关制定的相关法律。当然，在具体执行过程中，政府也具备一定的灵活性而不是消极被动地照章办事，可以积极能动地参与甚至影响国家权力机关的立法和政策制定。

高校是高等学校的简称，是一个国家对公民进行高等教育、培养高级专门人才的高级别教育机构，包括普通高等学校和成人高等学校。根据原国家教委1986年12月5日发布的《普通高等学校设置暂行条例》，普通高等学校是指以通过国家规定的专门入学考试的高级中学毕业学生为主要培养对象的全日制大学、独立设置的学院和高等专科学校、高等职业学校。根据原国家教委1988年4月9日发布的《成人高等学校设置的暂行规定》，成人高校是指以在职在业者为主要培养对象的教育学院（含成人教育学院）、管理干部学院、职工高等学校、农民高等学校及独立设置的业余大学、函授学院。据2010年全国教育事业发展统计公报显示，当年全国共有普通高等学校和成人高等学校2 723所。其中，普通高等学校2 358所（含独立学院323所），在校生2 231.79万人，成人高等学校365所，在校生536.04万人。[①]

无论是普通高等学校还是成人高等学校，其承担的社会职能都非常类似。

---

① 2010年全国教育事业发展统计公报.

就目前而言，主要是人才培养、科学研究、社会服务和文化传承创新。人才培养是高校的基本职能，也是培养高级专门人才的基本途径。我国《高等教育法》就提出“高等教育的任务是培养具有创新精神和实践能力的高级专门人才”。后来，随着高校活动范围的不断扩大，又延伸出了后三种职能。对于科学研究的职能，我国学者蔡元培早就提出，“大学者，研究高深学问者也。”20 世纪 30 年代被称为“美国著名教育批评家和改革者”的普林斯顿大学校长亚伯拉罕·弗莱克斯纳(Abraham Flexner)也认为，“大学本质上是做学问的场所，它致力于知识的保存、系统化知识的增加和大学生的培养。”① 社会服务的职能最早起源于美国的威斯康星大学。当时的校长范亥斯创造性地提出“州的边界就是大学的边界”，并创立了著名的威斯康星思想。他认为：“教学、科研和服务都是大学的主要职能，更为重要的是，作为一所州立大学，它必须考虑每一项社会职能的实际价值，换句话说，它的教学、科研、服务都应当考虑州的实际需要，州立大学要为州的经济发展服务。”② 社会服务的形式有多种，既有教学服务、科技服务也有信息服务、装备服务等。2011 年 4 月 24 日，胡锦涛同志在清华大学百年校庆讲话中首次明确提出：高等教育是优秀文化传承的重要载体和思想文化创新的重要源泉。这又赋予了高等学校第四项历史使命——文化传承创新。

从高校职能演变化的历史路径考察，我们发现，高校具有鲜明的公益性、学术性等属性。所谓公益性，通俗地说就是公共利益，即高校的存在与发展是为了满足和维护国家和公众的根本利益。这是教育的本质要求，也是高校的办学方向。对此我国相关法律法规有明确的规定。如我国《教育法》第八条和第二十五条明确规定，“教育活动必须符合国家和社会公共利益”、“任何组织和个人不得以营利为目的举办学校及其他教育机构”。所谓学术性就是高校围绕学问和科学以及职业而开展一系列活动的属性。它既是高校的本质属性又是高校区别于其他社会组织的根本所在，是教育机构的内在规定性，常被视为高校的生命所在。

由上可知，政府与高校这两种社会组织有着明显的属性差异。这就决定了政府与高校关系的特殊性。这种特殊性主要表现在两个方面：一是不对等性。

① [美]伯顿·克拉克. 高等教育新论—多学科的研究[C]. 王承绪，徐光军，郑继伟，等，译. 杭州：浙江教育出版社，2001：42—38.

② 朱国仁. 从“象牙塔”到“社会服务站”—高等学校社会服务职能演变的历史考察[J]. 清华大学教育研究，1999(1)：32—38.

政府是对全社会各方面生产、生活等活动进行协调与控制的机构，高校是培养人才的专门机构。当政府与高校发生关系时，政府往往以国家的名义按照法律法规对高校进行指导，当高校有悖于义务时，政府又可以代表公众对其进行控制。反过来，当政府不履行职责时，高校不能直接控制政府，只能通过申诉等途径来要求政府履行职责。特别是在行政法律关系中，政府与高校"双方地位具有不对等性，不管两者关系如何调整，这种关系的不对等性不会改变"。① 二是多样性，政府与高校的活动范围既有区别又有交集。在逻辑学中，不同事物之间存在着多种可能的关系，如同一关系、上属关系、下属关系、交叉关系、全异关系等。"对于两个确定的事物，从各种不同的角度来考察，是有各种不同的关系"。② 因此，在不同的活动领域，政府与不同类型的高校可以以不同的身份构建多种多样的关系，如法律关系、社会关系、行政关系等。

（三）政府与高校关系的本质

唯物辩证法认为，本质是事物本身所固有的根本的属性。它是使该事物区别于另一事物的特定属性。对于政府与高校关系的本质认识，一些学者认为，政府与高校关系的实质问题是政府在高等教育中的职能问题，即政府究竟承担何种职能、扮演何种角色的问题。如世界银行在《中国与知识经济：把握21世纪》的报告中指出，教育服务是公共服务的重要内容，政府是公共服务的提供者，但并不一定是生产者。在教育服务中，政府也要由提供者转变为教育服务体系的构建者和监管者。谈松华研究员据此指出，根据上述变化，我国在现代学校制度建设中应该改变以往公共服务必须由政府提供、因此必须由公办学校来提供公共教育的观点。"政府到底应该提供什么？退出什么？该提供的就要提供，该退出的就要退出，否则就要僵在这个地方，形成一个解不开的结，影响整个教育事业的发展。"③那么，政府究竟该如何退出呢？他进一步指出，"一是要退出公共竞争领域，把公共竞争的权利义务还给学校，二是要退出微观管理领域，对学校实施宏观管理。从而使政府与学校关系从服从的关系转变为服务、咨询的新型关系。"④

① 褚宏启.政府与学校关系的重构[J].教育科学研究，2005(1)：42—46.

② 编委会.逻辑学辞典[C].长春：吉林人民出版社，1983：309.

③ 马怀德，褚宏启，劳凯声，等.现代学校制度建设七人谈[J].人民教育，2004(17)：7—10.

④ 转引自蒲蕊.政府与学校关系的重建——一种制度分析的视角[M].武汉：武汉大学出版社，2009：13—14.

事实上,职能往往与权力纠结在一起。职能的变化必将引发权力的调整。但是,仅仅将两者的关系视为权力的配置还有点偏颇。政府与高校关系的本质并非局限于政府的职能范围或权力大小,而是更深层次的责、权、利三位一体的配置。换言之,就是如何在政府和高校之间合理配置相应的责、权、利。在两者的关系中,政府有自己的责任、权利和利益,高校也有自己的责任、权利和利益。从政府角度分析,它既是公共利益的代言人,又承担着提供公共教育服务的责任和义务,还具有与生俱来的管理学校的公权力。从学校角度看,它除了坚守办学的公益性,满足公众和国家的根本要求外,还有维护学术自由、学术中立的权利,也有着自身的根本利益。因此,如何能让两者各自履行本应承担的责任、享受应该获得权利,实现各自既有的利益,使责、权、利在两者之间得到合理的、科学的配置是政府与高校关系的本质所在。

二、政府与高校契约型关系

(一) 政府与高校契约关系的内涵

契约关系就是一种契约式管理(contractual management)。而所谓契约式管理就是通过相对固定的、清晰的契约来约定各个缔约主体的职责、权利和义务、利益等的一种管理制度,是基于契约的一种管理制度。

政府与高校契约关系是指政府和高校作为缔约主体,为了实现某种共同利益,在双方相互尊重和独立平等的基础上,通过谈判和协商的方式,就高校在办学过程中产生的管理权限划分、各自所应承担的责任以及违约行为的处理方式等有关办学的责、权、利合理划分而达成的一种协议关系。简单地说,就是指政府和高校在平等基础上基于双方自由本着交换目的而达成的一种合意关系。

具体而言:第一,达成契约的目的是在面向未来的背景下实现共同的利益,使双方利益达到最大化;第二,契约双方是平等、自由的,不存在任何的意志强加现象;第三,契约的内容是交换,责、权、利合理划分就是指双方的交换要公平,不能牺牲任何一方的核心利益。第四,政府与高校的关系是通过契约来联结的,通过契约来实现有效的管理。订立契约的目的就是要政府把该管的事情管好,把属于高校的权力还给高校,把公共权力交由社会共享,从而避免出现政府完全控制或高校学术寡头现象,形成政府有限管理、高校相对自治和社会积极参与的平衡治理格局,促进现代大学制度建设。它是高等教育管理体制改革的重要途径。

(二) 政府与高校契约关系的性质

(1) 政府与高校契约的关系是一种不完全契约关系。根据契约内容是否完全,可以将契约分为完全契约(complete contract)和不完全契约(incomplete contract)。完全契约是一种以完全竞争市场为假设前提而形成的契约。在完全竞争市场背景下,缔约双方有能力完全预测契约期限内可能发生的重要事件,并在契约中明确约定分担这些重要事件。缔约双方愿意遵守双方所签订的契约条款。当缔约双方就契约条款产生争议时,往往由第三方如法院按照契约约定强制执行。而不完全契约则是一种在假定人是有限理性、外在环境充满复杂性和不确定性的前提下而形成的契约。缔约双方均无法对未来进行预判,因此契约条款是不完全的。政府与高校之间的关系由于具有波动性,两者的关系一直处于动态调整之中,而且由于受制约因素较多,因此,两者关系的未来发展充满了不确定性,很难将所有未来可能发生的因素全部考虑到并做好预设,只能是一种"摸着石头过河"的方式,在发展中不断调适和完善。因此,这是一种不完全契约。

(2) 政府与高校契约关系是一种隐性契约和显性契约的混合体。根据经济学中的定义,显性契约是一种为了降低市场利益主体交易成本,依靠法律强制执行的明文契约,强调满足利益主体基本物质利益要求,具有静态性、离散性等特点。而隐性契约又叫默认契约,是由于诸多原因无法明确写入条款而缔约双方达成默契的复杂协议。这是一种暗示性契约,主要依靠缔约双方的诚信为约束并加以履行。它具有非协议性和博弈性两大特征。在文明国家,政府往往制定了一些法律法规,政府管理高校有章可循,因此两者的契约是显性的。另一方面,政府与高校关系的发展充满了变数,而且在市场经济体制下,的确存在着交易成本,政府与高校只能依靠彼此的信任来实现各自的利益。这又具备了隐性契约的特征。因此,政府与高校关系是隐性契约和显性契约的混合体。

(3) 政府与高校契约关系多以非正式契约形式展现出来。政府与高校契约关系中的"契约"不是一种正式契约,而是一种非正式契约,即政府和高校不签订刚性很强的正式协议,而应用具有柔性的非正式契约。如果当事方不能履行契约,不诉诸法院等第三方机构,而是由契约双方自己协商处理。

政府与大学建立契约关系,并不是需要双方订立共同遵守的协议或条款,实质上是指通过立法明确政府和大学各自及其相互关系上的权利和义务，确立大学与政府之间在法律上的平等地位，从根本上打破旧的不平等的行政附属关系，确保大学的独立性和自主办学的权利。同时，契约关系也督促、确保政府依法对大学进行必要的监督、协调和管理，防止大学滥用办学自主权，对社会产生负面作用。[①]

(4) 政府与高校契约关系是民事契约与行政契约的混合体。高校虽然是事业单位法人，但由于其享受相应的国家权力机关或行政机关赋予的行政权力，往往具备一定的公务法人属性。相应的，政府也并不是在所有活动中都具有较强的行政法人属性。当政府以民事主体身份从事活动时，也要承担相应的民事责任。因此，政府与高校契约关系既可以是民事契约关系，也可以是行政契约关系，是两者的混合体，而并非是单一的民事契约或教育契约或行政契约关系。

(三) 政府与高校契约关系的类型

根据高校的类型和契约的类型划分为标准，可以将政府与高校契约型关系分为四种基本类型。第一类是政府与公办高校的民事契约关系。它是指政府和公办高校均以民事主体的身份在民事活动中独立行为，享有民事权利并承担民事责任的一种契约关系。这种契约关系的特点是强调民事契约的缔约和履约。第二类是政府与民办高校的民事契约关系。它是指政府和民办高校就民事行为而达成的一种民事契约关系。比如说政府对民办高校的财政扶持等。第三类是政府与民办高校的行政契约关系。它是指政府作为行政机关为实现管理民办高校的目的而与民办高校达成的一种协议。如《民办教育促进法》、《民办教育促进法实施条例》等。第四类是政府与公办高校的行政契约关系。它是指政府作为行政机关为实现行政管理的目的而与公办高校达成的一种协议。

---

① 沈加君. 法人拟制说与实在说对我国大学法人制的启示[J]. 辽宁教育研究，2008(12)：12—14.

第三章
我国政府与高校契约型关系的理论基础

无论是就世界潮流还是就我国国情而言，政府与高校构建契约型关系不仅必要而且可行。如果从学理角度分析，它也具有较强的理论支撑。因此，本章我们试图从国家与社会关系理论、利益相关者理论和博弈理论等寻找相应的理论依据。

第一节　国家与社会关系理论

国家与社会关系问题是个跨学科的理论问题，它“一直是政治理论与社会理论中的一个重要问题”。[①] 它也是一个长盛不衰的历史话题。人类自产生阶级和社会阶层以来，国家与社会的关系就一直在调整。自古至今，世界上许多学者都对此进行了深入的思索，也有过精辟的理论论述，表达了不同的理论见解，形成了诸多理论流派。“千百年来人类所进行的政治活动，大都是围绕国家与社会间的权力关系展开的。人类的历史就是国家与社会反复博弈、此消彼长的历史。”[②]

一、古代西方国家与社会关系理论

（一）国家与社会的融合

国家不是从来就有的，而是阶级社会发展到一定阶段的历史产物。有关国

---

① 浦蕊.政府与学校关系的重建——一种制度分析的视角[M].武汉：武汉大学出版社，2009：48.

② 王建生.西方国家与社会关系理论流变[J].河南大学学报(社会科学版)，2010(6)：69—75.

家的概念数不胜数。列宁曾经说，“国家问题是一个最复杂最难弄清楚的问题，也可以说是一个被资产阶级的学者、作家、哲学家弄得最混乱的问题。”[①]早在1931年，美国政治学家C·H·泰特斯就宣称收集了145个关于国家的不同定义。

古希腊是欧洲文明的源头。在那个时期，尚无国家概念，与其含义最接近的就是城邦。城邦通常是指拥有主权或行使自治的城市，是一个以城市为中心的独立主权国家。雅典和斯巴达就是历史上著名的城邦。在古希腊，城邦有“共同生活之意”，是一个混合概念，既可以指城邦的政治体制，也指城邦的疆域和人口，同时也可指一种政治生活。一般而言，城邦的面积不大，人口也不多。公民的政治生活与社会生活往往是交叉重叠的，很难将其分开。社会生活等同于政治生活。柏拉图在《理想国》一书中认为，城邦既是国家，也是全部的社会。因此，在古希腊城邦中，国家与社会是重合的，是合二为一的。

在这样一个政治共同体化的城邦制度中，公民是城邦的一员，但没有真正的私人事务，他的一切都是城邦的，有了城邦才有了公民。无数个公民个体组成的群体就是城邦的政府机构、权力机关。公民既是城邦政治生活中的管理者，又是城邦社会生活中的被管理者。城邦是一个公民生活的全部内容。社会事务与公共事务、社会生活与政治生活是同一的，公民的个人利益与城邦的公共利益是一致的。公民与城邦的关系用一句话来概括，即城邦是放大的公民个体，而公民个体又是浓缩的城邦。正如雅典统治者伯里克利所说：“一个雅典公民是不会因为照顾自己的家务而忽视国家的。我们之中即使是那些忙于业务的人也都具有极其鲜明的政治观念，只有我们才把那些不关心公共事务的人不仅看作无害的人，而且看作无用的人。”[②]柏拉图将那种只有社会生活而没有国家生活的城邦称为“猪的城邦”。

作为西方政治学的开山鼻祖，亚里士多德认为，国家就是社会，社会就是国家。国家是公民的国家，社会是国家的社会，两者是融为一体的。公务即私务，私务即公务，一个好公民必然是积极参与城邦事务的人。[③] 城邦是一种高级而完备的社会，“是一个人们生活在一起以实现可能达到的最美好的生活的共同

---

① 列宁选集(第4卷)[M].北京:人民出版社,1960:42.
② 转引自乔治·霍兰·萨拜因.政治学说史(上册)[M].盛葵阳,崔妙因,译.北京:商务印书馆,1990:34.
③ [希腊]亚里士多德.政治学[M].颜一,秦典,译.北京:中国人民大学出版社,2003:4.

体”。他由此提出了“人天生是一种政治动物”的著名论断。他“之所以这么说，是因为这句话首先反映了一种社会事实，即在古代希腊，城邦就是一个公民生活的全部内容，它既是一种社会组织，又是一种政治体制，社会生活等同于政治生活；其次，它也反映了一种伦理规范，即人必须以公民的身份参与城邦的各种事务—辩论、投票、选举、担任公职等等”。①

事实上，随着社会生产力的不断提高以及社会阶层的不断细分，公民的个人利益与城邦的公共利益日趋分化，两者的冲突日益尖锐。不同阶层或党派团体为了维护自身的利益经常发生争斗。尽管古希腊的智者及统治阶级试图通过法律等各种手段来消除或平息彼此间的争斗和冲突，但已无济于事。如柏拉图曾经主张通过取消人的一切私有财产来换取公民与城邦利益的一致性，从而维护共同体的存续，但最终成为一种理想。

利益的冲突直接导致了城邦解体。“作为政治动物，作为城邦国家或自治国家一分子的人已经与亚里士多德一道完结了。”②进入古罗马时期，原来分散的弱小的城邦发展成为一个庞大的世界帝国。相应地，原来那种国家融于社会、国家与社会不分的城邦时代共同体状态也土崩瓦解，国家与社会逐步分离。对此种现象，马克思直言指出：“正是由于私人利益和公共利益之间的这种矛盾，公共利益才以国家的姿态而采取一种和实际利益(不论是单个的还是共同的)脱离的形式，也就是采取一种虚幻的共同体的形式。”③然而，这种分离又走向了另一个极端。由于封建专制国家的出现，国家在社会生活中的主导地位日益强化，王权成为管理社会的最高权威。因此，国家也肆无忌惮地全面侵蚀社会，并把整个社会置于国家的全面管理之下。社会的声音日渐式微。极端例子便是路易十四提出的“朕即国家”观点。因此，托克维尔说，“在旧制度下，像今天一样，在法国没有一个城市、乡镇、村庄、济贫院、工场、修道院、学院能在各自的事务中拥有独立意志，能够按照自己的意愿处置自己的财产。当时，就像今天一样，政府把全体法国置于管理监督之下，如果说这个蛮横的字眼当时尚未造出，至少它在事实上已经存在了。”④

---

① 转引自唐士其. 国家与社会的关系[M]. 北京：北京大学出版社，1998：40.

② 转引自徐大同. 西方政治思想史[M]. 天津：天津教育出版社，2000：48.

③ 马克思恩格斯选集(第1卷)[M]. 北京：人民出版社，1972：38.

④ [法]托克维尔. 旧制度与大革命[M]. 冯棠，译. 北京：商务印书馆，1997：91.

（二）国家与社会的分野

“古代希腊人关于人、社会与国家的观念，确切来讲也许只能把它看作是一种理想，因为或许这三者从来也没有真正完全和谐地统一在一起过。”[①] 进入中世纪以来，人们意识到，无论是国家融入社会，还是社会被国家取代，都不利于公共利益和公民个人私益的维护，彼此需要照顾各自的核心利益。因此，国家和社会的分离度更加明显。国家与社会分离的原因大致有三：首先，在那个时期人们在观念上视政治权力机构为社会众多机构之一，而且教会本身也是一个独立社会，其权力范围仍不容忽视。因此，世俗社会与教会社会的共存推动了社会与政治组织的分化。其次，在封建社会中出现的采邑制内含了契约精神，这种契约观念促成了主体性权利观念的诞生，这又使人们从公共政治生活退回到个人的私生活状态。再次是相对独立的自治城市形成了标准的政治结构。这种政治结构使君主的统治只有在得到社会各阶层的支持下才能展开。因此，在此基础上逐步形成了国家与社会的“二元论”思想，国家与社会纯粹的世俗二元论关系也得以确立，从而将政治结构与社会结构勾连起来，同时并存。[②] 在当时的政治家西塞罗看来，国家是人民的事业，而且是“许多人基于法权的一致性和利益的共同性而结合起来的集合体”。[③] 正如福音所说，“上帝的物当归上帝，恺撒的物当归恺撒”。

与国家与社会融合期不同的是，这种分离可以从两个方面体现出来。一是体现在个人与国家关系的处理上。人们的态度更多偏向于个人主义而非集体主义，相应地，人们也更多地强调国家对公民个人的保护，而不是公民为国家提供服务。二是体现在选择治理国家和规范个人行为的手段上，人们不再诉诸个人的道德完善，而是强调依法治理。[④] 可以认为，在古代西方，国家与社会已经得到了完全的区分。

二、近代西方国家与社会关系理论

在生产力不断提高的背景下，在人们利益诉求不断多元的推动下，国家与社会的分野是一种必然的趋势。这种分野为人们更好地认识国家和社会的本质奠定了基础。到了近代，学者们对国家与社会关系的认识在坚持两者分离的前提

---

① 唐士其.西方关于国家与社会关系理论[J].国际政治研究，1994(4)：59—65.

② 转引自王建生.西方国家与社会关系理论流变[J].河南大学学报(社会科学版)，2010(6)：69—75.

③ [罗马]西塞罗.论共和国[M].王焕生，译.上海：上海人民出版社，2006：75.

④ 王建生.西方国家与社会关系理论流变[J].河南大学学报(社会科学版)，2010(6)：69—75.

下又达到了一定的高度。总体而言，有三种主要观点，即社会本体论、国家本体论和国家与社会的对立统一论。

（一）社会本体论

这种思想发端于18世纪法国启蒙运动时期。代表人物有霍布斯、洛克和卢梭等。这些启蒙思想家认识到，国家和社会是两种不同形式的组织。在自然法则的假定基础上，他们根据社会契约的思想构建了国家与社会关系的新模式。他们认为，社会先于国家、高于国家。国家是人们自愿契约的结果，要受制于社会。此外，主权在民、天赋人权、分权制衡和法律至上也是其思想的闪光点。

在霍布斯之前，西方社会政治学说的共同特点就是从整体考虑社会或国家，把社会或国家视为一个不可分割的、内在联系紧密的共同体，并且整体高于、先于部分，共同体高于、先于个人。可见，在这种共同体模式中，个人没有独立存在的意义。持这种学说的典型代表就是亚里士多德和意大利主教贝拉明。前者提出了"人天生是一种政治动物"的论断，后者则宣称，一个国家的成员正像天然躯体的构成部分一样，是互相依赖的。[①] 自文艺复兴和宗教改革以后，一些思想家开始强调个性，提倡个人自由。霍布斯也顺势提出了一个与整体社会观不同的个人主义社会观。在其理论中，个人主义社会观贯彻始终。在他看来，人并非亚里士多德所认为的"天生的政治动物"。他认为人是先于社会而存在的。同时，他又从生理角度批驳了亚里士多德所谓的人的体能天生不平等从而导致社会地位不平等的说法。"自然使人在身心两方面的能力都十分平等……因为就体力而论，最弱的人运用密谋或者与其他处在同一种危险下的人联合起来，就能具有足够的力量来杀死最强的人"。[②] 但是，在自然状态下，"在没有一个共同权力使大家慑服的时候，人们便处于所谓的战争状态之下。"[③]

虽然一些学者认为，霍布斯的社会思想具有过渡特征，但无论是霍布斯，还是后来的洛克和卢梭都认为，人类要摆脱野蛮与蒙昧进入文明时代，就必须要在理性基础上自愿联合起来组成公民社会以确保大家的安全。国家是社会契约的产物，国家和政府的权力来源于人们基于契约的权利让渡。其作用主要是保护公民个体与生俱来的生命、自由和财产。"人们联合成为国家和置身于政府之下

---

① [英]霍布斯．利维坦[M]．黎思复，黎廷弼，译．北京：商务印书馆，1985：467．
② 同①，第92页．
③ 同①，第94页．

的重大的和主要的目的，是保护他们的财产。"①

可见，社会决定国家，而不是相反。国家只是人们维护财产安全的一种工具。"社会在各种情况下都是受欢迎的，而政府呢，即使在其最好的情况下，也只不过是一件免不了的祸害，在其最坏的情况下就成了不可容忍的祸害。"②卢梭则认为，"国家越扩大，自由就越小。"后来，凯恩斯主义主张建立小政府，因为"最小的政府就是最好的政府"。

（二）国家本体论

这种观点强调国家对社会的广泛控制与高度整合。国家在社会生活中占据主导地位，不仅广泛参与经济生活，而且行使大量的社会职能。社会不再享有任何独立于或者对立于国家的利益。与此同时，政府也对社会生活进行较多的干预。

黑格尔是该理论的开拓者和集大成者。虽然他也赞成国家与社会是分属不同形式的组织，但与以往的学者相比，他作了进一步的区分。一方面，他承认市民社会的存在，认为市民社会是人类的经济活动及其组织，属于知性的领域；国家是地上的神物，是理性在社会生活中的体现，属于理性的领域。知识性往带有特殊目的，而理性却具有普遍性。所以，市民社会与政治国家的根本区别就在于两者之间这种特殊性和普遍性的差异。另一方面，他又批驳了市民社会的弊病。他认为，在市民社会里，每个人都以自身为目的，其他一切都是虚无的。"整个市民社会是中介的基地；在这一基地上，一切癖性、一切禀赋、一切有关出生和幸运的偶然性都自由地活跃着。"③因此，市民社会是"个人私利的战场，是一切人反对一切人的战场，同样，市民社会也是私人利益与特殊公共事务冲突的舞台"。④

在黑格尔那里，市民社会的地位并不崇高，它不过是一种盲目的、无定状的东西，而且受着机械规律的支配。黑格尔提出和批驳市民社会的真正的意图在于确立国家的优先地位。由于市民社会存在着自私自利的行为，如果没有强有力的控制，社会就会陷于混乱、无序，甚至遭到毁灭。这就需要超越个人利益但又是最高的公共机构——国家。但是，国家不是一个功利性的机构，而是"善"的

① [英]洛克. 政府论(下篇)[M]. 叶启芳，瞿菊农，译. 北京：商务印书馆，1996：77.

② 潘恩. 潘恩选集[C]. 马清槐，蒋恩钿，吴以铭，等，译. 北京：商务印书馆，1981：3.

③ [德]黑格尔. 法哲学原理[M]. 范扬，张企泰，译. 北京：商务印书馆，1961：197.

④ 同③，第 309 页.

化身。国家的任务是为市民社会提供睿智的领导和道德的教育。“国家是伦理理念的现实——是作为显示出来的、自知的实体性意志的伦理精神。”①可见，“国家不仅仅是一个政治范畴，同时还是一个伦理的范畴，是真、善、美的统一体，是一切价值最终的赋予者和评判者。”②它有自己既定的目标，按照已知的原则和规律行事。黑格尔反对启蒙思想关于社会先于国家的理论的观点，认为国家是市民社会存在的基本前提。市民社会不能离开国家而存在，“市民社会的利益必须集中于国家”，而且市民社会的形成要晚于国家。

对于黑格尔的国家本体论观点，意大利学者马斯泰罗斯内总结说：“他（黑格尔）认为，不能把国家设想为内部冲突的旁观者，不能想象国家会同意各种政治集团的组建，因为假若如此，就必须承认政府具有一种纯粹的党派职能，在政府的对立面，就可以成立反对派集团。这样一来，政治生活就不会安全与稳定，就将变为各党派之间争夺政权的无休止的斗争。国家是一个有着自己特定的民族目标、道德目标及文化目标的法律实体，而不是掌握在一个寡头集团手中的统治工具，不论这一寡头集团是贵族性质的，还是平民专政性质的。”③

（三）国家与社会的对立统一

黑格尔有关国家与社会关系的理论反映了德国当时尚未统一的社会政治状况，但也隐藏着走向极端的风险，容易导致专制主义的产生。然而，无论是社会本体论还是国家本体论，都以国家与社会的分离和对立为假设前提。没有两者的分离和对立，国家与社会的先后和地位高低都无从谈起。

进入 19 世纪中叶，在欧洲工人运动愈演愈烈的背景下，马克思批判地吸收了以往优秀思想家的理论成果，运用历史唯物主义和辩证唯物主义，提出了国家与社会对立统一关系的科学论断，在政治思想史上首次提出了科学、完整的国家与社会关系学说。他曾经总结性地说，“我的研究得出这样一个结果：法的关系正像国家的形式一样，既不能从它们本身来理解，也不能从所谓人类精神的一般发展来理解，相反，它们根源于物质的生活关系。这种物质的生活关系，黑格尔根据 18 世纪的英国人和法国人的先例，称之为‘市民社会’，而对市民社会的解

① ［德］黑格尔．法哲学原理［M］．范扬，张企泰，译．北京：商务印书馆，1961：253.
② 唐士其．西方关于国家与社会关系理论［J］．国际政治研究，1994(4)：59—65.
③ ［意］萨尔沃・马斯泰罗内．欧洲政治思想史—从十五世纪到二十世纪［M］．黄华光，译．北京：社会科学文献出版社，1992：269.

剖应该到政治经济学中去寻求。"①

可见,马克思继承并发展了黑格尔关于市民社会的基本规定,即市民社会是由需求体系——市场经济、多元体系——自愿组织和司法体系——警察和司法机构组成。但是他的立足点更高,更具前瞻性。他从社会发展的角度认为,"市民社会乃是'私人利益的体系'或特殊的私人利益关系的总和,它包括了处在政治国家之外的社会生活的一切领域,即非政治生活。"②它是人类自身运动的过程,也是一个客观发展的历史过程,不同于黑格尔所称的"理念的运动"或"伦理精神"。"在人们的生产力发展的一定状况下,就会有一定的交换和消费形式。在生产、交换和消费发展的一定阶段上,就会有相应的社会制度、相应的家庭、等级或阶级组织,一句话,就会有相应的市民社会。"③他把市民社会归结为"物质交往的关系",而非黑格尔所称的"伦理关系"。他还在《德意志意识形态》中说,"在过去一切历史阶段上受生产力制约、并且也制约生产力的形式,就是市民社会。"④

马克思和恩格斯认为,虽然国家是一种上层建筑且受制于经济基础,但国家不是从来就有的,而是社会分化为阶级之后的产物。正如恩格斯所说,"国家并不是从来就有的。曾有过不需要国家、而且根本不知国家和国家权力为何物的社会。在经济发展到一定阶段而必然使社会分裂为阶级时,国家就由于这种分裂而成为必要了。"⑤国家的本质是一个阶级统治另一个阶级的暴力工具。国家一经产生就成为凌驾于社会之上的一种外在力量,并且随着人类历史的不断发展而自行消亡。单就国家的本质来讲,毋庸置疑的是,国家发展的趋势就是它必将走向消亡。德国社会学家弗兰茨·奥本海也说,"它将不再作为'崛起的政治手段',而将变为'自由民联合体'……即一个阶级对另一个阶级进行经济剥削的现象将不再存在了,这样,也就不再有阶级和阶级的利益……这正是令人所竭力追求的愿望。未来的'国家'将是一个自我管理的'社会'。"⑥

在马克思和恩格斯看来,市民社会与政治国家是辩证统一的。一方面,市民

---

① 马克思恩格斯选集(第13卷)[M].北京:人民出版社,1962:8.
② 浦蕊.政府与学校关系的重建——一种制度分析的视角[M].武汉:武汉大学出版社,2009:50.
③ 同①,第532页.
④ 马克思恩格斯选集(第4卷)[M].北京:人民出版社,1995:87—88.
⑤ 同④,第174页.
⑥ [德]弗兰茨·奥本海.论国家[M].沈蕴芳,王燕生,译.北京:商务印书馆,1994:120.

社会是人类生活的基础，也是国家的前提和基础。“市民社会包括各个人在生产力发展的一定阶段上的一切物质交往。它包括该阶段上的整个工业社会和整个商业生活。市民社会这一名称始终标志着直接从生产和交往中发展起来的社会组织，这种社会组织在一切时代都构成国家的基础以及任何其他的观念的上层建筑的基础。”①“实际上，家庭和市民社会是国家的前提，它们才是真正的活动者；而思辨的思维却把这一切头足倒置。”②恩格斯也鲜明地指出：“绝不是国家制约和决定市民社会，而是市民社会制约和决定国家。”③另一方面，市民社会和政治国家又具有一定的依存性。在同一社会中，市民社会带有政治国家的意识形态性质，政治国家是市民社会的表现形式。

三、现代西方国家与社会关系理论

进入20世纪以后，人类社会生活的波动频率不断加快。除了两次全球性的大规模战争以外，还爆发了数次有规律性的经济危机。二战后，虽然西方主要资本主义国家都建立了福利国家体制，但是20世纪70年代以后出现的经济滞胀局面使福利国家陷入危机。社会的大动荡使人们产生了更多有着国家与社会关系的观念和想法。人们也开始意识到，除了市场失灵外，同样存在着政府失灵。于是学者们试图从不同学科如现代社会学、政治学、经济学、管理学等对国家与社会关系进行了研究，提出了许多理论，如新保守主义、新自由主义、左翼批评理论。总体来说，这些理论呈现出多元化和多样性的特点。尽管这些理论或主张、或反对国家对社会生活的干预，限制国家或社会的权力，但其研究的假设基础依然没有跳出国家与社会二分法的窠臼。为此，一些敏锐的学者如米格代尔、埃文斯、奥斯特罗姆等提出了“国家在社会中，国家与社会共治、公私合作伙伴关系”等理论。这些研究都预示着原来泾渭分明的国家与社会的边界开始变得模糊起来，国家与社会不断交织重叠，两者的关系应该是走向合作与互补。后来英国学者安东尼·吉登斯(Anthony Giddens)发展了这些理论成果，提出了所谓的第三条道路理论。

第三条道路，又称为第三种道路，英文翻译为“The Third Way”，是一种走

---

① 马克思恩格斯选集(第4卷)[M].北京：人民出版社，1995：130—131.

② 同①，第250—251页.

③ 同①，第250—251页.

在资本主义和社会主义中间的一种政治经济理论的概称。它既不同于以国家干预为主要特征的传统民主社会主义，又不同于右翼政党所奉行的自由放任主义。用这些学者自己的话来说，是一条非左非右、亦非中间的、超越传统的左右政治概念的道路。安东尼·吉登斯曾表示，“左和右的划分在一些我们所面临的最基本的政治议题上不再能提供解决的框架，如生态问题就超越于左右的划分之外。”①

第三条道路理论产生的直接源头在于福利制度国家面临的困境。其主要路线图是“以福利国家所面临的全球化这一新的挑战为出发点，以一个积极的公民社会的培养为其落脚点，力求建立一种‘国家、市场与市民社会相结合的新关系’，实现以‘社会投资国家’对‘福利国家’的替代，进而建立一种‘全球统理’模式”。② 其主要观点有：

（1）主张客观正确认识经济全球化态势。在新自由主义者看来，二战后福利制度国家之所以陷入困境，根本原因在于经济全球化的影响。第三条道路理论一方面承认全球化的影响，认为全球化不仅的确存在，而且也确确实实对国家政策制定和政治发展产生了重大影响。“全球化，特别是在发达国家中，在建立国际间新秩序和力量对比的同时，也在改变着人们的日常生活。它并不仅仅作为当前政策的背景：从整体上讲，全球化正在使我们所生活的社会组织发生巨变。”③但是，这种影响并不像新自由主义者所描述的那样严重，而且面对这种影响，政府既不能放任不管，如传统社会民主主义者那样，也不能固守传统的统治原则，而应根据新形势，采取更为灵活的治理方式。

（2）主张改革福利国家，变消极的福利制度为积极的福利制度。虽然第三条道路对福利制度国家进行了无情的批判，但从根本上说，他们并不反对福利制度，只不过他们较新自由主义者更充分地认识到了“从摇篮到坟墓”的福利国家政策的缺陷。主张从再分配的角度入手，将事后的再分配转向可能性的再分配，以开放人类潜能。通过加强与市民社会的合作，改变人们对社会福利系统的普遍性依赖，不断提高人们自身的就业能力，转变以往只享受权利而不承担相应义务的观念。因此，“社会民主主义者必须改变福利国家所蕴涵的风险与安全之间

---

① ［英］安东尼·吉登斯．第三条道路—社会民主主义的复兴［M］．郑戈，译．北京：北京大学出版社，2000：99．

② 郁建兴，周俊．论当代资本主义国家与社会关系的变迁［J］．中国社会科学，2002(6)：162—173．

③ 同①，第20页．

的关系，以形成这样一个社会：在政府、企业和劳动力市场中的人是‘负责任的风险承担者’(responsiblerisktakers)。”①

(3) 重视市民社会的地位。第三条道路摒弃了以往理论中国家和市民社会“彼此消长”的对立观点，也不赞成以往理论对市民社会的不信任假设。在坚持国家优先的前提下，他们主张，一个社会应该存在和保留一个公共领域，这个公共领域是完全公开的，人们可以在这个领域中对政府所采取的各种政策品头论足。但是也要看到，市民社会也不是自生自发的秩序与和谐的源泉，国家应主导市场和社会秩序。

(4) 主张改革政府。他们认为，庞大的中央集权政府的时代已经一去不返。相应地，政府应该由管理型向治理型转变，要“少一些管理，多一些治理”，建立一个“整体型政府”，即政府各机构内部相互合作，形成合力。同时，政府要与市民构建一种积极的合作互动关系，鼓励公民参与政治，充分发挥民间组织的作用。

(5) 提倡新的混合经济模式。在国家与市场关系上，第三条道路理论力图寻找一种平衡。主张既要强调市场机制的作用，又要重视政府的宏观调控，“创建一种能够在管制与放松管制之间、在社会生活的经济领域和非经济领域之间达成平衡关系的新混合经济，不同于国有和私有之间取得平衡的混合经济”。②当然这种混合经济不同于社会民主主义者主张实行的国家全面干预的混合经济，即那种私营企业和国有企业并存、计划与市场并存的混合经济和社会市场经济。

第三条道路理论提出以来，迅速得到了欧美等国政治家们的热烈响应。20世纪90年代以来，美国克林顿政府为了加强分立的国家与社会的合作，也开始了政府与市场合作的“第三条道路”尝试，试图在自由放任和政府独占之间取得平衡。1998年之后，施罗德、布莱尔、若斯潘等西方国家领导人纷纷标榜“第三条道路”的政治主张，欧洲一时间变成了所谓“粉红色的欧洲”。安东尼·吉登斯也一度被称为布莱尔的“精神导师”。

从国家与社会关系理论演变的路径，我们大致可以描述出两者关系发展的规律，即原始融合——适度分离——两者对立——辩证统一——合作互补。根

① [英]安东尼·吉登斯.第三条道路—社会民主主义的复兴[M].郑戈，译.北京：北京大学出版社，2000：60.

② 赵志勇.论市民社会与国家二分结构[D].长春：吉林大学博士学位论文，2010.

据强弱程度，可以将历史上出现的国家与社会关系的模式归纳为四种：即强社会-弱国家、弱社会-强国家、弱社会-弱国家和强社会-强国家。“第一种模式反映了传统自由主义的理念，即社会对抗国家；第二种模式反映了现代权威主义的要求，即国家能力和自主性较强，能有效地控制社会，推行国家社会合理的政策；第三种模式意味着国家与社会都无力维持社会秩序”。[①] 虽然也有学者提出要将第四种模式作为国家与社会发展的目标，但从根本上说，国家与社会之间没有终极的模式，两者究竟是何种关系，主要取决于现实政治的需要。

就我国当前状况而言，正在经历从政治国家一元社会向政治国家与市民社会并存的二元社会的变迁。加强社会建设和社会管理创新是新时代的主要思路。政府与高校关系是国家与社会关系在教育领域中的缩影。重视高校的办学自主权必然成为一种发展趋势，高校单纯依靠政府的“高福利制度”和政府完全控制高校的模式必然要瓦解，取而代之的将是强化政府与高校的合作互补。

第二节　利益相关者理论

利益相关者理论(stakeholder theory)产生于20世纪60年代左右，发展于80年代，它是针对“股东利益至上论”提出来的一种公司治理理论。经过近半个世纪的发展，它已成为当前西方经济学界和管理学界的一个热点理论。有关利益相关者的研究著述颇丰，其中一些研究成果已经付诸实践并取得了良好的效果。该理论的主要观点认为，任何一个公司的发展都离不开各种利益相关者的投入或参与。高校的发展也是如此。因此，借鉴利益相关者理论对正确处理政府和高校关系有着积极的借鉴意义。

一、利益相关者的划定

（一）利益相关者的概念

利益相关者的提法由来已久。早在1927年，美国通用电气公司的一位经理在其就职演说中提出了公司应该为利益相关者服务。1932年，哈佛大学法学院的杜德和伯利教授就公司董事到底是谁的委托人展开一场争论。在此争论中，

① 浦蕊.政府与学校关系的重建——一种制度分析的视角[M].武汉：武汉大学出版社，2009：56.

杜德认为，公司董事必须为真正的受托人，他们不仅要代表股东的利益，而且也要代表其他利益主体的利益。这被视为利益相关者理论的萌芽。到了1963年，斯坦福研究院才明确提出利益相关者（stakeholder）的概念，认为利益相关者是那些没有其支持组织就不可能生存的团体。美国学者安索夫是最早正式使用“利益相关者”一词的经济学家。1965年他将该概念引入管理学和经济学界，认为“要制定出一个理想的企业目标，必须综合平衡考虑企业的诸多利益相关者之间相互冲突的索取权，他们可能包括管理人员、工人、股东、供应商以及分销商”。十多年后，1977年，美国宾夕法尼亚州沃顿商学院率先开设了“利益相关者管理”的课程。1984年，美国经济学家弗里曼出版专著《战略管理—利益相关者方法》一书。在该书中，他认为组织中的利益相关者是指“任何能够影响公司目标的实现，或者受公司目标实现影响的团体或个人”。[①] 后来，他又将该定义修改为，利益相关者是那些因公司活动受益或受损，其权利也因公司活动而受到尊重或侵犯的人。他也成为第一个系统论述利益相关者的学者。尽管有关利益相关者概念的表述很多，但至今没有一个定义得到普遍赞同。米切尔和伍德认为，自1963年到1990年中期共30余年间，有共27种代表性的概念表述。

（二）利益相关者的分类[②]

虽然学者基本上认同企业存在着利益相关者，但这些利益相关者的具体所指又是什么？在商业环境日益复杂的今天，究竟哪些个体、群体或组织才是公司的利益相关者呢？如何识别各利益相关者尤其是起关键作用的利益相关者呢？这是利益相关者理论首先要解决的基础性、根本性问题。

1. 弗里曼划定法

1984年，弗里曼从所有权、经济依赖性和社会利益三个维度将利益相关者划分为三类。第一类是持有公司股票的人，如董事会成员、经理等。因为持股意味着拥有公司部分所有权，因此，又被称为所有权利益相关者；第二类是与公司发生业务往来的相关群体，如员工、债权人、雇员、消费者、供应商、竞争者、所在社区等，这类人群往往对公司的生产活动直接相关，因此又被称为经济依赖性利

① ［美］爱德华·弗里曼. 战略管理—利益相关者方法［M］. 王彦华，梁豪，译. 上海：上海译文出版社，2006：55.

② 本段主要参考了以下文献：林曦. 弗里曼利益相关者理论述评［J］. 商业研究，2010(8)：66—70. 楚永生. 利益相关者理论最新理论综述［J］. 聊城大学学报(社会科学版)，2004(2)：33—36. 付俊文，赵红. 利益相关者理论综述［J］. 首都贸易大学学报，2006(2)：16—21.

益相关者；最后一类是社会利益相关者。这类人群多涉及公司的社会利益，包括政府机关、媒体以及其他特殊群体。这三类利益相关者与公司的关系呈紧密到松散的分布，如果用同心圆来表示的话，第一类利益相关者可以视为公司的紧密层，第二类、第三类依次可视为扩展层和松散层。对公司的影响也呈由大到小的降序排列。

2. 弗里德里克划定法

1988年，弗里德里克根据对企业产生影响的方式，将利益相关者分为两类，即直接利益相关者和间接利益相关者。所谓直接利益相关者，顾名思义，就是直接与企业发生交易的利益相关者，如供应商、零售商、消费者、竞争者、股东以及企业员工、债权人等。反之，不与企业发生市场交易行为的则称为间接利益相关者，如政府机构、社会团体、媒体、一般社会公众等。

3. 查克汉姆划定法

1992年，查克汉姆则根据是否与企业有交易性合同关系，将利益相关者分为契约型利益相关者（contractual stakeholders）和公众型利益相关者（community stakeholders）两类。契约型利益相关者主要包括股东、销售商、供应商、零售商、贷款人、股东等，公众型利益相关者包括消费者、政府机构、媒体、社区以及监管者等。

4. 克拉克逊划定法

针对弗里曼划定法有着利益相关者过于宽泛而缺乏信服力的现状，1993年，在加拿大多伦多大学召开了关于利益相关者管理问题的国际学术会议。此次会议的组织者是美国经济学家马科思·克拉克逊。针对利益相关者的划定法，他提出了两种有代表性的分类方法。第一类是以在企业活动中承担的风险种类为标准，将其分为自愿利益相关者（voluntary stakeholders）和非自愿利益相关者（involuntary stakeholders）。“前者是指在企业中主动进行物质资本或人力资本投资的个人或群体，他们自愿承担企业经营活动给自己带来的风险；后者是指由于企业活动而被动地承担风险的个人或群体。”[①]第二类是以与企业联系的紧密程度为标准，将其分为首要的利益相关者（primary stakeholders）和次要的利益相关者（secondary stakeholders），也有称之为第一级利益相关者和第二级利益相关者的。前者包括股东、供应商、顾客、投资者、员工等，没有这些人企

① 贾生华，陈宏辉. 利益相关者的界定方法述评[J]. 外国经济与管理，2002(5)：13—18.

业将无法生存和发展,后者主要是指媒体和特定的人群,这些人对企业的影响并没有前者那么明显。

5. 米切尔划定法

这种划定法是由美国学者米切尔和伍德于1997年提出来的。他们认为,企业的利益相关者至少要具备三个属性中的一种,即合法性、权利性以及紧迫性,并从这三个方面进行评分。所谓合法性,即某一群体是否在法律和道义上拥有对企业的索取权;所谓权利性,即某一群体是否拥有影响企业决策的地位、能力和相应的手段;所谓紧迫性,即某一群体的要求能否立即引起企业管理层的关注。对这三个属性进行不同的组合就会产生不同类型的利益相关者。大致可分为三类:第一类叫确定型利益相关者,他们同时具备上述三种属性,并且是企业首要关系和密切联系的对象,包括股东、雇员和顾客等。第二类叫预期型利益相关者,具备上述属性中的任意两种即可。这里面又可以细分为三种:一是同时拥有合法性和权利性的,如投资方、政府机构、雇员等;二是同时拥有合法性和紧迫性的,如媒体和社会组织等;三是同时拥有紧迫性和权利性的,如一些政治和宗教的极端主义者、激进的社会分子,往往会通过一些比较暴力的手段来达到目的。他们分别被称为支配型利益相关者、依赖型利益相关者和危险型利益相关者。第三类叫潜在型利益相关者,即只具备三种属性中的一种。按照拥有的属性不同,可以细分为静态型利益相关者、自主型利益相关者和苛求型利益相关者。

6. 威勒界定法

1998年,威勒将社会性维度引入到利益相关者的划定中来。他结合前人的经验,依据是否具备社会性以及与企业的关系是否直接由真实的人来建立即紧密性两个维度,将利益相关者分为四类。第一类是主要的(一级)社会性利益相关者,他们直接参与企业活动并具有社会性,如顾客、投资者、供应商、合伙人等;第二类是次要的(二级)社会利益相关者,他们虽然具有社会性,但与企业是间接的关系,如政府机构、社会团体、竞争者等;第三类是主要的(一级)非社会利益相关者,他们对企业的生产有着直接的影响,但并不具备社会性,主要是指企业周边的自然环境等;第四类是次要的(二级)非社会利益相关者,他们既不与企业发生直接的联系,也不具备社会性,如非人物种等。

(三)利益相关者的利益诉求

尽管利益相关者的外延比较复杂,划定方法也多种多样,但股东、管理者、员工、债权人、供应商和消费者等都是核心利益相关者。这些利益相关者由于其投入的资本以及对企业生产经营的重要性不同,其利益诉求也各不一致。[①] 具体而言:

1. 股东的利益诉求

股东是企业的出资人,承担向企业投入生产经营所必需的物质资本和货币资本的责任,同时也期望获得投资回报和资本的增值,其关注的重点是公司的利益和剩余收益最大化。为了实现这个目的,股东们又希望能够在股东大会、董事会以及监事会中拥有一定的权力配置。因此,股东的主要利益诉求除了经济追求外,还包括企业的控制权、人事任免权、利益分配权、重大决策权等。

2. 管理者的利益诉求

在所有权和经营权分离的背景下,管理者成为制约企业生存发展的重要因素。由于他们在董事会的授权范围内行使经营管理权,执行董事会制订的各种决策,其在企业中的地位与作用也日渐凸显,是企业内部非常重要的利益相关者。他们在企业中追求的利益通常是高额的报酬和休闲的生活。因此,他们除了保障自身的权益外,还需要一定的参与公司治理的权利。

3. 员工的利益诉求

员工是企业人力资源的主体。他们对企业投入的是无形的人力资本,因而也是企业的重要利益相关者。对于员工而言,他们的利益诉求主要集中于工资、福利待遇、工作条件、职业发展、参与企业治理、监督股东和管理层的权利等方面。

4. 供应商的利益诉求

供应商是企业生产经营过程中重要的劳动资料供给者,也可以是企业的外部投资者。由于他们与企业有着很重要业务往来,往往面临着一定的投入风险,因而是企业的利益相关者。与其他人员不同,供应商的利益诉求相对比较固定,除了希望企业有固定的需求外,还希望企业能够及时支付购买物质资料的钱款,同时也希望享有对企业一定的参与权、知情权、表达权和监督权等。

5. 债权人的利益诉求

债权人企业提供生产经营所需要的货币资本,是企业不可或缺的重要利益相关者。与股东投入的货币资本不同,债权人投入的往往是货币资本的使用权,

---

① 刘利.利益相关者利益要求的实证研究[J].山西财经大学学报,2008(7):61—67.

而不是所有权。但他们与股东一样，都在寻求货币资本的保值增值。只不过债权人的收益是可预见的，是按照两者之间签订协议来保障的。因此，债权人的利益诉求是希望企业能保证其所投入货币资本的安全性、收益性，企业能够按约定归还资本和支付收益。在这个意义上，债权人需要及时了解企业的生产运营情况，对企业的重大决策拥有一定的参与权和知情权。

6. 消费者的利益诉求

满足消费者的需求是企业生产经营的主要目的。由于消费者在购买产品时提供了一定的资本投入，因而也是企业的重要利益相关者。企业要充分考虑到消费者的合理诉求和相应的权益。而消费者也期望企业生产的产品能满足自己的合理需求，有一定的质量保障，并提供相应的售后服务。

二、利益相关者理论的基本思想

自利益相关者理论产生以后，许多学者对其进行了完善，实现了从利益相关者影响到利益相关者参与的转变。其中分为三个发展阶段；首先是利益相关者影响企业生存阶段；其次是利益相关者影响公司的经营活动或公司的经营活动能够影响他们，即利益相关者实施战略管理阶段；最后，从对企业的专用性资产的角度来考虑利益相关者，为利益相关者参与企业所有权分配，即参与权力分配阶段。总体上来看，利益相关者的基本思想大致如下。

（一）企业是由多个相关利益者所构成的“契约联合体”

利益相关者理论认为，企业既不是新古典主义经济学所强调的是一个投入-产出的“黑箱”，也不完全是以科斯为代表的新制度主义经济学所指出的是一组契约，是物质资本所有者通过权威来行使对经理人员和员工的契约关系。他们从“企业是一组契约”这个基本论断出发，认为企业是所有利益相关者之间的一系列多边契约联合体，其目的不是追求企业的所有者（或股东）利润最大化，而是为所有的利益相关者和社会有效地创造财富。企业往往通过执行各种显性契约和隐性契约来规范利益相关者的责任和义务。

由于每一个利益相关者都对企业进行了不同的投入，因此，每个利益相关者都有平等的谈判权和退出权，并分享企业的剩余索取权与剩余控制权。但是在剩余索取权和剩余控制权分布方式上，主流企业强调集中且对称分布于物质资本所有者之中，而利益相关者理论认为，应非均衡地分散、对称分布于企业的物质资本和人力资本所有者之中。

(二) 利益相关者是企业的所有者,拥有企业的所有权

在谁是企业的所有者、谁拥有企业的所有权这个问题上,传统的股东至上论认为,股东向公司投入了物质资本,理应就是企业的所有者,享受企业的剩余控制权和索取权,即拥有企业。然而,利益相关者理论对此持相反意见,认为利益相关者才是企业的所有者,拥有企业的所有权。多纳德逊和彼特森指出,“公司本质上是一种受多种市场影响的企业实体,而不应该是由股东主导的企业组织制度;考虑到债权人、管理者和员工等许多为公司贡献出特殊资源的参与者,股东并不是公司唯一的所有者。”①布莱尔据此进一步认为,公司的资本不仅来自股东,而且来自公司的雇员、供应商、债权人和客户,这些主体提供的不是物质资本,而是一种特殊的人力资本。既然这些主体向企业进行了专用性投资,必然应该享有企业的剩余控制权和剩余索取权,即企业所有权。况且,股东并不一定比利益相关者更关注企业,因为股东可以通过证券组合方式降低风险,并进而降低激励股东密切关注公司生产的动力。因此,“公司股东实际上是枉为理论上的所有者身份,因为他们并没有承担理论上的全部风险……这些股东几乎没有任何我们所期望的、其作为公司所有者本身所应具有的典型的权利和责任。”②“公司既然不是由其股东所拥有,而且股东仅仅是一组对公司拥有利益者之中的一员,那么我们就没有理由认为股东的利益会或者应该优于其他利益拥有者。”③

基于上述判断,利益相关者理论认为,任何一个公司的发展都离不开各种利益相关者的投入与参与,企业追求的不仅仅是某个主体的利益,而应是利益相关者的整体利益。前美国证券交易委员会委员沃曼(Wallman)曾指出:“尽管董事会应该最大化股东财富的观点已经在学术界很盛行,但这一观点却并非,也从来就不是一个对美国公司法律的精确描述。法律应该准许董事们在形成企业战略的决策判断时,除了考虑股东的利益之外,还要考虑其他相关者的利益要求。”④克拉克逊也说,“传统的衡量一个公司是否成功的方法是看它是否仅满足公司的一个利益相关者—股东的要求,并是否为之创造了最多的财富。这种单一的方法已经被证明只会弄巧成拙。公司的经济目标和社会目标就是为其所有的主要利益相关者创造财富和价值,并在他们中分配新增的财富和价值,而不能以某些

① 转引自付俊文,赵红.利益相关者理论综述[J].首都经济贸易大学学报,2006(2):16—21.
② 同①.
③ 同①.
④ 贾生华,陈宏辉.利益相关者管理:新经济时代的管理哲学[J].软科学,2003(1):39—72.

相关者的利益为代价而厚此薄彼。”①

（三）劳动雇佣资本而不是资本雇佣劳动

在劳动与资本谁优先的问题上，主流企业理论认为，由于非人力资本与其所有者的可分离性，以及人力资本不具有抵押功能而且对企业的贡献很难度量，因此，主张资本雇佣劳动，并认为这是一种能够保证只有合格的人才会被选做企业家的机制。② 利益相关者理论对此却持相反观点。他们认为，劳动雇佣资本而不是资本雇佣劳动，它是最优的所有权安排。一方面，随着非人力资本表现形式的多样化以及证券化，其与企业之间的紧密关系不断弱化，间接地将人力资本推向企业风险的承担者。另一方面，一般来说，在企业里面，谁拥有最有价值的资源，谁就拥有最重要的谈判砝码。这种砝码就成为企业资源的控制力。在人力资源成为企业核心价值的时代，他们在企业治理结构中扮演的角色也日渐重要，因而劳动抛弃资本的现象也可能发生。

（四）共同治理：利益相关者利益的保障机制

主流企业理论把企业的内部治理结构简单化为股东与管理人员之间的委托代理关系，这种治理模式更多地倾向于保护股东的利益而忽视了其他人员的合理利益诉求。因而，在利益相关者理论看来，这种治理模式不合乎企业的现状和发展趋势，实质是一种股东利益导向模式，因而主张通过共同治理来实现各利益相关者的根本合法利益。正如我国学者胡鞍钢教授所言，“无论是我们需要广泛参与的改革，还是社会保障体制改革，都应该让所有的利益相关者参与，既参与改革的设计，也参与改革的评估，让他们享有平等的参与权。参与的过程就是信息披露的过程，也是各种利益表达的过程，更是各方妥协的过程。”③

我国学者杨瑞龙教授认为，构建共同治理的利益保障机制具有一定的逻辑基础。这种基础就来自于企业各利益相关者相互之间缔结的“契约网”，其目的是获取单位个人生产无法获得的合作收益。而要贯彻这种合作逻辑，就必须让每个产权主体都有参与企业所有权分配的机会。因此，所谓共同治理就是强调利益相关者之间决策的共同参与与监督的相互制约。通俗地说，就是指公司最高权力机构应该由利益相关者选举产生，而且“董事会、监理会中要有股东以外

---

① 贾生华，陈宏辉. 利益相关者管理：新经济时代的管理哲学[J]. 软科学，2003(1)：39—72.

② 张维迎. 企业的企业家—契约理论[M]. 上海：上海人民出版社，1995：2.

③ 转引自刘莉. 利益相关者的利益保障研究[D]. 长春：吉林大学硕士学位论文，2006.

的利益相关者的代表，如工人代表、银行代表等”。①

三、利益相关者视野中的政府与高校关系

（一）高校是典型的利益相关者组织

高校与企业有着本质的区别。前者没有严格意义上的股东，以培养人才、科学研究和服务社会以及传承文化为主要职能，不创造任何利润，因而也就不存在剩余利润分配的问题。所以，在张维迎教授看来，无论是创造知识还是传授知识，大学都不适合作为营利性组织，而是一个典型的非营利性组织。而作为非营利组织的大学，其治理结构必须平衡所有利益相关者的利益。“与企业相比，高等学校也可以被看作一个典型的利益相关者组织，不同的利益相关者对大学担负着不同的责任，有着不同的利益诉求。”② 但是，“每一个人或每一类人都不能为大学行使独立控制权，大学只能由利益相关者控制。”③ 从这个意义上讲，高校是一个典型的利益相关者组织。

（二）政府是高校的核心利益相关者

那么，究竟谁是高校的利益相关者呢？由于高校的类型、层次、隶属关系不同，其利益相关者也有较大差异。张维迎教授认为，教师、校长、行政人员、学生、校友、社会包括纳税人等都是高校的利益相关者。

伦敦经济学院院长戴维斯认为，对大学而言，至少存在这样几个利益相关者群体：政府、大学教师、学生团体、投资者、校友、雇主、媒体和大学的管理者等。约翰·隆巴迪(John V. Lombardi)认为，大学有很多利益相关者，如消费者、提供经费支持的团体、相关的党派和朋友等。④

美国哈佛大学文理学院院长罗索夫斯曾在《美国校园文化——学生、教授、管理》一书中列举了大学的四类群体，并根据其与大学之间的重要程度划分为最重要群体、重要群体、部分拥有者和次要群体。最重要群体是教师、行政主管和学生；重要群体包括董事、校友和捐赠者；部分拥有者是指政府或议会；而次要群体是大学利益群体中最边缘的一部分，包括市民、社区和媒体等。⑤ 我国学者胡

---

① 杨瑞龙，周业安．论利益相关者合作逻辑下的企业共同治理机制[J]．中国工业经济，1998(1)：38—45.

② 靳希斌，刘林，魏真．民办高校发展与策略研究[C]．石家庄：河北教育出版社，2010：19—20.

③ 李福华．大学治理的理论基础与组织架构[M]．北京：教育科学出版社，2008：85.

④ 转引自王淑娟．美国公立院校的州问责制[M]．北京：知识产权出版社，2010：73.

⑤ 胡赤弟．高等教育中利益相关者分析[J]．教育研究，2005(3)：38—46.

赤弟则认为，大学具体的利益相关者包括大学的高级行政管理人员、大学教授、大学出资者、学生和政府。①

李福华教授根据企业利益相关者的划定方法，以利益相关者与大学的密切程度将其分为四个层次：第一层次是教师、学生、管理人员，是核心利益相关者；第二层次是校友和财政拨款者，是重要利益相关者；第三层次是与学校有契约关系的当事人，如科研经费提供者、产学研合作者、贷款提供者等，是间接利益相关者；第四层次是当地社区和社会公众等，是边缘利益相关者。②

尽管这种划定还具备较宽的讨论空间，但这也足以说明，高校与企业一样，存在诸多利益相关者。但是，从外部环境来看，政府无疑是高校最重要的利益相关者。无论是政策的制定、制度的提供、就业岗位的创造还是经费的拨款，政府始终处于决策的上游，拥有诸多重要的教育资源，掌控着高校的办学方向，具有较高的话语权。“政府以各种各样的方式影响着高等教育，成为大学的主要利益相关者。从政府与高校之间的关系看，政府是高校的投资者、经费提供者、管理者和监督者，高校是政府政策的执行者。政府部门通过立法、规划、拨款等重要手段来影响高校的改革和发展。作为社会公共利益代表的政府，不仅承担着维护高等教育平等和质量的责任，也是保证高等教育为公共利益服务的重要力量。”③还是用张维迎教授的话来说，“必须以社会价值为目标，而不能以现有的教员或学生的利益为目标。”

第三节 博 弈 论

一、博弈概说

(一) 演变历程

有利益的地方，就会存在矛盾和冲突。利益相关者越多，他们之间的利益矛盾越复杂，冲突越激烈。这种矛盾或冲突隐性的表述就是博弈。博弈是一种历史非常悠久的思维游戏，20 世纪以后逐步发展成为数学的一个分支，并上升为

① 胡赤弟. 高等教育中利益相关者分析[J]. 教育研究，2005(3)：38—46.

② 李福华. 大学治理的理论基础与组织架构[M]. 北京：教育科学出版社，2008：85—86.

③ 张燚，黄婷，张锐. 高校与利益相关者互动发展的关系模式研究[J]. 江苏高教，2009(1)：60—62.

一种科学的分析方法，又叫“对策论”、“赛局理论”或“游戏理论”，受到经济学家的青睐，广泛应用于研究经济现象。1928 年，数学家诺依曼创立了二人零和博弈。1944 年，他又与摩根斯坦一起将二人博弈推广至 N 人博弈，并出版《博弈论与经济行为》一书。1950 年，数学家纳什利用不动点理论证明了均衡点的存在，即现在所称的纳什均衡，将博弈理论由零和博弈扩展至非零和博弈，为博弈论的一般化和日常化奠定了基础。他也因此而获得 1994 年诺贝尔经济学奖。泰勒尔曾说，“正如理性预测使宏观经济学发生革命一样，博弈论广泛而深远地改变了经济学家的思维方式。”[①]此后又有两位博弈论专家获得诺贝尔奖，另外还有 5 届诺贝尔经济学家奖获得者与博弈论研究有关。最近一次是 2007 年，美国明尼苏达大学的莱昂尼德·赫维奇、普林斯顿大学的埃里克·马斯金以及美国芝加哥大学的罗杰·迈尔森因“机制设计理论”而获得诺贝尔经济学奖，因为这一理论有助于经济学家、各国政府和企业识别在哪些情况下市场机制有效，哪些情况市场机制无效，并据此确定最佳和最有效的资源配置方式。作为一门工具学科，博弈论能得到经济学家的垂青并取得如此骄人成绩，实属罕见，也足见该理论的穿透力和普适性价值。经济学家保罗·萨缪尔森毫不掩饰地说，“博弈、博弈，无处不在……对博弈论的深刻领悟已遍及经济学、社会科学、工商业活动以及日常的生活之中。要想在现代社会做一个有文化的人，你必须对博弈论有一个大致了解。”[②]目前，在生物学、国际关系、计算机科学以及政治学、军事学战略等学科中也都会经常运用博弈论。

（二）基本假设

（1）术语假设。在博弈论的演变历程中，产生了许多特有的术语，归纳起来大致有六个方面。其一是局中人，即所谓的参与者、博弈方，可以是一个人，也可以是一个组织甚至一个国家。每一个有决策权的参与者都可以是局中人。他们是博弈中选择行动以最大化自己利益的决策主体，包括决策人和对抗者，前者是指在博弈中最早作出决策的行为方；后者是决策人决策指向对象。局中人通常都要是理性的，有独立决策能力。其二是策略。在博弈中，每个局中人都有可以选择的策略，即完整的行动方案。这个方案不是指某一个阶段的行动方案，而是关乎全局、指导整个博弈过程的完整的方案。其三是信息，是指有关博弈的知

① 转引自谢炜．中国公共政策执行过程中的利益博弈[D]．上海：华东师范大学博士学位论文，2007.

② [美]保罗·萨缪尔森．经济学[M]．萧琛，译．北京：华夏出版社，2000：162.

识，尤其是有关局中人的特征和行动等方面的知识。其四是得失，是指博弈时的结果，又称支付函数。每一场博弈都会有结果，局中人或输或赢，即损益或得益。其五是次序，在博弈中决策有先后之分，如果其他要素相同次序不同，博弈就不同。其六是均衡点，就是指平衡，是所有局中人的最优战略或行动的组合，也就是著名的纳什均衡。

（2）人性假设。所有局中人或决策人都是理性行为者，其目的是维护自主利益基础。同时，这些理性行为者都能很自觉地遵守给定的博弈规则，最终结果是实现均衡。在这个意义上，博弈论被视为在既定规则框架下，研究决策主体间就某一方所作决策对自己造成影响进行评估后再作出新决策以实现均衡的理论。

（3）流程假设。一个完整的博弈流程有几个环节。首先，要有一个博弈规则，这是博弈的前提条件。这些规则必须是所有参与博弈的行为主体都要认可且必须遵守的准则或规定。这些规则可以是前人制订的，也可是自行商量达成的。其次，决策人按照先后顺序根据所掌握的信息进行独立决策，且要独立承担相应的后果。再次，对抗者根据决策人所做出的决策快速地进行评估并提出可行的应对方案并加以执行。最后，就是实现均衡。经过局中多次博弈，会产生一个能让所有参与博弈的行为主体都能接受的均衡结果。

（三）类型划分

依据不同的标准，博弈有多种类型。一般而言，根据博弈主体多少，可以划分为两人博弈和多人博弈。根据互动的性质，可分为合作博弈和非合作博弈。根据博弈结果，可分为常数和博弈与变量和博弈。根据博弈次数的多少，可以分为简单博弈和重复博弈。前者是假设只进行一次的博弈，后者是指连续多次的博弈。根据行为时间序列性，可以分为静态博弈和动态博弈。前者是指在博弈中，博弈各方同时选择或虽非同时选择但后行者并不知道先行动者采取了什么具体行动；而后者是指在博弈中，博弈各方的行动有先后顺序，且后行动者能够观察到先行动者所选择的行动。

有学者还根据博弈参与者对信息的掌握程度以及参与者行动的先后次序和博弈的次数等，将博弈分为四种类型，即：

（1）完全信息静态博弈/一次性博弈，又称纳什均衡。是指博弈各方所掌握的信息非常全面真实且博弈次数仅为一次的博弈，即博弈者对其他参与者的特征、策略空间以及支付函数都有准确的信息。

(2) 完全信息静态博弈/重复博弈，又称精练纳什均衡。顾名思义，虽然博弈各方掌握了比较全面真实的信息，但由于机会成本等因素的存在，从而导致博弈次数增加，需要经过多个回合才能实现。

(3) 不完全信息静态博弈/一次性博弈，又称贝叶斯纳什均衡，即在信息不全面真实的前提下有且只有一次的博弈；即博弈者对其他参与者的特征、策略空间以及支付函数都没有准确的信息。

(4) 不完全信息静态博弈/重复博弈，又称精练贝叶斯纳什均衡，即博弈各方所掌握的信息不全面，在存在机会成本等外界因素的影响下所展开的多回合博弈。

(四) 典型例子

这种分类看起来比较学术化，也很抽象。但现实中的确存在以上的博弈类型，只不过它们以另外一种形式广泛地存在。如囚徒困境和斗鸡博弈就是两种不同的典型的博弈类型。

1. 囚徒困境[①]

这是非零和博弈的代表性例子。最早由社会心理学家梅里尔·弗勒德和经济学家梅尔文·德雷希尔提出，后来经艾伯特·塔克发展阐述后命名为“囚徒困境”，又称“囚犯的两难”或“囚犯难题”。

“囚徒困境”假设了这样一个场景：两个嫌犯被警方逮捕，因于没有足够的证据，检方无法指控他们有罪。于是警方将两人分别羁押，并跟他们说：如果两人都不坦白，则他们将以携带作案工具而被指控，并各判刑一年；如果两人都坦白交代，将均被处以五年徒刑。反之，如果其中一人坦白，而另一人不坦白，则坦白者可以无罪释放，而不坦白者将被判处十年徒刑。这种场景可以用下图表述：

		嫌犯乙	
		坦白	沉默
嫌犯甲	坦白	(5, 5)	(0, 10)
	沉默	(10, 0)	(1, 1)

① 李伯聪，李军. 关于囚徒困境的几个问题[J]. 自然辩证法通讯，1996(4)：25—32.

在这种场景下，嫌犯甲和嫌犯乙都知道博弈规则及其后果。而且，两人分居不同房间，不存在商量合作的可能。因此，对于嫌犯甲而言，共有两种可能情况：一是嫌犯乙主动坦白，如果自己也坦白的话，则要入狱五年；反之，就是入狱十年。两相比较，后一种情况对嫌犯甲而言更不利。因此，为了保护自己的利益，嫌犯甲会选择坦白的策略。二是嫌犯乙保持沉默，如果自己也保持沉默的话，则要判刑一年；反之，则可被无罪释放，两相权衡，后一种情况似乎比较理想。因此，嫌犯甲为了保护自己的利益，会选择坦白。这就是说，无论在哪种情况下，嫌犯都会选择坦白策略。这样的推理同样适用于嫌犯乙。因此，最终的结果是嫌犯甲和嫌犯乙都会坦白并被判处五年徒刑。两嫌犯都没有达到自己原来的利益诉求。这表明：博弈参与者都是利己的，他们所作的决策都是损人不利己的。从心理学看，谁都想占便宜，但谁都没有占到便宜。从理论研究看，该例子也证明在非零和博弈中，帕累托最优①和纳什均衡是互相冲突的。我国“三个和尚没水吃”的故事也与此相类似。

2. 斗鸡博弈②

这也是博弈论中一个非常著名的例子。斗鸡是一种流行甚广的游戏。在博弈论中，假设当两只实力相当的公鸡相遇时，它们都面临两个同样的选择：或进攻或撤退。如果两只公鸡都选择进攻，那么结局只有一个，那就是两败俱伤；如果都选择撤退，则不分胜负。此外，还有其他两种可能，一是公鸡 A 进攻，公鸡 B 撤退，则公鸡 A 胜，公鸡 B 败且会有损耗；二是公鸡 B 进攻，公鸡 A 撤退，则公鸡 B 胜，公鸡 A 败且会有损耗。

		公鸡 B	
		进攻	撤退
公鸡 A	进攻	(−2，−2)	(1，−1)
	撤退	(−1，1)	(−1，−1)

假设两只公鸡都进攻，则均损失两个单位。假设一只公鸡进攻，另一只公鸡

① 帕累托最优：据 MBA 智库解释，帕累托最优也称为帕累托效率、帕累托最佳配置，是指资源分配的一种理想状态。假定固有的一群人和可分配的资源从一种分配状态到另一种状态的变化中，在没有使任何人情况变坏的前提下，使得至少一个人变得更好，这就是帕累托最优。

② 王治平．“斗鸡博弈”中的威慑战略[J]．发现，2008(2)：24—25.

撤退,则进攻者赢得一个单位,撤退者损失一个单位。如果两只公鸡都撤退,则均损失一个单位。这样看来,无论是对公鸡A还是公鸡B而言,即就个体而言,最好的对策就是自己采取进攻而让对方撤退的策略,即"只占便宜不伤命"。而对双方整体来说,最好的结果就是都能采取退让,即采用妥协的方式取得利益。如果任何一方只从自己的立场和利益出发考虑问题,不愿退让,又不想给对方一定的补偿,那么僵局就难以打破,往往会造成两败俱伤的惨境。这就是所谓的"斗鸡博弈",即当遭遇劲敌时,如何让自己占据优势,争取最大的利益,而把损失降到最低点。

这种现象在军事斗争中也较常见。如毛泽东提出的游击战术就是一种"斗鸡博弈"。游击战的指导方针是:敌退我进,敌进我退;打得赢就打,打不赢就跑。他曾说,如果敌退我不进,会坐失良机;敌进我不退,硬拼也不明智。打得赢不打,是不敢于胜利的怯懦;而打不赢还不跑,革命的本钱就都会赔进去了。

二、合作博弈理论模型

(一)合作博弈的前提与形成条件

根据各方之间是否存在具有约束力的协议或约定,可以将博弈划分为合作博弈和非合作博弈。合作博弈是相对于非合作博弈而言的。从产生历史看,合作博弈要早于非合作博弈,其代表作是1944年普林斯顿大学的诺依曼与经济学家摩根斯坦合著的《博弈论与经济行为》一书。在这本书中他们提出了标准型、扩展型和合作型博弈模型、解的概念和分析方法。此书奠定了博弈理论的理论基础,并在20世纪50年代将合作博弈研究推向了巅峰。然而,遗憾的是,由于该理论一方面在当时还不太完善和成熟,存在较大局限性,另一方面又因为这种模型晦涩难懂,非常抽象,只有极少数数学家能够理解和掌握,因而大大制约了其使用范围。虽然在纳什发展非合作博弈的同时,合作博弈也在不断发展,如1952年夏普利就撰写了《N人博弈的值》一书,提出每个联盟博弈(合作博弈)有一个唯一解,此解现在被称为夏普利值,然而,影响力也非常有限。尽管它是一门比非合作博弈理论更有意义的学科,但20世纪70年代以后却停滞不前了,而非合作博弈却得到了迅猛发展,这就为非合作博弈提供了发展的机会,也成就了其代表人物纳什的成功。进入当代社会后,世界发展的潮流不再像以前那样过度强调竞争,而是突出合作基础上的竞争,合作现象比不合作现象更为普遍。因此,合作博弈模型越来越受到重视,又有了进一步的发展空间。"总之,从现实的经济、社会现象中抽象出来的合作博弈理论，作为一种研究方法，在当前的国际、国内环境中有着非常广阔的应用前景。从国际间的政治、经济、军事战略联盟，到国家社会内部组织结构的治理调整、政策实施，以及企业事业单位的管理决策，都有着非常现实的方法论意义。”[①]

合作博弈又称正合博弈、联盟博弈。所谓合作就是指大家为了共同目标而一致行动。而在行动过程中又必须要遵守共同的规则。在合作博弈中这些规则就是指协议。因此，所谓合作博弈就是各方基于遵守具有约束力的协议的博弈。合作博弈以强调集体主义和团体理性为特点，以效率、公正和公平为价值取向。博弈结果是博弈方的利益都有所增加，或者是至少有一方的利益增加，但另一方的利益并不受损。因此，合作博弈是一种双赢策略，通常能获得较高的效率和效益。其研究的重点是如何以最有效率、最公正、最公平的方法分配这些利益。“合作博弈研究博弈者达成合作时如何分配合作得到的收益，即收益分配问题；强调团体理性，不讨论理性的个体如何达成合作的过程，而是直接讨论合作结果和收益分配。”[②]

由此可见，合作博弈要以集体理性选择为前提。要实现合作博弈，需要满足两个必要条件。第一，对于集体而言，整体收益要大于每个成员单独行动时的收益之和。也就是说，合作局中人全体获得了比不合作情形更多的收益。第二，还要保证收益分配过程的公正、公平性，做到按贡献分配收益，要保证每个个体都能获得比不加入合作时多一些的收益，即要有帕累托改进性质的分配规则。

（二）合作博弈模型

其基本模型可以描述为[③]：假设某个战略联盟中有 n 个企业参加，则该联盟可建立如下合作博弈模型，

$$G_C(N,\ v) = \{S_1, \cdots,\ S_n; b_1, \cdots,\ b_m; v_1, \cdots,\ v_n\} \tag{1}$$

$$v_i = f_i(S_1, \cdots,\ S_n; b_1, \cdots,\ b_m) \tag{2}$$

式中，$G_C(N,\ v)$就是一个有 n 个参与者的合作博弈，而 $S_1, \cdots,\ S_n$ 为各个参与者的策略空间，$b_1, \cdots,\ b_m$ 是为达成合作博弈的协议，v_i 表示第 i 个参与者的特征函数，即得益函数。从中也可知，合作博弈就是各参与者围绕强制性协议而展

① 郑士源. 合作博弈与企业组织管理[J]. 商业研究，2006(17)：1—3.

② 郑士源. 合作博弈理论的研究进展[J]. 上海海事大学学报，2011(4)：53—59.

③ 简兆权. 战略联盟的合作博弈分析[J]. 数量经济技术经济研究，1999(8)：34—36.

开的合作。

（三）合作博弈的性质

（1）超可加性。经济学家证明，无论两个联盟存在交集与否，如果他们单独行动，其最终结果都不如两个联盟的联合。也就是说，单独行动的收益要低于集体行动的收益。如果用数学形式来表示的话，如果对所有的 $S, T \subset N, S \cap T = \Phi$，则 $v(S \cup T) \geqslant v(S) + v(T)$。其中，$S, T$ 表示两个联盟，v 则表示行动的结果，即收益。N 为集合，Φ 是空集。因此，在具有超可加性的博弈中，互不相交的联盟之间的联合会改善各自的期望。此外，由超可加性还可以推出一个结论，即在全体参与人的联盟的效用可行集中可以发现任何具有帕累托有效性的配置。因此，在具有超可加性的博弈中，效率原则会导致全面的合作。[①]

（2）凸性。这是一种比超可加性更强的性质。1971 年，夏普利认为，如果一个合作博弈满足以下不等式，则称这个博弈具有凸性。$v(S) + v(T) \leqslant v(S \cup T) + v(S \cap T)$，$S, T \subset N$。这就是说，如果通过合作能增加收益，那么博弈是凸性的。[②]“凸博弈允许参与方的每一个子群体在稳定的总联盟中所能获得的利益分配至少相当于它们不参与联盟所能获得的份额。当使用这种稳定的分配时，没有一个参与方的子群体愿意分裂，因为他们无法比不参与联盟做得更好。有点类似于非合作博弈的纳什均衡”。[③]

（四）合作博弈的解概念

合作博弈理论提供了许多解概念，所谓解概念实际上就是一个函数。每个解概念代表不同的方法或观点。在这些解概念中，比较知名的有核心（core）、稳定集（stable set）、夏普利值（Shapley）、谈判集（bargaining set）、内核（Kernel）、核仁（nucleolus）和纳什讨价还价解（Nash bargaining solution）等。[④] 由于涉及过多的专业术语，在此不作详细论述。

三、合作博弈理论视野下政府与高校关系的协调

目前，中国正处于转型期，利益主体日益多元化，利益诉求也不断激烈化，可

---

① [美]克里斯汀·蒙特，丹尼尔·塞拉. 博弈论与经济学（第 1 辑）[M]. 张琦，译. 北京：经济管理出版社，2005：185.

② 同①.

③ 简兆权. 战略联盟的合作博弈分析[J]. 数量经济技术经济研究，1999(8)：34—36.

④ 李军林，李岩. 合作博弈理论及其发展[J]. 经济学动态，2004(9)：79—84.

以说，已经进入了一个利益博弈时代。为应对上述变化，中央提出了“统筹兼顾”的思想作为协调利益合作博弈的核心。统筹兼顾就是一种合作博弈的表现形式。按照合作博弈理论，不仅要维护原来的利益不变，而且要不断增加新的利益，还要公平公正地分配利益。通俗地说，博弈局中人不仅要做大“蛋糕”，还要分好“蛋糕”。“做蛋糕”是“分蛋糕”的前提。“分蛋糕”是做蛋糕的目的。

在高等教育领域也存在着“做蛋糕”与“分蛋糕”的现象。就政府与高校而言，政府与高校之间的矛盾并非不可调和。无论是单纯地追求高校自治还是寻求政府完全控制高校，从博弈论角度看，都是一种非合作博弈，即不能实现双赢的博弈。而在现实中，这种非合作博弈又可以某种方式转换为合作博弈。这种方式就是强制性的协议。通过政府与高校构建契约型关系来协调两者之间的利益冲突、实现双赢就是一条有效的途径。

当然，这种合作博弈不是减少政府的利益来扩大高校的利益或相反，而是要以合作为前提，创造出新的利益并得到合理分配，而不是在现有利益格局中做简单的调整。只有通过合作，继续做大利益“蛋糕”，才能真正缓解政府与高校之间的紧张关系；只有坚持帕累托性质的分配规则，才能真正使政府与高校形成战略联盟，实现双赢。所以说，合作博弈为调整政府与高校关系提供了新的视野和解决途径。

第四章
我国政府与高校关系的演进路径、发展现状及契约困境

第一节　我国政府与高校关系的演进路径

政府与高校的关系往往受制于所处时代的社会条件，尤其是与政治制度和行政体制直接相关。我国历史悠久，各朝各代的教育管理制度千差万别，政府与高校的关系也各不相同。因此，两者关系的演变过程颇为复杂。在不同历史时期，两者关系变化的频率与幅度也不一致。一般而言，越是社会生产力发展水平较低的时期，政府与高校关系变化的频率低、调整幅度窄；而社会生产力越加速发展，则两者变化的频率就会偏高、调整的幅度也会较大。根据史料记载，我国早在奴隶社会全盛时期的西周时代就基本形成了学在官府、政教不分、官师合一的教育体系和管理模式。这种传统几乎一直延续到封建社会末期的1898年京师大学堂的成立。可见，在漫长的两千多年历史长河中，这种政校不分的管理模式几乎处于僵化状态，没有什么大的变化或调整。然而，整体来说，两者关系的变化基本遵循了时代进步的潮流规律，逐步从奴隶社会和封建社会的"政校合一"状态走向与市场经济体制相适应的既相互独立又彼此合作的契约状态。相较而言，新中国成立至今虽然只有短短的数十年历史，但我国政府与高校关系的变革在持续不断地发生着变化。有鉴于此，本章将侧重分析新中国成立以来我国政府与高校关系演进的路径。

一、新中国成立初期至1957年

新中国的成立标志着我国社会发展进入了一个崭新的历史时期。从现有历

史文献可知，1949 年至 1957 年是我国从新民主主义革命向社会主义建设的过渡期。当时，共和国的主要任务就是稳定社会秩序，积极恢复生产，因而社会各行各业都急需专门人才。除此以外，新中国在文化教育领域还面临着如何对待旧教育、旧学校以及如何建设适合自己国情的新教育这个重大问题。1949 年 9 月，中国人民政治协商会议通过了《共同纲领》。《共同纲领》明确规定，共和国的教育性质是新民主主义的，即民族的、科学的、大众的文化教育，“人民政府的文化教育工作应以提高人民文化水平，培养国家建设人才，肃清封建的、买办的、法西斯主义的思想，发展为人民服务的思想为主要任务”，要求“实施理论与实际一致的教育方法，并有计划有步骤地改革旧的教育制度、教育内容和教学法”。同时，要“有计划有步骤地实行普及教育，加强中等教育和高等教育，注重技术教育，加强劳动者的业余教育和在职干部教育，给青年知识分子和旧知识分子以革命的政治教育，以适应革命工作和国家建设工作的广泛需要”。

《共同纲领》的规定从根本上明确了新中国文化教育的性质和主要任务，从而保证了社会主义的办学方向，使教育在全国范围内走上了为人民服务的道路。这是中国教育史上一个重大的转折。1949 年 11 月 1 日，中央人民政府成立教育部。次月，在北京召开了新中国成立以后的第一次全国教育工作会议。会议对《共同纲领》的要求进行了具体化，重申了共和国教育的性质、任务和重点，确定了全国教育建设的总方针，明确了改革旧教育的方针、步骤和发展新教育的方向。

按照《共同纲领》的要求和第一次全国教育工作会议的精神，在过渡期全国高等教育领域主要开展了如下几项重大工作。

第一是接收和改造旧学校。新中国成立之初，我国高校的类型多样而且政治背景复杂。既有公立高校，也有教会大学和私立大学。对于这些旧学校的去留问题，新中国成立之初，党和国家就提出了接收的方针和措施，即在坚持统一的方针下，配合国家建设的需要，按照必要和可能，调整全国公私立高等学校或其中的某些院系。对接管后的公立高校，当地军管会或人民政府对这些学校进行必要的改造，包括取消反动的政治课程、取缔国民党的训导制度、新开设“新民主主义论”等思想政治教育课程以及成立校务委员会等。对私立高校，除了办学成绩太差者外，一律采取积极维持和逐步改造的方针，对于其中成绩优良而经济困难的院系，予以可能的补贴。[①] 1950 年召开的第一次全国高等教育会议进一

① 何东昌. 中华人民共和国重要教育文献(1949～1975)[C]. 海口：海南出版社，1998：26.

步要求，私人办的和教会办的私立高等学校，也都必须服从人民政府的法令，奉行新民主主义的教育政策。人民政府有责任引导这些私立高等学校更为顺利地走上新民主主义建设的正轨，为培养新中国建设人才服务。按照会议精神，制订了私立大学处理方案，即一部分立即接收并改为公办；一部分暂时维持现状，待条件成熟后再改造为公办；一部分继续由私人办学，但需要改组董事会以及学校主要行政领导以及改造课程体系。在接收教会学校方面，1951 年 1 月教育部专门召开了如何处理外国津贴的高等学校会议，时任教育部长的马叙伦指出，“作为一个独立自主的国家，我们新中国不容许外国人在我们国内办理我们中国人民的教育事业，侵夺我们的教育主权，这是坚定不移的方针。”“首先要集中力量解决接受美国津贴的学校的问题”，对于接受其他外国津贴的学校，除政治上坚持反对中华人民共和国者以外，一般只采取履行登记，督促他们逐步改造，使其适合于中国人民利益的方针。在处理过程中，一般应该维持学校现状，不迁校，不合并，不调整院系。①

第二是开展学苏联的试点工作。在改造旧教育的同时，新成立的中央政府也着手推进了发展新教育的宏大工程。至于如何发展新教育，《共同纲领》提出了大的方针，即要以解放区新教育经验为基础，吸取旧教育有用经验，借助苏联经验。在高等教育领域学习借鉴苏联模式的典型做法就是创办新型的高等学校，包括成立中国人民大学和改造哈尔滨工业大学。

就当时的国际国内政治形势来说，苏联是世界上第一个社会主义国家，而新中国处于帝国主义的包围之中，急需财经、政治和外交等方面的专门人才，以发展国内经济，拓展外交空间。因此，中央决定在华北大学、华北人民革命大学和政法干校的基础上，创办一所以苏联经验为样本的新型大学。1949 年 12 月 16 日，政务院颁布《关于成立中国人民大学的决定》。决定指出要接受苏联先进的建设经验，聘请苏联教授，有计划、有步骤地培养新中国的各种建设干部。1950 年 10 月 3 日，中国人民大学正式成立。刘少奇在开学典礼讲话中指出，中国人民大学是中国办起来的第一所新式大学，在中国历史上以前所没有过的大学。将来的大学都要学习中国人民大学的经验。各级政府也要按照中国人民大学的样子来办其他的大学。中国人民大学的示范地位由此确立，苏联经验也由此开始渗透新中国各类高校。在 1950 年中央政府批准的《关于哈尔滨工业大学改进

① 马叙伦.处理接受外国津贴的高等学校会议的开幕词[J].人民教育，1951(2)：5—6.

计划的报告》中,明确提出了该校的办学方针和任务,即仿效苏联工科大学的办法,培养重工业部门的工程师和国内大学的理工科师资。哈尔滨工业大学是由中长铁路移交给中国政府管理的,教职员工和学生大多为苏侨。中央政府通过加强党对学校的领导、学习苏联经验建立新教育制度和体系等方法,使哈尔滨工业大学基本上成为采用苏联教学制度的新型工业大学,成为中国高等教育学习苏联经验的第二个典范。

第三就是开展院系大调整。在中国人民大学和哈尔滨工业大学学苏联经验试点工作的基础上,1952 年,在中央政府的主导下高等教育领域学苏联工作推向了纵深,这也揭开了新中国成立后的第一次大规模高等教育改革。此次改革的指导思想就是按照苏联模式进行院系调整。这项调整肇始于 1950 年 11 月召开的全国工学院院长会议提出的有关全国工学院调整方案。① 1952 年秋,根据"以培养工业建设人才和师资为重点,发展专门学院、整顿和加强综合大学"的原则,在全国范围内进行高等学校的院系调整工作。此次调整的重点是发展独立建制的工科院校,陆续新设了钢铁、地质、航空、矿业、水利等专门学院。院系调整工作一直延续到 1953 年底。经过调整后,全国高校数量由 1952 年的 211 所下降到 1953 年的 183 所,综合性院校明显减少,私立高校退出历史舞台。

由上可知,这个时期是我国政府与高校关系发展的剧烈调整期、稳步过渡期和新关系的初建期。剧烈调整是指社会主义政府取代了腐朽的专制的蒋家王朝,是政府与高校关系的根本改变;稳步过渡期是指中国政府逐步对教会学校、外国津贴学校进行了接收、接管和改造,使之逐步由教会控制或外国政府控制转向中国人民自己控制;初建期是指新中国成立后第一次大范围地调整、管理和发展与不同类型高校的关系。这个时期政府与高校关系的主要特点就是强化了政府在两者关系中的主导地位,无论是接收、接管、改造旧学校,还是开展院系大调整以及高校内部具体的管理甚至包括教学计划、教学大纲、课程编制、教材选用等方面,都可以体验到政府强有力的干预。相形之下,高校则处于被动、附属地位,其办学自主权十分有限。

统一领导和集中管理是这个时期政府与高校关系的具体写照。如 1950 年政务院发布的《关于高等学校领导关系的决定》提出,全国高等学校要由中央人

---

① 胡建华. 关于建国头 17 年高等教育改革的若干理论分析[J]. 南京师大学报(社会科学版),2000(4):55—62.

民政府教育部统一领导。1953年发布的《关于修订高等学校领导关系的决定》提出,高等教育部应逐步加强对全国高等学校的统一领导,而且必须与中央人民政府有关业务部门密切配合,有步骤地对全国高等学校实行统一与集中的领导。在高校内部管理方面,1956年5月高等教育部制定的《中华人民共和国高等学校章程草案》也对政府与高校的关系进行了规定。其中第五条规定,"高等学校的设立和停办,由中华人民共和国国务院决定。高等学校的系、专业、教研组、函授部、夜校部、夜分校和函授教学辅导部的设立和变更,由中华人民共和国高等教育部决定。"第二十九条规定,"高等学校根据高等教育部批准的教学计划和教学大纲进行教学工作。"第四十八条规定,"高等学校设校、院长一人,由高等教育部提请国务院任命。"[①] 总之,这个时期的政府与高校关系是与当时的政治、经济环境相适应的,对于满足国民经济发展的需要,迅速恢复和建立正常的教学秩序发挥了重要的积极作用。

二、1958年至"文化大革命"前夕

经过新中国成立初期对农业、手工业和资本主义工商业的社会主义改造以后,尤其是随着中共八大的顺利召开和第一个五年计划的完成,全党、全国的工作重心已经转移到社会主义建设上来。伴随着经济的快速发展,中国人民的民族自信心和自豪感日渐增强,高等教育发展模式也逐步由借鉴为主转向了自我发展和独立探索为主的道路。一方面总结借鉴苏联模式取得的成绩、经验并开展反思;另一方面积极探索与中国国情相结合的高等教育发展道路。因此,这也是探索政府与高校关系的重要历史时期。这个时期又分为两个阶段。

第一阶段是1958～1960年的"教育革命"阶段。1958年上半年,继教育部召开第四次全国教育行政会议后,中共中央也召开了全国教育工作会议。此次会议总结回顾了新中国成立九年以来的教育工作,讨论了党的教育工作方针,批判了教育部门的教条主义和右倾保守思想,提出了教育改革和发展的重大任务,会后形成了《关于教育工作的指示》。在中共八大二次会议提出"鼓足干劲、力争上游、多快好省地建设社会主义的总路线"后,随着"大跃进"运动在全国范围内如火如荼地兴起,教育界也出现了以贯彻落实党的教育方针为主要内容、推进教育改革的群众性运动。《关于教育工作的指示》也就成为指导和推动这次教育革

---

① 转引自胡建华.大学制度改革与发展的法治化问题探讨[J].高等教育研究,2005(2):27—32.

命的纲领性文件。《关于教育工作的指示》充分反映了毛主席1958年在天津大学视察时提出的三个论断，即高等学校应抓三个东西：一是党委领导，二是群众路线，三是教育与生产相结合。因此，这次教育革命的主要内容和特点有三："一是强调'教育是阶级斗争的工具，教育要为政治服务，为生产服务'；二是彻底废除沿袭苏联建立的教育制度，实行半工半读、各地自编教材、强调教育与生产劳动相结合等；三是强调对知识分子的思想改造，对知识分子特别是高级知识分子专家进行批判。"①

在这个指导思想下，政府与高校的关系也较以往有了比较明显的改变。1958年4月，中共中央发出《关于高等学校和中等技术学校下放问题的意见》。同年8月，中共中央、国务院又颁布了《关于教育事业管理工作权力下放问题的规定》，提出除了少数综合大学、某些专业学院仍由教育部或中央有关部门直接领导外，大部分高校都下放至省(市)和自治区，并由后者领导。高等教育管理体制也由原来的集中管理模式转变为中央和地方政府两级管理的模式，转变过去以"条条领导"为主的模式为以"块块领导"为主的模式。在保持中央集中领导的集权制度不变的前提下，地方政府也获得了包括高校设置、招生就业以及教师管理、科学研究等方面的权力。"这样就形成了一个由中央和地方两级领导管理、分工负责，在中央统一领导下以省级管理为主的新体制。"②高校也获得了一定的自主权，如招生自主权。《关于高等学校1958年招考新生的规定》指出，"为了使高等学校招生便于贯彻因地制宜、因校制宜的原则，发挥地方和高等学校办学的积极性，改变全国统一招生的制度，实行学校单独招生或者联合招生。"③

第二阶段是1961～1965年的调整阶段。历时三年的"教育革命"，期间不断反复，不仅打破了高校正常的教学秩序，也使大部分高校的教育质量出现了滑坡，更严重的是带来了教育思想上的混乱。1961年中共八届二中全会就当时国民经济出现的问题提出了"调整、巩固、充实、提高"的方针。在国民经济进行调整的同时，高等教育也进行了相应的政策调整。调整的目的就是规范高校管理权力的划分，提高高等教育质量。1960年2月，中共中央批转了中央文教小组提出的《关于一九六一年和今后一个时期文化教育工作安排的报告》。该报告的

① 胡炳仙.权力集中与知识控制："教育革命"时期的中国重点大学政策[J].清华大学教育研究，2008(4)：105—113.

② 郝维谦，龙正中，张晋峰，等.中华人民共和国高等教育史[C].北京：新世界出版社，2011：161.

③ 同②.

主要内容就是提高质量，即高校要把提高教学质量摆在第一位；控制高校规模，即调整新建高校，而且今后几年大城市一般不再新建高校；重点建设，即集中力量办好 64 所全国重点高校。

这意味着，政府与高校的关系在原来的政府或高度集权或高度放权后，又探索出了一种新的模式，即部分集中管理、部分放权模式。对于重点建设院校，政府还是采取高度集权的模式。而对其他高校则采用分级管理的模式。1961 教育部起草了《教育部直属高等学校暂行工作条例(草案)》(即《高校六十条》)，这份草案对直属高校方方面面的内容都进行了详细的规定，包括教学工作、思想工作、领导制度等。在政府与高校关系方面，“全国重点高等学校的领导和管理，由中央教育部、中央各主管部门与地方分工负责，实行双重领导(教育部主管的学校)或三重领导(中央各业务部门领导的学校)上下结合，各负其责。”1963 年 5 月，中共中央、国务院又颁布了《关于加强高等学校统一领导、分级管理的决定(试行草案)》，规定“对高等学校实行中央统一领导，中央和省、市、自治区两级管理的制度”。

这个时期我国政府与高校关系的发展有两方面特点，一是在于寻求体现中国特色的政府与高校关系，走自己的路，而不再是单纯模仿苏联“大统一”的模式，二是在于寻求政府高度集权与分权之间的均衡点，试图摆脱“一收就死、一放就乱”的怪圈。客观地说，这个时期的探索形成了两个亮点，一是在坚持党对高校的领导、中央对高校领导的前提下，强化了地方政府管理高校的权力，并进一步划分了两者的职责，“教育部和中央主管部门，应该集中精力研究和贯彻执行中央的教育方针和政策，综合平衡全国的教育事业发展规则”；二是实行重点高等学校建设制度，明确了中央政府和教育部管理的重点，形成了多级管理、分权管理的格局。这对未来我国政府与高校关系的走向产生了深远的历史影响。

经过调整后，我国高校的教学秩序逐步趋于稳定，教育质量也开始回升。但随着“文化大革命”的爆发，我国高等教育又陷于一片混乱和失控中。一是教育部被撤销，“教育事业长期没有专门主管部门，缺乏宏观的领导和管理，同时各级政府基本上处于瘫痪状态，全国高等教育实际上处于一种无政府状态”。[①] 二是高等教育的管理权再次下放。1969 年 10 月 26 日，中央发布《关于高等学校下放问题的通知》，就有关高等学校调整和管理体制问题进行了规定。“教育部所

① 刘宝存. 改革开放以来我国高等教育管理体制的回顾与前瞻[J]. 复旦教育论坛，2009(1)：43—48.

属的高等学校全部交由所在省、自治区、直辖市革委会领导;国务院各部门所属的高等学校,设在北京的仍由各部门领导,设在外地的院校交由当地省、自治区、直辖市革委会领导,与厂矿结合办校的交由厂矿革委会领导;下放给地方的高等学校的撤销、合并、搬迁及专业调整等问题,由有关省、自治区、直辖市革委会会同主管部门军管会共同研究,征求有关方面的意见,提出方案,经国家计委审核,报中央批准。"①随着高校正常的教学秩序再次被搅乱,政府与高校关系也随之陷入一片无序状态,这种状态一直持续到改革开放前夕。

三、1977 年至 1985 年

由于历时十年的"文化大革命"以及"四人帮"的破坏,教育战线多年来一直处于动荡、无序的状态。高等教育更是重灾区,不仅全国最高教育行政主管部门——教育部被撤销,而且高等学校也普遍存在着师资缺乏、校舍紧张等严重问题,不能开展正常的教学、科研工作。1978 年,中共中央召开十一届三中全会,在此次会议上改革开放被确定为我国的基本国策,中国自此进入以经济建设和改革开放为主题的重要历史时期。在党和国家致力推进拨乱反正工作的基础上,社会各项事业都逐渐得到恢复,重新走上正轨。中国社会实现了历史性转折。这一时期政府与高校的关系也得到调整和恢复,取得了长足的发展,分别经历了恢复高考、教育思想大讨论等阶段,最终以回归到统一管理、分级管理模式而结束。

邓小平同志复出后主动要求分管教育和科技工作。1977 年 8 月,他在科技和教育工作座谈会上提出了改革招生制度的重要建议,并建议从当年起就要着手恢复高考工作。虽然在此以前,教育部曾在太原召开过一次高等学校招生工作座谈会,但依然沿袭"文革"期间推行的"群众推荐"的办法,缺乏改革的力度。因此,在中共中央和邓小平同志的督促下,1977 年 8 月 13 日至 9 月 25 日,在北京再次召开了全国高等学校招生工作会议,起草通过了《关于一九七七年高等学校招生工作的意见》,决定恢复已经中止了十年的高考制度,采取以统一考试、择优录用的方式选拔人才。高考制度的恢复,使中国的人才培养重新步入了健康发展的轨道,也象征着高等教育领域的改革揭开了序幕。②

---

① 刘英杰. 中国教育大事典(1949～1990)(下)[C]. 杭州:浙江教育出版社,1993:1088.

② 邓小平文选(第 2 卷)[C]. 北京:人民出版社,1994:55.

1978年5月11日，《光明日报》刊登了《实践是检验真理的唯一标准》一文。该文一经刊出，便在全党引起了强烈反响，从而在全社会引发了一场关于真理标准问题的全国性大讨论。作为对这次讨论的深入，1979年12月6日，《人民日报》刊登了复旦大学、上海交通大学、华东师范大学等知名高校的书记或校长有关高校办学自主权的讨论，呼吁政府"给高等学校一点办学自主权"，首次提出高校办学自主权的问题，从而从思想上起到了推动高等教育管理体制改革的动员作用。

虽然如此，但由于当时各种条件的欠缺，有关高等教育管理体制的改革，中央政府采取了比较保守的做法，制订了先重点后一般的路线。首先从恢复全国重点高校的管理体制开始。其标志性文件是1978年2月17日，国务院转发了教育部《关于恢复和办好全国重点高等学校的报告》。该报告提出，恢复和办好全国重点高等学校对于推进教育战线的整顿工作、迅速提高高等教育的水平、尽快改变教育事业与社会主义革命和建设严重不相适应的状况是完全必要的，也是一项战略性措施。为此，要"根据有利于党的领导，有利于发挥中央和地方两个积极性，有利于在教学和科学研究工作中早见成效的原则，对全国重点高等学校实行统一领导，分级管理。教育部应根据党中央、国务院的指示，研究制定有关全国重点高等学校的具体方针、政策和实施办法等。有关部委和省、自治区、直辖市应结合本行业、本地区的情况，组织所属全国重点高等学校贯彻执行。面向全国和面向地区的全国重点高等学校，除少数院校实行有关部委直接领导外，多数院校实行有关部委和省、自治区、直辖市双重领导，以部委为主。部委负责贯彻教育事业的具体方针、政策；在国家统一计划下，负责院校的规划、专业设置、招生计划、分配毕业生、人员编制、劳动工资计划、科学研究、生产、教材、经费、外汇、基本建设、统配、部管物资和进口仪器设备供应等；协助省、自治区、直辖市检查督促有关院校对党的方针、政策的贯彻执行。省、自治区、直辖市负责院校的党的建设、人事工作和政治思想工作，检查督促党的方针、政策和教育事业具体方针、政策的贯彻执行，组织经验交流，基本建设设计、施工，地方物资供应等。面向本省、自治区、直辖市的全国重点高等学校，原则上由本省、自治区、直辖市领导，有关部委要给予支持"。[①] 这种模式基本上沿袭了1963年中共中

---

① 国务院转发教育部关于恢复和办好全国重点高等学校的报告. http://baike.baidu.com/view/3101588.htm.

央、国务院颁布的《关于加强高等学校统一领导、分级管理的决定(试行草案)》的核心内容和基本精神。

在重点高校管理体制陆续得到恢复的基础上,中共中央又加快了对全国其他高校管理体制的恢复工作。1979 年 9 月,中共中央转发教育部《关于建议重新颁发〈关于加强高等学校统一领导、分级管理的决定〉的报告》,开始在全国高等学校中恢复统一领导、分级管理的管理体制。至 1981 年,这项工作基本完成。当年全国共有 704 所高等学校,其中教育部直接管理的有 38 所,国务院其他部委管理的有 226 所,其他高校由各省、市、自治区领导。

这个时期政府与高校的关系的特征之一就是与国家恢复正常的政治生活、社会生活相同步,恢复政府对高校的统一领导,没有更多的创新和突破。通过政府有力的干预,高校的正常秩序逐步得以恢复,实现了从无序有到序的发展,从与经济社会相脱节到适应经济社会发展的需求的转变。其次就是继承了"文革"前我国高等教育自我发展的经验,即分级管理,强化了地方政府对高校的管理职能和责任。这为我国建设中国特色高等教育管理体制奠定了坚实的基础。

四、1985 年至 1992 年

事实上,在恢复统一领导、分级管理模式的同时,由于当时中国整个时空背景发生了较大的转移,因此这种模式本身具有的弊病日益得到暴露。如在中央和地方关系上,中央有些部门对一些具体事务集中过多,地方的积极性得不到激励;在政府与高校关系上,政府统得过死、管得太细,学校缺乏应有的办学动力和激情。可见,管理的权限划分仅局限于中央政府和地方政府之间,而没有充分考虑学校应有的权力。其根源在于高度集中的计划经济体制。

随着经济体制改革的深入,高等教育管理体制改革也势在必行。1984 年 10 月中共中央颁布《关于经济体制改革的决定》,1985 年 3 月颁布《关于科学技术体制改革的决定》。此后,教育领域的改革也风生水起。1985 年 5 月,中共中央颁布了《关于教育体制改革的决定》,揭开了改革开放以来新一轮教育改革探索的序幕。《关于教育体制改革的决定》在分析世界范围内的形势后,一针见血地指出了我国教育事业存在的主要问题,其中在教育事业管理权限的划分上,政府有关部门对学校主要是对高等学校统得过死,使学校缺乏应有的活力;政府应该加以管理的事情,又没有很好地管起来;而要解决这些问题,又必须从体制机制改革入手，有系统地进行。

高等教育体制改革的关键，就是改变政府对高等学校统得过多的管理体制。在国家统一的教育方针和计划的指导下，扩大高等学校的办学自主权，加强高等学校同生产、科研和社会其他各方面的联系，使高等学校具有主动适应经济和社会发展需要的积极性和能力。

在办学体制上，合理划分教育权限，实行中央、省（自治区、直辖市）、中心城市三级办学的体制，以调动各级政府办学的积极性。为了加强党和政府对教育工作的领导，成立国家教育委员会，负责掌握教育的大政方针，统筹整个教育事业的发展，协调各部门有关教育的工作，统一部署和指导教育体制的改革。鼓励各民主党派、人民团体、社会组织、离退休干部和知识分子、集体经济单位和个人，遵照党和政府的方针政策，采取多种形式和方法，积极自愿地为发展教育贡献力量。

在内部管理体制方面，赋予高等学校一定的办学自主权，如自主招生权，即高等学校在执行国家的政策、法令、计划的前提下，有权招收计划外委托培养生和自费生；教育教学权，即有权调整专业的服务方向，制订教学计划和教学大纲，编写和选用教材；科学研究权，即有权接受委托或与外单位合作，进行科学研究和技术开发，建立教学、科研、生产联合体；人事任名权，即有权提名任免副校长和任免其他各级干部；以及资金筹集权和对外交流权等。此外，对不同的高等学校，国家还可以根据情况赋予其他的权力。

为贯彻落实《关于教育体制改革的决定》，1986 年国务院颁发《高等教育管理职责暂行规定》，除了对国家教委、国务院有关部门以及省、自治区、直辖市政府的高等教育管理职责作了具体的规定外，还从八个方面明确并扩大了高等学校管理权，涉及招生分配权、经费使用权、校园规划权、人事任免权、职称评定权、教育教学权、开展科学研究权以及对外交流权等方面。

该《决定》的最大亮点就是在原来的统一领导、两级管理模式的基础上演变为统一领导、多级管理，中心城市也成为高校的管理主体，并且扩大了高校自主办学的权力。政府与高校的关系也朝着健康正确的道路发展。20 世纪 90 年代初，随着邓小平发表南方谈话和中共十四大的召开，我国又加大了对高等学校管理体制改革的力度。江泽民同志在党的十四大报告中指出，要进一步改革教育体制，扩大学校的办学自主权。为此，1992 年，原国家教委也提出了转变政府职能的思路，明确提出要“理顺政府与学校的关系，逐步确立高等学校的法人地位，进一步明确学校的权利、义务、利益和责任”。[①] 其标志性事件就是1992年新的扬州大学的诞生。那年，扬州工学院、扬州师范学院、江苏农学院、扬州医学院、江苏商业专科学校、江苏水利工程专科学校和国家税务局扬州培训中心等七个单位合并组建了扬州大学，这标志着我国高校管理体制改革工作正式启动。

五、1993年至今

在1992年召开的中共十四大上，党中央确立了建立社会主义市场经济体制的奋斗目标，由此开启了我国由计划经济向市场经济转轨的新征程。

1993年，中共中央、国务院发布《中国教育改革和发展纲要》，确定了到20世纪末我国教育改革和发展的基本目标和任务。其中教育体制改革的目标就是要适应社会主义市场经济体制和政治、科技体制的改革需要。有关高等教育体制改革的思路是：改革原有国家集中计划和政府直接管理的办学体制，理顺国家、社会、学校三者之间的关系，逐步建立和完善国家统筹规划和宏观管理工作、学校面向社会自主办学的新体制；改革高等教育的管理体制，逐步实行中央与省两级管理、两级负责以省级为主的管理体制。[②] 在政府与学校关系上，提出要按照政事分开的原则，通过立法，明确高等学校的权利和义务，使高等学校真正成为面向社会自主办学的法人实体。在中央与地方的关系上，提出了分级管理、分级负责的教育管理体制。中央主要是直接管理一些重要高校和少数行业性较强、而地方不便管理的高校；而对地方举办的高校的管理，则交由地方政府负责。在国家教委与中央业务部门的关系上，国家教委负责统筹规划、政策指导、组织协调、监督检查、提供服务。中央业务部门协助国家教委指导本行业的人才培养工作，加强本行业人才预测和规划，管理所属高校。同时，加强中央业务部门所属学校的办学体制和管理体制改革，采取继续由中央部门办、中央部门和地方政府联合办、交给地方政府办、企业集团参与和管理等不同办法。《中国教育改革和发展纲要》描绘了我国教育改革的美好蓝图，成为指导中国教育工作的纲领性文件。

1994年6月，中共中央和国务院召开了改革开放以来的第二次全国教育工作会议。会后发布了《国务院关于〈中国教育改革和发展纲要〉的实施意见》。

---

① 国家教委进一步转变职能，扩大直属高等学校办学自主权[N]. 中国教育报，1992-8-22，第1版.

② 郝维谦，龙正中，张晋峰，等. 中华人民共和国高等教育史[C]. 北京：新世界出版社，2011：508.

《实施意见》提出了高等教育改革的重点、举措和目标，其中重点要放在促进多种形式的联合办学，逐步改变高等学校“条块分割”办学和管理体制方面存在的弊端上，基本举措就是要通过必要的政策导向和社会需求的调节机制，促进国家教委所属院校、中央业务部门所属院校、地方所属院校之间，以及地方院校之间的联合，鼓励普通高等学校和成人高等学校之间的联合与协作，合理调整高等教育布局，优化高等教育结构，提高办学效益。最终目标是到 2000 年基本形成中央和省级政府两级管理、以省级政府为主的办学与管理的条块结合的新体制框架。①

此后的 1994 至 1996 年间，国家教委分别在上海、南昌、北戴河和扬州等地召开了多次高等教育管理体制改革座谈会，最终确定了“共建、调整、合作、合并”的八字改革方针。期间，1995 年国务院办公厅转发了国家教委《关于深化高等教育体制改革的若干意见》，提出了要着重抓好高等教育管理体制改革，实行中央和省、自治区、直辖市人民政府两级管理、分工负责，以省、自治区、直辖市人民政府统筹为主，条块有机结合的体制。

随着 1998 年国务院机构改革的推进，我国高等教育管理体制改革进入了全面推进的新阶段。当年，“原机械工业部等 9 个撤并部门的 91 所普通高校实行由中央与地方政府共建共管；1999 年又对原中国兵器工业总公司、中国航空工业总公司等 5 大军工总公司所属的 25 所普通高校实行中央与地方共建；2000 年在前两次部门院校管理体制调整的基础上，又进一步对铁道部等 49 个国务院部门所属的 161 所普通高校的管理体制进行了调整”。② 从此，终于打破了长期以来的“条块分割”的办学局面，实现了中央政府和地方政府分级管理、分工负责、以省为主的高等教育管理体制。

在此期间，出现了我国高等教育发展史上具有里程碑意义的重大事件——《教育法》和《高等教育法》的颁布，这标志着我国政府与高校关系走上了法制化轨道，以法律的形式将高校的权利和义务固定下来。其中 1995 年出台的《教育法》规定，国务院和地方各级人民政府根据分级管理、分工负责的原则，领导和管理教育工作。高等教育由国务院和省、自治区、直辖市人民政府管理。其中规定了学校拥有以下 9 种权利。①按照章程自主管理；②组织实施教育教学活动；

① 马陆亭. 我国高等教育管理体制改革 30 年——历程、经验与思考[J]. 中国高教研究，2008(11)：12—17.
② 唐任伍，刘泰洪. 中国高等教育管理体制演进：1949—2009[J]. 改革，2009(11)：15—19.

③招收学生或其他受教育者;④对受教育者进行学籍管理,实施奖励或者处分;⑤向受教育者颁布相关的学业证书;⑥聘任教师及其他职工,实施奖励或处分;⑦管理、使用本单位的设施和经费;⑧拒绝任何组织和个人对教育教学活动的非法干涉;⑨法律、法规规定的其他权利。

1998 年颁布的《高等教育法》对高校与政府的关系做了新规定,如第三十条规定:“高等学校自批准设立之日起就取得法人资格。高等学校的校长为高等学校的法定代表人。高等学校在民事活动中依法享有民事权力,承担民事责任。”从第三十二条到第三十八条第一次从法律上分别明确了高校 7 项办学自主权,即“自主调节系科招生比例”、“自主设置和调整学科、专业”、“自主制订教学计划、选编教材、组织实施教学活动”、“自主开展科学研究、技术开发和社会服务”、“自主开展与境外高等学校之间的科学技术文化交流合作”、“自主确定教学、科学研究、行政职能部门等内部组织机构的设置和人员配备”、“对举办者提供的财产、国家财政性资助、受捐赠财产依法自主管理和使用”等等。

进入 21 世纪,政府与高校的关系不断明确,中央和地方的关系也得以理顺,我国高等教育管理体制进入全面提高和进一步完善阶段,这为我国高等教育的快速发展奠定了坚实的制度基础。在这个历史阶段,我们可以清晰地发现,政府与高校关系的调整有两个重要的变化:一是强调了市场导向和政府职能转变,使政府充分尊重高校面向社会、市场办学的权利;二是突出了法律保障,通过颁布一系列法律法规,明确了彼此的权利、责任和义务,从而将两者的关系上升至法制层面。

2010 年,召开了改革开放以来第四次全国教育工作会议,会后颁布的《国家中长期教育改革和发展规划纲要(2010~2020 年)》对政府与高校的关系进行了多维度的描述。在转变政府职能方面,各级政府要切实履行统筹规划、政策引导、监督管理和提供公共教育服务的职责,建立健全公共教育服务体系,逐步实现基本教育服务均等化,维护教育公平和教育秩序。改变直接管理学校的单一方式,综合应用立法、拨款、规划、信息服务、政策指导和必要的行政措施,减少不必要的行政干预。在“加强省级政府教育统筹”方面,提出要完善以省级政府为主管理高等教育的体制。在“健全统筹有力、权责明确的教育管理体制”方面,提出要明确各级政府责任,规范学校办学行为,促进管办评分离。要适应中国国情和时代要求,建设依法办学、自主管理、民生监督、社会参与的现代学校制度,构建政府、学校、社会之间新型关系。要适应国家行政管理体制改革要求,明确政府管理权限和职责、明确各级各类学校办学权利和责任。这意味着我国政府与高校关系的发展又将进入一个新的历史阶段。

第二节　我国政府与高校关系的发展现状

曲折的政治发展过程也使政府与高校的关系在不断地摇摆。六十余年来，我国政府与高校的关系经过了模仿、磨合、探索、混乱与改革的不同阶段。从以上简短的政府与高校关系的变迁回顾中，我们可以发现，无论是政府还是高校，双方的自觉意识均在不断增强。就政府来说，它已经意识到全能政府的无奈和对转变自身职能的渴望；就高校而言，对自主办学的向往和对法制政府、服务政府的诉求也前所未有。目前，在计划经济向市场经济转轨的大环境下，我国政府与高校的关系也处于一个关键的转型期，原有的关系已经松动，而新的关系尚未确立。这是我国政府与高校关系的最大现状。这种现状为探索两者关系未来发展提供了广阔的空间。事实上，进入21世纪后，尤其是《国家中长期教育改革和发展规划纲要(2010～2020年)》颁布以后，“政事分开、权责明确、统筹协调、规范有序”成为新时期我国教育管理体制改革的既定方向，这也意味着我国政府与高校关系的发展进入了一个崭新的历史探索阶段。

一、国务院对教育行政主管部门权力的调整

自2002年10月起，国务院行政审批制度改革工作领导小组对国务院部门行政审批项目进行了全面清理。至2012年10月，已经开展了六次。通过改革，国务院取消和调整了教育部一些行政审批项目。

(一) 第一批取消或调整的行政项目

2001年，国务院决定开展行政审批制度改革。2002年11月1日，作为推进改革的重要举措，国务院第一次公布了取消的行政审批项目，根据《国务院关于取消第一批行政审批项目的决定》(国发[2002]24号)的要求，国务院共取消了789项行政审批项目。其中教育部有10项行政审批得到取消，分别是：

(1) 高等学校聘请其他国家或地区的政要、知名人士、高级公务员以外的人士为名誉教授、客座教授的审批、备案；

(2) 中小学校长培训机构资格认定；

(3) 直属企业设立、合并、变更、终止等事项的审核;

(4) 全国劳动模范免试进入成人高校学习的审批;

(5) 具有招收保送生资格的高等学校的审批;

(6) 具有招收艺术特长生资格的高校的确定;

(7) 高等学校招收高水平运动员和著名运动员免试入学的审批;

(8) 可招收小语种(非通用语种)的高等学校的确定;

(9) 公费培养的大专以上在校生、未达到服务期的毕业生申请自费出国留学的核准;

(10) 各省(区、市)考试机构申请在本地区独立开办面向社会的非学历考试的审批。

(二) 第二批取消和调整的行政项目

2003 年 2 月 27 日,国务院下发了《关于取消第二批行政审批项目和改变一批行政审批项目管理方式的决定》(国发[2003]5 号)。《决定》取消了 406 项行政审批项目,另外有 82 项行政审批项目作改变管理方式处理,移交行业组织或社会中介机构管理,并要求按照社会主义市场经济体制的要求,将行政审批制度改革与政府机构改革、财政管理体制改革、电子政务建设、相对集中行政处罚和综合行政执法试点等工作紧密结合起来,进一步转变政府职能,深化行政管理体制改革,促进依法行政,加强行政管理,提高行政效能。

在 406 项取消的行政审批项目中,教育部有 15 项,分别是:

(1) 对实施高等教育学历文凭考试试点省份的资格审批;

(2) 教育部直属高校校园规划审查;

(3) 教育部直属高校重大项目和限制类项目之外自筹资金建设项目的初设审查;

(4) 教育部直属高校勘察设计研究院管理事项审核;

(5) 高等学校在本科专业目录内设置、调整核定的学科门类范围内的本科专业审批;

(6) 教育部在京直属高校零星基建审核;

(7) 教育系统机电产品进口登记及向外经贸部转报国家机电配额商品、特定商品进口申请表核准;

(8) 教育系统公开发行股票的申请审核;

(9) 教学仪器设备生产许可证审核;

（10）中小学图书馆推荐书目审批；

（11）教育系统有关出版单位及高等学校出版社的年度选题计划审批；

（12）高等学校接受享受中国政府奖学金的外国留学生审批；

（13）外国公司设立面向多所高等学校且不以外国公司或外国人名字命名的奖学金审批；

（14）部分特殊专业及特殊需要的人员以外高等学校应届毕业生就业计划核准；

（15）外籍人员子女学校聘用中国公民核准。

在82项需要转变管理方式的行政审批项目中，教育部有5项，分别是：

（1）中等职业教育国家规划教材的立项与审定；

（2）高等教育规划教材审批及优秀教材推荐；

（3）对外汉语教师资格审查；

（4）国家级普通话水平测试员资格核准；

（5）语言文字规范标准测查认证。

（三）第三批取消和调整的行政项目

根据《国务院关于第三批取消和调整行政审批项目的决定》（国发〔2004〕16号），国务院在前两年的基础上，2004年5月19日又决定取消385项行政审批项目。另有39项决定改变管理方式、不再作为行政审批、实行自律管理的行政审批项目和46项下放管理层级的行政审批项目。

在决定取消的行政审批项目中，教育部有14项，分别是：

（1）在京教育机构设立无线电台（站）；

（2）自费出国留学中介服务机构跨省开展业务活动审批；

（3）具有研究生单独命题考试资格的高等学校确定；

（4）具有研究生推荐免试入学资格的高等学校确定；

（5）省级对实施高等学校学历文凭考试试点学校的资格审批；

（6）组织中小学生赴境外开展夏（冬）令营等活动审批；

（7）普通高等学校毕业生就业调整改派计划审批；

（8）外国公司设立以外国公司或外国人名字命名的奖学金审批；

（9）学校校舍、教室命名审批；

（10）教育部直属高等学校聘请外国文教专家单位资格审核；

（11）高等学校聘请外籍和港澳台政要、知名人士、高级公务员为名誉（客

座)教授审批;

(12) 因公赴港澳就读、任教、合作研究人员资格审核;

(13) 中外合作办学机构颁发外国学历、学位证书的资格审批;

(14) 学校招收外籍学生和港澳台学生资格审批。

在国务院对所属各部门行政审批项目进行全面清理的同时,国务院也明确提出,由法律、行政法规规定的行政许可项目,依法继续实施;对法律、行政法规以外的规范性文件设定,但确需保留且符合《中华人民共和国行政许可法》第十二条规定事项的行政审批项目,予以保留并设定行政行可。2004 年 6 月 29 日颁发《中华人民共和国务院令》(第 412 号),公布《国务院对确需保留的行政审批项目设定行政许可的决定》,并于当年 7 月 1 日起施行。其中公布的项目有 500 个,与教育部或各级教育行政主管部门相关的共 8 项(括号内为实施机关),分别是:

(1) 举办国际教育展览审批(教育部和省级人民政府教育行政主管部门);

(2) 省级人民政府自行审批、调整的高等职业学校使用超出规定命名范围的学校名称审批(教育部);

(3) 开办外籍人员子女学校审批(教育部);

(4) 高等学校教授、副教授评审权审批(教育部);

(5) 利用互联网实施远程学历教育的教育网校审批(各级人民政府教育行政主管部门);

(6) 高等学校设置、调整管理权限范围外的本科专业、第二学士学位专业和国家控制的其他专业审批(教育部、国务院各有关主管部门);

(7) 自费出国留学中介服务机构资格认定(教育部);

(8) 中小学国家课程教材编写核准(教育部)。

(四) 第四批取消和调整的行政项目

2007 年 10 月 9 日,经严格审核和论证,国务院发布《关于第四批取消和调整行政审批项目的决定》(国发〔2007〕33 号),决定第四批取消和调整 186 项行政审批项目。其中,取消的行政审批项目 128 项,调整的行政审批项目 58 项(下放管理层级 29 项、改变实施部门 8 项、合并同类事项 21 项)。另有 7 项拟取消或者调整的行政审批项目是由有关法律设立的,国务院将依照法定程序提请全国人大常委会审议修订相关法律规定。这些项目主要涉及税务总局、质检总局和商务部等。没有与教育部相关的项目。

（五）第五批取消和调整的行政项目

2010 年 7 月 4 日，国务院发布《关于第五批取消和下放管理层级行政审批项目的决定》（国发〔2010〕21 号），取消行政审批项目 113 项，下放 71 项行政审批项目的管理层级。与上次一样，无论是在取消还是下放的行政审批项目中，均无涉教育部。

（六）第六批取消和调整的行政项目

2012 年 9 月 23 日，国务院发布《关于第六批取消和调整行政审批项目的决定》，取消行政审批项目 171 项，调整行政审批项目 143 项（包括 117 项下放管理层级的行政审批项目，9 项减少审批部门的行政审批项目，17 项合并的行政审批项目）。在《决定》中特别强调要加快推进事业单位改革和社会组织管理改革，把适合事业单位和社会组织承担的事务性工作和管理服务事项，通过委托、招标、合同外包等方式交由事业单位或社会组织承担。

在取消的 171 项行政审批项目中，与教育行政主管部门相关的有 3 项，分别是：

（1）高等学校设立、撤销、调整研究生院审批（教育部）；

（2）中小学国家课程教材编写标准（教育部）；

（3）举办国际教育展览审批（教育部、省级人民政府教育行政部门）。

在 117 项下放管理层级的行政审批项目中，有 3 项涉及教育，分别是：

（1）自费出国留学中介服务机构资格认定（教育部下放至省级人民政府教育行政部门）；

（2）开办外籍人员子女学校审批（教育部下放至省级人民政府教育行政部门）；

（3）高等学校副教授评审权审批（教育部下放至省级人民政府教育行政部门）。

在 9 项减少审批部门的行政审批项目中，“百千万人才工程”入选项目从由人力资源和社会保障部、科技部、教育部和财政部审批，调整为由人力资源和社会保障部审批，但其审批时要征求科技部、教育部和财政部的意见。

十余年来，国务院共分六批取消和调整了 2 497 项行政审批项目，其中与教育相关的就有数十项。“教育部推动下放和取消了多项行政审批事项，修订相关规定，除国家控制布点专业外，允许高校依照专业目录自主设置专业，还放权 58 所研究生院自行审核博士、硕士学位授权点……简政放权，转变了政府职能，激发了办学活力。"[①]这不仅是政府职能自身的有效转变，也是政府与高校关系得以调适的坚实基础。

二、高校办学自主权的有限落实

虽然在政府转变职能过程中，一些权力并未简单地转至高校，但随着政府积极推进职能转变，一些原来由法律法规确定的办学自主权也逐步得到落实，得到真正的回归。从近年改革的实践看，自主招生、制订大学章程和公开选拔直属高校校长（总会计师）试点无疑是最大的亮点。

（一）自主招生的新变革

自主招生是中国高等教育扩大高校自主权的重要措施。在1998年公布的《中华人民共和国高等教育法》中，它是高校七大权利之一。然而，多年以来由于招生计划还死死地掌握在政府手里，因此，这种权利并未得到有效的落实。《国家中长期教育改革和发展规划纲要（2010～2020年）》指出，"以考试招生制度改革为突破口，克服一考定终身的弊端，推进素质教育实施和创新人才培养。按照有利于科学选拔人才、促进学生健康发展、维护社会公平的原则，探索招生与考试相对分离的办法，政府宏观管理，专业机构组织实施，学校依法自主招生，学生多次选择，逐步形成分类考试、综合评价、多元录取的考试招生制度。加强考试管理，完善专业考试机构功能，提高服务能力和水平。成立国家教育考试指导委员会，研究制定考试改革方案，指导考试改革试点。"

实际上，自2003年开始，为了探索人才选拔制度，我国通过实施高校自主招生制度，允许部分高校拿出一定比例的招生名额，选拔那些通过高考不容易被发现的有特殊才能的学生。根据教育部的规定，自主招生人数不能超过自主招生面试试点学校年度本科招生计划总数的5%。2003年1月10日，教育部下发《关于做好2003年普通高等学校招生工作的通知》（教学[2003]1号），指出要规范有序地开展高等学校自主选拔录取改革试点工作。2月24日，教育部办公厅下发《关于做好高等学校自主选拔录取改革试点工作的通知》（教学厅[2003]2号），就自主选拔录取试点的招生计划、招生程序和首批试点学校等具体内容做了详细阐述。2003年开展自主选拔录取改革试点工作的高校有22所，分别是北京大学、清华大学、中国人民大学、北京师范大学、中国政法大学、复旦大学、同

① 张烁.教育规划纲要实施两周年综述：精彩的开局[N].人民日报，2012-8-13，第4版.

济大学、上海交通大学、华东理工大学、华东师范大学、南京大学、东南大学、南京航空航天大学、南京理工大学、河海大学、中国药科大学、南京农业大学、浙江大学、中国科学技术大学、华中科技大学、中山大学和重庆大学。2004 年试点院校上升到 28 所。此后，试点院校的范围不断扩展。到 2010 年已经有超过 80 所高校纳入部属高校自主招生体系，由原来的部属高校延伸至地方高校。

"教育部在不断增加自主招生试点高校数量的同时，也对自主招生的纵深发展进行了大胆试点。"①随着高等教育战略的调整，近年来自主招生模式也日益多样化。

一是面试招生模式。2006 年，经教育部批准，复旦大学和上海交通大学试行通过面试开展自主招生工作。其选拔办法与程序包括三个环节：①申请资格测试。测试内容涵盖高中语文、数学、英语、政治、历史、地理、物理、化学、生物和计算机等 10 个科目，历时 3 小时，学校对测试成绩排名前 1 200 名的学生寄发入学申请资料；②提出入学申请。收到入学申请资料的学生向高校招生办公室提出入学申请，高校将组织专家审核申请者提交的材料；③面试遴选录取。申请者接受专家历时 75 分钟的面试。面试专家由不同学科背景的教授组成。每位考生面试时，由学校随机抽调 5 位专家进行一对一对答，每位专家与面试学生交流 15 分钟，录取结果最终由专家面试团小组商议确定。"当年共有 578 名学生通过自主选拔录取渠道进入两校，被称为我国高考制度改革历史上的'破冰之旅'。"②由于这种招生方式把面试的成绩放在头等重要位置，而分数仅供参考，因此，这种招生模式的特点被学者概括为"面试说了算，高考作参考"。

这两所高校试点改革的成功也促使教育进一步向高校归还自主招生权。2008 年教育部发布的《关于做好 2008 年高等学校自主选拔录取改革试点工作的通知》明确提出，"已开展自主选拔录取试点满三年且管理规范严格的高校，对审查、测试中在创新实践或学科专业方面表现突出的少数特别优秀的入选考生，可参考其高考成绩、中学学业及综合素质等情况决定是否向省级招办申请破格投档予以录取，并报我部（高校学生司）备案。"同时，也实现了自主招生比例从 5％到 10％的突破。从 2009 年起，复旦大学和上海交通大学首次将自主选拔录取的改革推向上海之外的地区，实现了跨地区自主招生的突破。

① 刘进. 历史与嬗变：中国高校自主招生 10 年[J]. 现代大学教育，2011(1)：69—75.
② 同①.

二是联合招生模式。2009年上海交通大学、清华大学、中国科学技术大学、西安交通大学和南京大学等国内五所知名高校联合宣布，在2010年自主招生实行“联考”，以更加公平、科学、高效地选拔优秀人才。这被称为“五校联考”。“五校联考”分笔试和面试两个阶段和通用基础测试(General Exam)、高校特色测试(Special Exam)和面试(Interview)三个模块，即GSI模式。五所高校协商确定命题思路和要求，共同委托专家组完成部分笔试科目的命题和问卷工作。考生可以同时申请五所高校中的两所。2011年，浙江大学正式加入联考，并将通用测试正式定名为“高水平大学自主选拔学业能力测试(Advanced Assessment for Admission，简称AAA测试)”。AAA测试成绩在六校内互认，高校特色测试成绩可在六校间彼此参考。[①] 后来中国人民大学也加入联考。这样一来，原来的“五校联考”正式演变为俗称的“华约联盟”。

除“华约联盟”外，2012年在高校自主招生方面又出现了另外两种联合招生组织形态——“北约联盟”和“卓越联盟”。2010年11月21日，北京大学、北京航空航天大学、北京师范大学、南开大学、复旦大学、厦门大学、香港大学等七所高校宣布举行自主选拔联合考试，这就是“北约联盟”的雏形。此后不久，山东大学、武汉大学、华中科技大学、中山大学、四川大学和兰州大学等另外6所高校也决定参加上述自主选拔录取联合考试，从而正式形成了由13所综合性大学组建的“北约联盟”招生形态。其考试科目包括语文、数学、英语、物理、化学、历史和政治。由各校自行决定本校要求考查的科目及成绩使用方式，考生根据报考学校的要求自行选择考试科目。

2010年12月，北京理工大学、大连理工大学、东南大学、哈尔滨工业大学、华南理工大学、天津大学、同济大学、重庆大学和西北工业大学等9所以理工科见长的知名院校也宣布实行联考，这被称为“卓越联盟”。其初试采用笔试形式，共设两个科目，分别为阅读与写作能力测试和数学物理水平测试，涵盖语文、数学、英语和物理等相关学科内容。

三是试行校长实名推荐制。各高校在积极主动地参与“抱团”自主招生录取改革的同时，一些高校也结合本校的实情积极探索更加丰富多样的招生模式。为进一步推进自主招生改革，探索多样化人才培养新模式，为不同类型优秀学生的脱颖而出创造条件，2009年7月北京大学率先提出将在北京、天津、重庆、黑

① 丰捷.2011年浙大加入清华等五校联考[N].光明日报，2010-10-25，第7版.

龙江、吉林、江苏、浙江、河南、湖南、湖北、广东、陕西和新疆等13个省(自治区、直辖市)试行"中学校长实名推荐制"。2009年11月8日,北京大学对外公布了《中学校长实名推荐制方案》。《方案》称,获得北京大学"实名推荐"资质的中学校长可按分配名额推荐"综合素质优秀或学科特长突出"的考生。推荐信一旦通过北京大学相关部门审核,其推荐的学生便可以免考,直接进入面试阶段。拟招收人数原则上控制在北京大学本科招生计划人数的3%以内。北京大学根据中学校长所推荐学生的具体情况,安排相关学科的专家组对学生报名资料进行审核。合格者将免于参加北京大学自主招生笔试而直接进入面试,面试合格者在高考录取时将享受北京大学一批次录取线下降30分录取的政策;具备教育部规定的保送资格的学生,可向北京大学申请相关专业的保送资格。当年全国共有400余所中学提出参与北京大学"中学校长实名推荐制"的申请。2009年11月15日,经北京大学自主招生专家委员会认真研究审议,最终确定了39所中学为北京大学2010年"中学校长实行推荐制"推荐中学,并公布了推荐中学名单及推荐名额。11月30日,北京大学在其招生网上公示了90名推荐学生名单。2011年北京大学决定在全国推广"中学校长实名推荐制",当年接收到来自全国31个省(自治区、直辖市)近200所中学递交的申请,最终确定了161所(含首批试点39所中学)获得2011年北京大学"中学校长实行推荐制"资质,其推荐名额上升到210名。2012年推荐学校扩展到211所,推荐名额为260名。当年"共有256名学生被认定为自主选拔录取候选人,除4人未获录取外,其余学生均在高考中发挥出色,被北大顺利录取,绝大多数学生如愿以偿进入到自己喜欢的专业就读。如广东省华南师大附中的袁苗苗,14岁成为省作家协会的小成员,出版了《森林的小屋》、《老鼠学艺》和《书香伴我行》三部著作,并发表60多篇文章,报考北大中文系并如愿被录取"。①

北京大学"中学校长实名推荐制"自主招生方案得到了社会和同行的认可。一些高校也纷纷仿效。2011年10月28日,中国人民大学在其官网宣布2012自主选拔录取推行"校长直通车计划"和"圆梦计划"。

"校长直通车计划"主要在自主选拔录取过程中招收各地区拔尖中学中综合素质高或具有某方面特长且具有人民大学相关学科培养潜质的应届高中毕业生。考生由中学校长实名向中国人民大学推荐,被推荐考生直接进入面试环节,

① 王庆环.北大2012招生向农村和贫困地区倾斜[N].光明日报,2012-7-23,第9版.

不用参加笔试。

"圆梦计划"主要在自主选拔录取过程中招收在县及县以下地区学校就读，学习成绩优秀或具有某方面培养潜能的应届农村生源高中毕业生。"圆梦计划"将给农村考生开辟一条通往中国人民大学的特别通道，圆一些家庭渴望子女升入一流大学学习的家族梦想，促进社会和谐和社会稳定。考生由中学校长实名向人民大学推荐，被推荐考生直接进入面试环节，不用参加笔试。

被推荐的"校长直通车计划"和"圆梦计划"考生如具有保送生条件，可申请参加保送生考试（含笔试），考试合格可纳入保送生招生序列。[①]

（二）现代大学制度的基点——大学章程的制订

大学章程是大学的"宪法"，是政府、学校与社会三者关系的调节器。其核心功能就是规范各项权力运作机制和边界，调整大学内外的权利义务关系，包括大学与政府之间的权利义务关系、大学与社会之间的权利义务关系以及大学内部各主体之间的权利义务关系。从历史上看，大学章程源始于中世纪时期的大学特许状。经过数个世纪的演变，大学章程已成为西方大学行事的重要法则。尽管大学章程在西方发达国家备受尊崇，我国也在《高等教育法》中明确规定设立大学须有大学章程，但迄今为止，我国诸多高校并无章程。

2010 年，《国家中长期教育改革和发展规划纲要（2010～2020 年）》再次明确提出：要完善现代大学制度，加强章程建设，各类高校应依法制定章程，依照章程规定管理学校。《国家教育事业发展第十二个五年规划》也提到，到 2015 年高等学校要完成"一校一章程"的目标。根据这一要求，教育部一方面制订了《高等学校章程制定暂行办法》，另一方面又积极推进"推动建立健全大学章程，完善高等学校内部治理结构"改革试点工作。

2011 年 11 月 28 日，教育部正式发布《高等学校章程制定暂行办法》（教育部第 31 号令），以推动高等学校章程建设。《办法》共分五章三十三条，从章程性质、章程内容、制定程序以及核准和监督等方面做了明确的规定。

对于章程的性质，第三条规定："章程是高等学校依法自主办学、实施管理和履行公共职能的基本准则。高等学校应当以章程为依据，制定内部管理制度及规范性文件、实施办学和管理活动、开展社会合作。"第五条规定："高等学校的举

---

① 中国人民大学 2012 年自主选拔录取推行"校长直通车计划"和"圆梦计划". http://news1. ruc. edu. cn/102449/102451/102468/78317. html 2012 - 10 - 19.

办者、主管教育行政部门应当按照政校分开、管办分离的原则，以章程明确界定与学校的关系，明确学校的办学方向与发展原则，落实举办者权利义务，保障学校的办学自主权。”

对于章程涉及的内容要点和权力的规范使用，第七条规定：章程应当按照高等教育法的规定，载明以下内容：①学校的登记名称、简称、英文译名等，学校办学地点、住所地；②学校的机构性质、发展定位，培养目标、办学方向；③经审批机关核定的办学层次、规模；④学校的主要学科门类，以及设置和调整的原则、程序；⑤学校实施的全日制与非全日制、学历教育与非学历教育、远程教育、中外合作办学等不同教育形式的性质、目的、要求；⑥学校的领导体制、法定代表人，组织结构、决策机制、民主管理和监督机制，内设机构的组成、职责、管理体制；⑦学校经费的来源渠道、财产属性、使用原则和管理制度，接受捐赠的规则与办法；⑧学校的举办者，举办者对学校进行管理或考核的方式、标准等，学校负责人的产生与任命机制，举办者的投入与保障义务；⑨章程修改的启动、审议程序，以及章程解释权的归属；⑩学校的分立、合并及终止事由，校徽、校歌等学校标志物、学校与相关社会组织关系等学校认为必要的事项，以及本办法规定的需要在章程中规定的重大事项。

第八条规定：章程应当按照高等教育法的规定，健全学校办学自主权的行使与监督机制，明确以下事项的基本规则、决策程序与监督机制：①开展教学活动、科学研究、技术开发和社会服务；②设置和调整学科、专业；③制订招生方案，调节系科招生比例，确定选拔学生的条件、标准、办法和程序；④制订学校规划并组织实施；⑤设置教学、科研及行政职能部门；⑥确定内部收入分配原则；⑦招聘、管理和使用人才；⑧学校财产和经费的使用与管理；⑨其他学校可以自主决定的重大事项。

对于章程的核准和监督，第二十三条规定：地方政府举办的高等学校的章程由省级教育行政部门核准，其中本科以上高等学校的章程核准后，应当报教育部备案；教育部直属高等学校的章程由教育部核准；其他中央部门所属高校的章程，经主管部门同意，报教育部核准。

第三十条规定：高等学校应当指定专门机构监督章程的执行情况，依据章程审查学校内部规章制度、规范性文件，受理对违反章程的管理行为、办学活动的举报和投诉。

第三十一条规定：高等学校的主管教育行政部门对章程中自主确定的不违反法律和国家政策强制性规定的办学形式、管理办法等，应当予以认可；对高等学校履行章程情况应当进行指导、监督；对高等学校不执行章程的情况或者违反章程规定自行实施的管理行为，应当责令限期改正。

2010 年 10 月 24 日，就在全国教育工作会议召开以及《国家中长期教育改革和发展规划纲要（2010～2020 年）》颁布后不久，国务院办公厅发布《关于开展国家教育体制改革试点的通知》（国办发[2010]48 号）。《通知》提出十大教育改革任务 50 项试点任务。“推动建立健全大学章程，完善高等学校内部治理结构”作为“改革高等教育管理方式，建设现代大学制度”的试点任务之一。其中北京大学、北京师范大学、清华大学、复旦大学、吉林大学、中国政法大学、湖南大学等 26 所高校作为试点建设大学章程的高校。

两个月后，教育部网站公布了一些高校的实施方案。如在《北京师范大学完善大学治理结构、建设现代大学制度改革试点实施方案》中，北京师范大学提出五个阶段目标、七项改革措施和四项配套政策。①

> 五个阶段目标是：①做好大学治理的顶层设计和整体规划，确立与学校发展目标相适应的内部治理结构和管理体制。②深化行政管理的大部制改革和学科资源整合的学部制改革，加强各类学术组织在学校决策和管理中的作用。③通过共建平台建设，吸引多种社会力量参与学校建设和管理，探索资源薄弱型研究型大学拓展办学资源、提升办学水平的新模式。④围绕教育规划纲要规定的 7 项办学自主权限，开展试点研究和探索，建立健全推动科学发展的配套管理制度体系。⑤推进行政权力和学术权力的有机结合和规范运行，从内部管理体制上为中国特色的现代大学制度建设创新举措、提供案例、推广经验。
>
> 七项改革措施包括：①对国内外知名大学制度建设成果进行比较研究，向校内外专家广泛征求意见，制定并完善章程，报学校党委批准、教育行政主管部门备案，按章程规定对学校规章制度进行梳理和清理，依照章程规定管理学校，规范大学治理行为。②以北京师范大学珠海分校为试点，建立科学精简、权责明晰、运行顺畅、强化服务、优质高效的机构和职能体系。③以教育学部为试点，理顺学校与各建制性学术机构以及相关主体之间的责权

① 北京师范大学完善大学治理结构、建设现代大学制度改革试点实施方案. http://www.moe.gov.cn/publicfiles/business/htmlfiles/moe/s4934/201012/112871.html 2012-10-20.

利关系，搭建以学科为基础的数量适当、分布合理、运行高效的学部制实体单位布局。④推进各项办学自主权在大学的落实，完善内部治理结构，落实现代大学制度要求。探索进一步建立和完善校务委员会、教授委员会、学术委员会等在学科建设、学术事务中发挥作用的有效机制，建立健全包括人事管理、质量保障、科研评价、资源配置、资金筹措等方面与现代大学制度相匹配的制度体系。⑤深入研究借鉴发达国家高等学校管理体制的成功经验，认真分析20世纪90年代以来我国高等学校内部管理体制改革和组织创新的实践，研究以校、院两级管理为基础，推进校、院两级管理体制改革与基层组织创新的方法、途径与措施。⑥创新高等学校与其他资源主体合作共建的模式，探索高校发挥学科人才优势，与各类资源主体合作办学、联合科研、协同服务，建立健全高校民主管理体系，通过设立理事会形式，吸引多种社会力量参与学校建设和管理，实现资源拓展和办学水平不断提升。⑦重视案例研究，如以珠海分校、教育学部、共建机构等为个案汇编《体制改革试点成功案例集》，提高改革试点成果的推广价值。

四项配套政策是：①在教育学部、部分学院和研究院（所）开辟试验特区，在经费支持、资源配置、人员聘用、业绩考核等方面给予倾斜，在昌平沙河高教园区新校区为改革提供试验空间。②研究制定学校“十二五”规划，将其作为关系学校改革发展全局、保障学科科学发展的长效机制，并作为重要专项统筹设计和实施。③推动教育主管部门尽可能为试点单位下放办学自主权限，加大对部属高校基本建设支出拨款占总拨款的比重；改变主管部门直接控制学校人员编制的办法，以经费间接调控学校人员规模；加强宏观调控，减少和规范行政审批事项，在设置行政管理机构方面给予充分的自主权力。④推动教育主管部门对攻坚难度大、风险成本高、应用范围广的项目的改革，进行科研项目或建设项目立项，给予一定的规划指导和经费支持。

（三）公开选拔直属高校领导

2012年可谓是我国政府与高校关系变化调整力度最大的一年。在自主招生模式深化改革、大学章程加快制定的同时，另一件事又让人们感受到了政府改革的决心和力度。

《国家中长期教育改革和发展规划纲要（2010～2020年）》提出，完善大学校长选拔任用办法。2011年12月21日，教育部发布《公开选拔直属高校校长公告》和《公开选拔直属高校总会计师公告》，这标志着正式启动了公开选拔东北师范大学校长、西南财经大学校长以及东南大学、山东大学、华中科技大学、中央戏剧学院、东北大学、中国海洋大学等6所直属高校总会计师试点工作。

其中对选拔校长的报名条件是：

(1) 全面贯彻党的教育方针，坚持社会主义办学方向，积极拥护并认真贯彻执行党委领导下的校长负责制。

(2) 熟悉高等教育规律和高校教学、科研工作，有较丰富的办学治校经验和较高的学术水平，具有博士学位和正高级专业技术职务。

(3) 工作经历应具备下列条件之一：①现任普通高校校长或党委书记；②现任普通高校副校长或党委副书记且任副校级2年以上；③具有普通高校中层正职领导职务3年以上工作经历，且任相当于普通高校副校级领导职务2年以上；④现任境外大学副校长或担任境外著名大学院长(系主任)3年以上。

(4) 年龄一般不超过50周岁，特别优秀的可以适当放宽，但不超过55周岁。

(5) 中国公民，且没有国外永久居留权或者当选校长后自愿放弃国外永久居留权。此外，东北师范大学校长还应熟悉高水平研究型大学和师范教育办学特点和规律；西南财经大学校长还应熟悉高水平研究型大学和财经教育办学特点和规律。

其选拔程序包括五个环节：一是公开报名，由教育部公开选拔直属高校校长办公室负责资格审查；二是职业素养综合评估，由遴选委员会主任、副主任负责执行，每个职位视情况遴选出3至5名面试人选；三是面试，采用竞职演讲、考官提问和民意测验的方式进行。竞职演讲设在职位所在高校进行，学校干部师生代表全程旁听并进行民意测验，以投票方式推荐二至三名心目中合适的校长人选。为深入了解人选有关情况，面试结束后，遴选委员会主任、副主任集体与每位面试者进行面谈。四是差额考察。每个职位由遴选委员会主任、副主任按1∶2的比例集体研究提出考察人选，实行差额考察。五是决定任职人选。教育部党组讨论决定拟任人选，并通过教育部门户网站和职位所在高校校园网进行公示，公示结束后履行任职程序。

2012年1月7日，教育部公开选拔直属高校校长工作办公室发布《教育部公开选拔直属高校校长面试人选公示公告》。《公告》显示，截至2011年12月31日报名结束，共有20人报名。经资格审查，共有13人符合报名条件。符合条件的人选中，申报东北师范大学校长职位的6人，申报西南财经大学校长职位的9人（有2人兼报）。公开选拔校长遴选委员会对13位人选进行了职业素养综合评估，确定了8位为面试人选。其中东北师范大学3位，西南财经大学5位。

2012年3月12日，教育部公开选拔直属高校校长工作办公室和教育部公开选拔直属高校总会计师工作办公室联合发布公告，对公开选拔直属高校校长、总会计师拟任职人选进行公示。

多年来，高校校长的任命一直是社会各界长期关注的焦点，也是政府与高校关系改革的前沿问题，这直接涉及高校的人事权问题。以往，我国高校的校长大多是由上级部门任命的，虽然也有少数学校自己组织民主推荐，报上级部门批准后任命的，但如此大规模的做法前所未有，用遴选委员会委员李延保教授的话来说，这“实属第一次，既是试点，也有示范意义”。① 另据教育部网站2012年12月4日消息，教育部决定面向海内外公开选拔三所直属高校校长（北京科技大学、北京中医药大学和中国药科大学），将试点改革又推上了一个更高层次。

第三节　我国政府与高校关系的契约困境

新时期的改革值得期盼，但如果将累积多年的弊病希望通过几项重大举措就可以立即化解，也不太现实。因此，只有将改革的矛盾直指问题的本质根源，方才有更宽广的改革空间。从这个角度来说，当前的改革并未触及我国政府与高校关系的制约瓶颈，还有许多需要完善的地方。而完善的基调和方向就是要走出两者所面临的契约困境。这些困境大致有三方面，即平等基石的缺失、自由权利的有限和问责制度的虚化。

一、平等基石的缺失

契约源于人的自然平等，没有平等就没有双方合意与合作的可能。萨托利认为，“平等表达了相同性概念……两个或更多的人或客体，只要在某些或所有方面处于同样的、相同的或相似的状态，那就可以说他们是平等的。”②

---

① 李延保. 完善校长遴选办法，构建现代大学制度[N]. 中国教育报，2012-4-20，第4版.

② [美]萨托利. 民主新论[M]. 冯克利，阎克文，译. 上海：东方出版社，1993：340.

地位平等是契约精神的内在要求。地位不平等，当事方就不可能达成协议，即使达成了协议也是不平等的、无效的。新中国成立以来，虽然我国政府逐步调整了与高校的关系，高校也逐渐从政府的隶属关系中分离出来，然而，由于受计划经济体制的长期影响，政府与高校的地位依然不平等。"强政府、弱高校"是当前政府与高校关系的鲜明写照，两者之间平等的基石还不坚固，甚至处于空白状态。这种不平等主要体现在以下两个方面：

（一）高校"代理人"地位的空心化

委托代理理论认为，任何一种涉及非对称信息的交易，都可以构成委托代理关系。处于信息优势的一方称代理方，处于信息劣势的一方称委托方。从契约角度看，政府与高校的关系在某种意义上也是一种委托代理关系，政府处于信息劣势，属委托方，而高校则处于信息优势，属代理方。然而，由于在信息方面的劣势地位以及信任机制和监督机制的不健全，政府往往会倚重行政决定权，通过采取简单粗暴的做法，对高校进行全面的控制，"这就使得高校不是作为政府这个委托人的代理人而存在"。[①] 这种现象在公立高校中的表现更加突出，"所谓代理机构，其功能就是依据他人的意愿、代他人做嫁衣——公民、各组织团体、政客和科层制人员都有权力要求公立学校采取某些行动和以既定的方式采取行动。"[②]可见，这样就使高校的代理人地位空心化了。其突出表现是"政府的地位总是比大学高，大学从未脱离过政府。比如政府各部门与高校发生关系时，是以国家的名义出现并行使相关法律规定的职权。高校不履行自己义务时，政府可以对其施加控制，政府可以强制其履行，而当政府不履行其自身应有职责时，高校往往无能为力，只能通过请求履行或向上提出申诉等"。[③]

也就是说，在高等教育管理中，政府还没有完全从计划经济体制的框架中摆脱出来，依然扮演着多重角色，往往是既充当运动员又当裁判员，集举办者、办学者和管理者等多重角色于一身。高校丧失了办学的主体地位，也失去了作为"代理方"的价值。

（二）高校法人地位的不完全化

法人不是指现实的人。"法学创造法律人格概念，从而将现实实体与法律主

---

① 李建奇，钟云华. 基于委托代理理论的政府与高校关系构建[J]. 中国人力资源开发，2008(8)：9—11.

② [美]约翰·E·丘伯，泰力·M·默. 政治、市场和学校[M]. 蒋衡，译. 北京：教育科学出版社，2003：60.

③ 何伟权，桂皎. 30年来中国高校与政府关系研究的考察与思考[J]. 云南师范大学学报(哲学社会科学版)，2011(11)：138—145.

体分离开来，现实的人属于社会的范畴，法律主体属于法律的范畴，它们不是同一的。”[①]法人要拥有独立的财产，享有民事权利能力和民事行为能力，能以自己的名义独立参加民事活动并承担相应的民事责任。

我国《民法通则》将法人分为企业法人和非企业法人，其中非企业法人又分为机关法人、事业单位法人和社会团体法人。依照规定，我国高校属于事业单位法人。《教育法》第三十一条规定，“学校及其他教育机构具备法人条件的，自批准设立或者登记注册之日起取得法人资格。”《高等教育法》第三十条也规定，“高等学校自批准设立之日起取得法人资格。高等学校的校长为高等学校的法定代表人。高等学校在民事活动中依法享有民事权利，承担民事责任。”依据《民法通则》的有关规定，民事关系必须是由平等主体之间、在自愿、公平、诚实信用的基础上，基于等价有偿原则实现与财产或人身有关活动过程中产生的关系。民事关系再通过民事法律规范的调整而演变为民事法律关系。这些法律从根本上赋予高校的法人地位。另外，从立法角度看，高等学校与政府是立法上的两个主体，也具有平等地位。

然而，我国高校“并不能真正为自己设定目标，在一种力图削减学校在所有重要事件上的自主决策权的制度环境中，尤其如此”。[②] 这种现象实际上就是“有限法人制度”，是一种不完全的法人制度。“这就是说，高等学校法人的民事权利是不充分的、不完全的，是受到一定限制的。这些限制具体表现为，高校的设立主体受到严格限制，高校作为法人的活动目标受到限制，高校作为法人的具体活动也受到限制，即拥有相对独立的有限的财产所有权及其经营权，拥有相对独立的有限的权利、责任和利益”。[③]

这种法人不完全化在民办高校中的表现尤为突出。民办高校是我国改革开放以来出现的一种新的办学机构。对其法人性质的划分，我国政府长期以来模糊不清。1996 年，中共中央办公厅、国务院办公厅发布《关于加强社会团体和民办非企业单位管理工作的通知(中办发[1996]22 号)》，首次提出了“民办非企业单位”的概念，对比其他法治国家，此概念可谓我国独创。1998 年，国务院根据上述通知精神，颁布了《民办非企业单位登记管理暂行条例》，明确了民办高校的法人性质，将其归为“民办非企业法人”。但是“民办非企”的法人定性，不仅层次

---

① 江平，龙卫球. 法人本质及其基本构造研究—为法人拟制说辩护[J]. 中国法学，1998(3)：71—79.
② [美]约翰·E·丘伯，泰力·M·默. 政治、市场和学校[M]. 蒋衡，译. 北京：教育科学出版社，2003：60.
③ 王建华. 作为政府部门的公立大学[J]. 煤炭高等教育，2006(6)：37—39.

低而且不明确。层次低是指民办高校的法人地位还没有在法律大法上得到肯定，不明确是指没有划清其与机关法人、企业法人和事业单位法人的界限，也没有明晰民办非企业法的权、责、利关系。“把民办学校定性为民办非企业，是引起民办教育诸多法律问题、政策问题和实际问题的一个重要逻辑起点。”①

二、自由权利的有限

“契约的另一种重要前提是自治，这种自治就是有充分的意志自由。从古代罗马到近代法的历史表明：契约自由是契约应有的语境，两者之间犹如‘心’与‘体’的关系，没有了‘自由’，契约就成了没有灵魂的‘行尸走肉’，这样的契约必然是‘强制’和‘命令’的同义语。所谓的‘契约’也不再是契约。”②

在市场经济环境下，交易的双方都是拥有完全自由的独立的个体，它们既拥有选择缔约者的自由，也拥有决定缔约内容和缔约方式的自由等更多相关的自由。自由就如同空气，没有空气就会产生窒息。因此，高校长期以来都在为获得更多的自由而不断努力。经过漫长的中世纪后，在民主浪潮的推动下，高校的办学自由权已经有了翻天覆地的变化。正处于从转型期的中国也先后颁布了《高等教育法》等法律法规，扩大了高校的办学自由，然而，站在契约精神的角度，我国高校的办学还不自由，集中表现在：

（一）办学自主权的有限化

办学自主权是指学校为实现其办学目标依法享有的独立自主地进行教育教学管理、实施教学科研等活动的资格和能力。它对高校的重要性不言自喻。理论上说，高校一诞生就拥有了一切属于它自己的权力，即办学自主权。这些权力神圣不可侵犯。相比以往，“不能否认，虽然在办学自主权问题上有待扩大与完善，但我国近几年高等学校已有了相当的办学自主权，这些自主权甚至超过了某些发达国家。”③

而事实上，由于诸多原因的影响，我国高校所拥有的办学自主权还十分有限。《教育法》第二十八条规定了九项权利，即：①按照章程自主管理；②组织实施教育教学活动；③招收学生或者其他受教育者；④对受教育者进行学籍管理，实施

① 朱永新.民办学校的尴尬身份[J].教育与职业，2008(22)：1.

② 党立新.契约自由原则及其发展[D].郑州：郑州大学硕士学位论文，2006.

③ 王北生.高等学校自主权应做到“扩权”与“用好”的统一[J].教育科学，2001(3)：54—55.

奖励或者处分;⑤对受教育者颁发相应的学业证书;⑥聘任教师及其他职工,实施奖励或者处分;⑦管理、使用本单位的设施和经费;⑧拒绝任何组织和个人对教育教学活动的非法干涉;⑨法律、法规规定的其他权利。《高等教育法》也只规定高校享有如招生自主权,设置和调整学科、专业的自主权,教学自主权,开展科学研究、技术开发和社会服务的自主权,开展对境外科技文化交流的自主权,以及进行内部机构设置、评聘教师和其他专业技术人员和调整津贴和工资分配的自主权等权利。

然而,这仅有的七项权利也形同虚设,还没有真正落实。如虽然赋予高校招生自主权,但招生计划还牢牢掌握在政府手里,还要严格按照国家出台的学科专业目录来设置和调整专业,并需要得到政府的审批或备案。同时,政府还严格控制高校开设学科专业目录以外的专业等等。在《高等教育法》颁布后不久,1999年教育部曾组织华中理工大学(现为华中科技大学)和同济大学的研究人员,对北京、上海、天津、南京、杭州、武汉、广州等地的20余所教育部直属高校,就落实高等学校办学自主权问题进行了专门调查。调查高校普遍认为,"扩权在很多方面还不能令人满意,远未取得理想的效果。"①

无独有偶。2000年3~4月,北京师范大学"中国教育发展报告"课题组就当时我国高等教育管理体制改革的进展情况及一些热点问题,在全国高校范围内进行了一次专家问卷调查。调查结果显示,专家对高等学校的自主程给予的评价并不高。

表1 对当时高等学校的自主程度的评价(%)

自主性	完全自主	比较自主	不太自主	不自主
(1) 招生	3.9	26.6	45.9	23.6
(2) 专业调整	1.5	33.0	40.4	25.1
(3) 机构设置	1.5	34.0	43.3	21.2
(4) 干部任免	4.9	43.3	31.5	20.3
(5) 教师聘用	6.9	47.8	33.5	11.8
(6) 经费使用	4.4	38.9	43.4	13.3
(7) 职称评定	4.4	40.9	35.5	19.2
(8) 收入分配	5.4	41.9	36.0	16.7

资料来源:王善迈主编《2000年中国教育发展研究报告》之附录二:高等教育制度变迁——专家问卷调查结果与分析,北京师范大学出版社,2000年,第124页。

---

① 华中理工大学高教所课题组.落实和扩大高校的办学自主权[J].高等教育研究,1999(5):29—31.

可见,高校的办学自主权的实现程度还非常有限。借用北京大学张维迎教授的话来说,"中国大学实际上是政府的一个特设机构。一个政府主管部门的处长,可以随时召集大学的校长去开会,可以训斥大学校长,大学校长没有一点办法,因为你的经费来源都是由他拨的,得罪不起。"①

(二) 管理模式的"行政化"

自从德国哲学家哈贝马斯提出"合法性危机"以来,各行各业都处于人人自危的状态。高校为了获得合法性,往往会在管理模式上模仿政府部门的做法,按照韦伯提出的科层化来进行管理。办学规模越大,科层化管理就越严重。我国高校也不例外。虽然这种管理模式的产生有着深刻的历史原因,但是在寻找合法性机制和办学规模不断扩大的双重诱因下,科层化逐渐演变为被人们所诟病的行政化。杨德广教授认为,高校管理行政化是指不顾教育规律和学术规律,完全依靠行政权力,按照行政手段、行政方式、行政运行机制管理教育、管理学术。这是与以教育教学以及学术活动为主体的高等学校格格不入的。它有外部行政化和内部行政化两种表现。前者包括设立众多管高校的教育行政机构,对大学划分行政等级,将高校分为三六九等。高校成为行政机构。后者则涉及高校内部按行政机构设置管理部门,官员多、官气重;学术管理行政化;党政不分,权力过于集中;教授和教职工权利被边缘化以及分配制度向机关倾斜。② "迄今为止,中国的大学管理模式是行政化的管理模式,学校里的行政官员对学校事务有最高的发言权。这是延续了非学术组织、政府组织的行政化科层化的管理模式,而这种管理与大学作为学术组织管理的要求是不适应的。"③

"行政化"管理模式的表现就是政府对高校进行等级划分。这种等级划分源于建国后不久开始的重点大学建设制度。当时由于国家财力有限,而发展需求旺盛,因而提出了重点建设一批大学的设想。这种设想对当时我国经济社会的快速发展作出了历史贡献。改革开放后继续沿袭此种作法,而且有过之而无不及。首先是根据举办政府的层级划分为中央高校、部属高校和地方高校、"985工程"、"211 工程"高校等不同类型。其次是在招生上划分为提前批、本科一批和本科二批。再次是将高校分为公办和民办、普通高校与高职高专。由于民办

① 张维迎.大学的逻辑[M].北京大学出版社,2004:56.

② 杨德广.关于高校"去行政化"的思考[J].教育发展研究,2010(9):19—24.

③ 杨东平.什么是大学[J].同舟共济,2007(5):6—7.

和高职高专的行政级别较低，相应地其地位也比较靠后。最严重的是在原有的厅局级高校的基础上，自2000年起，21所大学的党委书记、校长陆续纳入中央管理干部行列，相当于副部级。此后，这一数量不断攀升，目前已扩展到32所。"各类重点学校与层级化的行政管理体制相互结合，形成了大小不一的重点学校圈层结构。这种结构日益成为高校之间的身份壁垒，不仅影响高校合理定位和资源合理流动，而且成为追求'大而全'、'小而全'和'升格风'的内驱力，严重影响高校公平竞争和多样化发展。"[①]这种强势的行政化倾向也严重渗透于高校的内部管理，从而使行政权力与学术权力之间的博弈日益白热化，教师不安心做学问，反而热衷于做官，使本已学术氛围不浓厚的高校，日益沾染上了世俗的官僚气息，成为政府之外的又一个"衙门"。

三、问责制度的虚化

契约是权利、义务、责任有机结合的共同体。缔约各方既要享受权利，也要履行义务，承担责任。因此，任何一方都不能超越规定的权利范围，反之，就要进行问责。从现阶段看，我国对政府与高校的问责制度体系还没有完全建立起来，即使已有的问责制度也处于虚化状态。

（一）对高校的乱作为缺乏有效的问责

近年来，由于大扩招的影响，有关高校办学质量成为社会关注的焦点。我国政府也相应调整了高等教育发展战略，即从外延扩张为主转向内涵建设为主。提高质量成为我国高等教育发展的主题。然而，在高校办学自主权不断落实和扩大的当下，高校的办学质量不仅没有提高，反而存在事实上的下滑趋势，并成为社会公众的共识。具体来说：一是高校对经济社会发展的贡献度并没有与公共财政投入成比例增长，绝大多数高校依然还处于象牙塔之内；二是高校的核心竞争力没有大幅度的改变，在世界五百强高校中，中国高校的身影并不多见；三是一流的学科专业凤毛麟角，一些传统的强势学科专业的国际优势也在逐步淡化；四是拔尖创新人才成为高校人才培养的"硬伤"，"钱学森之问"没有从高校得到满意的答复；五是毕业生就业能力还不强，就业难、难就业的现象同时并存。与办学质量不受关注相对应的是，近年来，高校中出现的"乱象"不可谓不多，在

---

① 曹卫星．遵循教育规律，转变发展方式，提高管理效能—关于高教管理体制改革的思考[J]．中国高等教育，2011(13/14)：10—13.

招生毕业、学术科研、课程开设、职称评定、基础建设等方面都有表现。如在课程开设中，一些高校没有经过市场需求调查，就凭空开设五花八门的“爬树课”、“风水课”、“炒作课”等；在职称评定中，又遵循“关系优先”的潜规则；在学术科研方面，又出现造假、缺乏学术诚信现象。

造成上述现象的原因有很多，对高校办学行为甚至是乱办学的行为缺乏有效的问责是根本原因。“如果从管理经营角度，而不是从行政计划角度说，我国大学的办学自主权总体上比国外更宽松自由，中国的大学对于‘自主经营’来说几乎处于‘完全自由’的状态，主要原因是还未建立起必要的评价与监督体系。”①客观地说，在高等教育管理体制改革过程中，我国政府也逐步建立了一些对高校的评价和监督体系，但在价值导向和具体操作上，偏离了对高校的问责，从而使这些制度成为摆设。

（二）对政府承诺不到位缺乏有效的问责

我国现有法律法规许多条文都明确指出，政府是学校的举办者，负有举办学校的义务和发展教育的责任。这也是世界上绝大多数国家的普遍做法。虽然经过三十余年的改革开放，我国的经济实力有了巨大的飞跃，成为世界上第二大经济体，然而，这依然不能改变我国还是发展中国家，还依然处于社会主义初级阶段的现状。这种发展现状也使政府在发展教育尤其是发展高等教育方面作出的承诺出现了“违约”。略举两例。

一是4%的落实。早在改革开放之初的1983年，教育经费短缺问题成为各界关注的焦点和全国人大代表、政协委员提的最多的提案之一。也就是从那时起，在中央领导的关心下，成立了由北京大学厉以宁和陈良焜教授、北京师范大学王善迈教授、中央教科所（现为中国教育科学研究院）孟明义研究员等多位教育经济学专家组成的课题组，专门研究教育经费应在国民生产总值中占多大比例的问题。十年后的1993年，我国政府作出承诺，到20世纪末财政性教育经费占国民生产总值的比例达到4%，并将这一承诺写入了当年颁布的《中国教育改革和发展纲要》，之后又在《教育法》中作了相应规定。然而，令人遗憾的是，此后13年，政府公共教育投入占国民生产总值的比例每年均低于3%，直到2006年才达到3.01%。2008年达到历史最高水平，为3.48%，但仍未实现预定的4%

① 邢兆远，临英，田文阁. 大学“经营”之道—访临沂师范学院院长徐同文教授[N]. 光明日报，2003-9-30，第3版.

的目标。在2010年颁布的《国家中长期教育改革和发展规划纲要(2010～2020年)》中,再次明确了实现4%的时间表,即到2012年,国家财政性经费支出占国民生产总值的比例达到4%。虽然这只是个简单的比例,但它反映了一个国家对教育的重视程度。这虽然只是一个不起眼的百分比,但是自从政府作出承诺后,便令社会各界牵肠挂肚。

二是对民办高校的财政支持力度不够。我国民办高校从改革开放后重新恢复发展又过了30余年,期间不仅肩负了改革教育体制的重任,也为我国高等教育从精英化阶段迈入大众化阶段立下了汗马功劳,为政府培养了大量的专业人才。虽然政府给予了许多方面如税收等优惠政策,但政府公共财政对民办高校的投入长期处于缺位状态。时至今日,尚没有形成全国性的公共财政支持民办高校发展的体制机制。更为重要的是,政府对于民办高校的制度供给也长期滞后于民办高校自身的发展,从而导致政府空白、政策模糊和政策歧视。这对同样具有公益属性的民办高校而言,也是极大的不公平。

第五章
西方发达国家政府与高校契约型关系的表现形式

政府与高校如何形成契约关系？西方发达国家较早就开始了积极的探索，并呈现了多种不同的形式，如美、英等国探索实施了特许状制度，法国在20世纪80年代实施了行政合同制度，德国则推行高校公务法人制度，日本在21世纪初也实行了国立大学法人化制度。这些探索有些已经退出历史舞台，有些正在不断深化，有些已经固化。无论成功与否，它们曾经的做法和经验都为我国政府与高校构建契约关系提供了良好的基础与借鉴。

第一节　美国的特许高校制度

众所周知，美国是当今世界上高等教育实力最雄厚的国家，拥有哈佛大学、麻省理工学院等诸多知名高校。学者往往将这种实力归因为美国高等教育的多样性和分权制度。所谓多样性，即不仅拥有四年制的高水平大学，还有两年制以升学和就业为土导的社区学院；既有大量的非营利性高校，也有为数不少的诸如凤凰城大学这样以营利为主的高校。所谓分权制度，主要是指美国高校尤其是公立高校的管理主体为州政府，联邦政府和联邦教育部均无权干预。此外，高校内部权力配置也呈多元化，既有董事会也有教职工代表会议等，几乎涵盖了所有高校的利益相关方。

2005年9月10日，英国知名刊物——《经济学家》周刊发表了一篇题为《美国高等教育成功的秘诀》。该文认为，美国拥有世界上最好的高等教育体系。世界上70%的诺贝尔奖获得者在美国的大学供职。根据2001年的一项调查，全球大约30%的科学和工程类论文以及44%的最常被援引的论文来自美国的大学。美国高等教育为何如此成功？该文认为，除了美国比较富有等原因外，其成功的主要原因在于体制，包括联邦政府的作用有限、强调竞争以及实用导向。

此外，其长盛不衰的秘诀还在于不断创新州政府与公立高校之间的关系，特许高校（学院）的产生就是典型的代表。

一、产生动因

前文论及，特许状最早出现在中世纪的欧洲，其主要作用是调整政府与自治城市之间的关系，后来又被用于高等教育领域，以划清大学自治的边界。此后，获得特许状几乎成为创建大学的一道必经程序。1636年，美国第一所大学——哈佛大学的成立也获得了英国女皇的特许状。随着人类历史潮流的不断推进，尤其是民主意识的深入，特许状慢慢淡出人们的视野，逐渐被历史尘封。

当“特许”两字再次出现时，已是20世纪末，而且出现在美国的基础教育领域，主要是为了解决如何提高美国基础教育质量和促进教育公平等问题而提出来的。1991年，美国明尼苏达州制订了美国历史上第一个特许学校法令。1992年，该州的两位教师又创办了美国第一所特许学校——圣保罗市立中学（St. Paul City Academy）。目前，美国大多数州已经通过立法，允许特许学校的存在。所谓特许学校，就是“经州政府立法通过特别允许教师、家长、教育专业团体或其他非营利机构等私人经营公司负担经费的学校，不受例行性教育行政规定约束。这类学校虽然由政府负担教育经费，但却交给私人经营，除了必须达到双方预定的教育成效之外，不受一般教育行政法规的限制，为例外特别许可的学校”。①

就在特许学校在美国基础教育领域开展得如火如荼之际，美国高等教育领域也现了特许高校的身影。所谓“特许高校是指州政府和公立高校通过协商订立特许状，高校从州政府那里获得大量程序性自治权，同时接受州政府减少拨款资助的条件，并且确保在招生、教学质量等方面要达到一定的绩效标准”。② 如果说特许学校出现的目的是为了提高基础教育质量，但为什么在质量较高的高等教育也出现了特许高校呢？这其中隐含着深刻的时代背景。

---

① http://baike.baidu.com/view/1650311.htm

② 王景枝.美国“特许高校”契约式改革策略分析[J].江苏高教，2009(2)：146—148.

（一）日渐僵化的公立高校管理体制

美国虽然没有中央集权的行政体制，但高等教育管理体制却比较复杂。这种复杂性除了各州之间的差异外，更多地体现在社会各方的参与度方面，涉及政府、社会中介组织以及学校自身三个层面。政府主要是指联邦政府和州政府；社会中介组织主要是指专业协会或行业组织；学校自身则是指董事会制度。

根据美国宪法之规定，管理教育的权限属于州政府。虽然美国于 1867 年通过了《教育部法案》并成立了联邦教育部，但法案规定，联邦教育部为非内阁成员的独立机构，其负责人由总统提名经参议院通过后任命，无权干预地方教育事务，也无权对学校下达任何指令。其职权只有三项："一是负责联邦政府对地方补助拨款的分配和管理；二是在基础教育和高等教育方面制定一些研究项目；三是负责收取和统计全国教育状况的资料。"① 由于其既不管招生，也不管考试以及评估等事务，常被戏称为"五不管"部。二战后，尽管联邦教育部的权力有不断提升的迹象，但其对美国高校发展的影响还非常有限。"从原苏联卫星上天的 20 世纪 50 年代末期开始，联邦政府大规模地介入高等教育。然而，这并未改变联邦政府的角色和地位，即只发挥指导和支持的作用。"② 因此，真正管理高校的责任就落在各州政府的身上。以州管理和统筹成为美国高等教育管理体制的基础和核心所在。

二战前，美国州政府管理公立高校的模式有三种："第一种，没有统一的公立高等教育治理机构，反映了放任主义的特点，由各个高校或校园自己的委员会管理，直接向立法机构报告。第二种，由一个统一的上级委员会管理州内所有的公立高等院校，其职责包括所有学术课程、新校建设的审批，为各个公立院校准备预算。在这一模式下，地方委员会隶属于上级委员会。第三种，由两个委员会分别管理州赠地大学与州立学院。这一模式，仅加州、俄亥俄州和印第安纳三个州的两个委员会之间有自发的协调机制。"③ 这三种模式中，以后两者居多，而且呈现州政府调控力度加大的趋势。州政府管理公立高校的通常做法就是设立高等教育管理和协调机构。但是，这在 20 世纪 50 年代以前并不普遍。主要原因是公立高校的办学规模较小，利益相关方不多，管理也并不复杂，加之美国高校向来就有自治的传统，州政府对公立高校只有较小的控制权，因而在这种背景下，

① 薛弥，许良．美国三级教育行政管理体制的简介与启示[J]．现代企业教育，2009(2)：174—175.

② 乔玉全．21 世纪美国高等教育[C]．北京：高等教育出版社，2000：50.

③ 转引自方展画，林莉．20 世纪上半叶美国公立高等教育特色形成历程[J]．河北师范大学学报（教育科学版），2008(1)：83—88.

公立高校享有比较大的自治权。然而，这种情况随着公立高校办学规模的扩大以及经济持续快速发展而发生了彻底的改变。先是各州纷纷成立了高等教育管理和协调机构，专门负责管理和协调公立高校的事务。这种治理模式到20世纪70年代已经发展得非常成熟了。其次就是加强了这些管理和协调机构的权力。这些机构往往通过把持州高等教育政策的制订而拥有了更多的干预高校办学的权力，尤其是财务方面。“许多州的高等教育委员会类似一个小型政府，高校几乎事事需要与其协商。”[①] 美国高等教育专家克拉克·克尔(C. Kerr)认为这种管理体制带来了诸多弊端，“分校失去了自治：董事会的压力变大，系统越大越多样化，决策和管理也更加官僚、缓慢。”[②] 在他看来，过去40年是美国公立高等教育不断走向“集中统一和控制”的过程。相比私立大学面向市场自主办学，公立高校的自由度变得越来越有限。“我们通常所理解的美国大学高度自治，这实际上对私立大学来讲是名副其实的。对公立高等院校来讲是相当相对的。”[③]“大多数公立学院或大学不是被束缚在一个发挥着董事会功能的州立大学系统管理委员会的管制之下，便是被置于一个可以对大学的项目立项、学费标准、预算及其他事务行使权力的州高等教育协调委员会的控制之下。公立高校普遍面临着政府(主要是州政府与地方政府)的繁琐规制、过度监管以及各种影响教育质量进一步提升的阻碍因素等问题的困扰。”[④] 1992年，美国总统顾问委员会甚至毫不客气地指出，民众对大学教育的信心在失去。

在人们不断批评州高等教育管理与协调机构日益变得行政化的时候，社会公众对公立高校内部管理体制效率低下导致办学绩效不理想的诘问声也越来越强。公立高校是州内最大的公共事业，是用纳税人的钱来维持运转的。因此，在某种程度上，公立高校的发展要取决于公众的民意。而大多数民众认为，“作为‘象牙塔’的美国高等院校是‘真正的社会主义’或‘福利社会’”，浪费了大量纳税人的钱财。这就迫使州政府和公立高校不得不重视民意，借鉴成功商业企业的管理模式，积极推进高等教育管理体制和运行方式改革，以获得民众的理解和支持。

---

① 转引自王景枝. 美国公立高等教育分权管理改革述评[J]. 现代教育管理，2009(3)：99—101.

② 同①.

③ 乔玉全. 21世纪美国高等教育[C]. 北京：高等教育出版社，2000：97.

④ 转引自陈金圣，龚怡祖. 共治架构下自治与尽责的平衡：美国特许学院模式及治理启示[J]. 中国地质大学学报(社会科学版)，2010(3)：87—92.

（二）不断减少的政府公共财政拨款

美国高校办学经费来源渠道比较多，其中公立高校的办学经费由六部分构成：一是联邦政府的拨款，包括学术研究项目、学生资助以及其他设备购置；第二是州政府的税收拨款，这是一条主渠道；第三是地方政府部门的拨款，这主要是针对两年制的社区学院和市立院校；第四是学生学费，通常比私立院校低得多，主要是补偿教育成本；第五是高校为政府部门、企业等提供服务的收入；第六就是来自校友、企业界和基金会等方面的捐赠。在上述来源中，各级政府的拨款基本上占据了公立高校办学经费的一半以上。其中联邦政府的拨款主要是用于学生资助。直接资助学生的，不能用作他途。另一方面，由于受州法律的限制，公立高校不能随意提高学费。因此，州政府的拨款对公立高校的发展至关重要。

那么，政府的拨款从哪里来？主要来自财政收入。而财政收入又几乎全部来自税收。根据美国的税收体制，联邦政府的税收体系主要由个人所得税、公司所得税、社会保障税、国内消费税、遗产和赠与税等构成。其中个人所得税是联邦政府税收体系中的第一大税种。州政府的税收则包括销售税、个人所得税、公司所得税、财产税以及其他税种。其中销售税是主要来源。“虽然个人所得税不如联邦政府征收的个人所得税多，但在州政府的税收中仍为一项重要来源”，① 大约占到三分之一左右。然而，自20世纪90年代以来，随着美国经济的低迷、伊拉克战争和阿富汗战争的介入以及小布什政府上台后大幅度推行的减税政策，联邦政府和州政府的财政收入持续减少。据美国国会预算办公室2003年发布的数据显示，2003财政年度美国联邦政府的税收已经连续第三年下降，税收与国民生产总值之比达到了自从艾森豪威尔当总统以来的最低点。2009年，美国联邦财政收入为2.105万亿美元，各州政府财政收入总和为1.124万亿美元，当年美国GDP为14.119万亿美元，财政收入占GDP的比重仅为22.9%，远低于20世纪80年代27%左右的比重。

作为州政府最大的公共事业，政府财政收入的减少无疑会影响到州政府最大的公共事业——公立高校的办学经费。“一些州由于经济不景气，高等教育经费不但没增长，反而减少，甚至锐减。如夏威夷州由于其旅游业失去了往日的一片繁荣景象，紧缩财政导致教育投入减少，公立大学面临冲击，入不敷出。”②而

---

① 张彬.浅析90年代美国财政制度的主要特点[J].经济评论，1999(3)：96—99.

② 乔玉全.21世纪美国高等教育[C].北京：高等教育出版社，2000：154.

理论界提出的高等教育成本分担理论又为政府减少对公立高校的拨款提供了依据。该理论的代表卡尔森(Carlson)曾经指出,“学费可合理地提高到生均培养成本的25%~35%。当然,在这样高的学费条件下,政府、高校和社会必须为60%的学生提供货款计划,为20%的学生提供奖学金。”① 正是由于理论和实践的双重因素,公立高校的财政拨款已经从20世纪70年代的50%下降到了目前的30%。在一些经济欠发达的州,这个比例甚至更低。在“弗吉尼亚大学和科罗拉多大学,州政府拨款占大学运行费用的比例已不足10%”。② 如科罗拉多大学的预算中,州财政拨款的比重只有9%。

美国高等教育学者弗兰克·纽曼(Frank Newman)曾用图形描述公共资助在公立高校中所占的比例从100%到零的过程。《高等教育纪事》的编辑主任杰夫·塞灵格(Jeff Selingo)曾在《纽约时报》上撰文说,从1999年至2009年的十年是美国高等教育“失落的十年”。美国高校债台高筑,很可能成为继报纸、音像店、书店和出版商之后的又一个衰败行业。美国芝加哥大学校长罗伯特·齐默(Robert Zimmer)在接受《文汇报》记者采访时直言不讳地说,“美国私立学校目前的情况还不错……美国高等教育所面临的危险,就是州立大学承受着压力,而这些州立大学在美国的高等教育体系中又有着举足轻重的作用。”③

表2 有学位授予权公立高校历年主要收入来源占总量的比重(%)

年份	联邦政府	州政府	学费	销售和服务收入
1990~1991	10.3	40.3	16.1	22.7
1994~1995	11.1	35.9	18.4	23.1
1995~1996	11.1	35.8	18.8	22.2
1996~1997	11.0	35.6	19.0	22.3
1997~1998	10.6	35.7	18.9	22.2
1998~1999	10.7	36.0	18.9	21.8
1999~2000	10.8	35.8	18.5	21.6

资料来源:《高等教育财政的国际比较研究》课题组,《美国高等教育财政拨款的演进特征与启示》。http://academy.dufe.edu.cn/resources/neibuwengao/0603.pdf2012-11-5.

① 杨明.论美国高等学校收费偏高的现状、成因和后果[J].外国教育研究,2006(2):21—27.

② 王景枝.美国公立高等教育分权管理改革述评[J].现代教育管理,2009(3):99—101.

③ 田晓玲.没有比投资未来更重要的事情了[N].文汇报,2012-9-4,第13版.

在财政拨款减少的背景下，美国政府对公立高等教育的发展又提出了新的需求。如1997年，美国总统克林顿上台后不久就主张拓宽就学渠道，普及两年大学教育，使每个努力学习的美国人都能上大学。他还要求高等院校敞开大门，为美国公民接受继续教育乃至终身教育提供便利和服务。2008年12月，美国国会又以压倒票数通过《高等教育机会法案》。该法案一方面要求高校遏制学费上涨，使学费信息透明化，对其学费上涨的原因作出报告并予以公布，鼓励高校利用创新的方法降低办学成本；另一方面又主张扩大高校入学率，提升大学的承载能力，并为低收入和少数民族学生提供支持，帮助退伍军人接受大学和研究生教育，还要确保残疾学生拥有平等进入大学的机会。①

二、核心内容

美国公立高校经费来源结构的变化对公立高校的性质、学校的管理尤其是与州政府的关系产生了深刻的影响。从20世纪90年代开始，美国推行了重建公立高等教育的改革战略作为公立高等教育改革的一个重要模式之一，特许高校也应运而生。

有学者认为，特许高校（学院）构想的雏形是1997年马萨诸塞州高等教育委员会主席斯坦利·考普利克（Stanley Koplik）提出的“前锋学院计划（The Vanguard College Plan）”。② 最早使用“特许高校”（charter colleges）一词的是美国高等教育专家罗伯特·伯达尔（Robert Berdahl）。他在与另一位作者合著的《特许学院：平衡自由与责任》一书中认为，“‘特许高校’的改革是通过立法赋予公立高校公私混合的身份，以期待将其某些功能私有化后，高校能在提高质量、扩大入学机会、增加非政府资源收入等方面有更好的绩效表现。”③ 他还指出：“尽管用词上存在着混乱的现象，有一样事实却是清楚的：在对公立高校实施几十年的管制政策之后，州政府现在积极寻求扩大高校自主权的途径。”④ 概括起来说，就是公共的目的，私营的手段。给予公立高校更多的自治权和相应的法人地位，是特许高校两块实质性内容。由于各州立法不同，公立高校发展水平不同，因此，在这两个方面也各有侧重。

---

① 楚琳. 美国未来5年的高教施政纲领[N]. 中国教育报，2008-12-15，第3版.

② 杨婕，卢晓中. 特许学院：美国公立高等教育改革的一种选择[J]. 高等教育研究，2008(4)：105—109.

③ 转引自王景枝. 美国“特许高校”契约式改革策略分析[J]. 江苏高教，2009(2)：146—148.

④ 同③.

(一) 给予高校更多的自治权

中国有句俗话,“有钱的出钱,有力的出力”。在高等教育领域也有着类似的说法,即政府有钱就给钱,政府缺钱就给权。这深刻揭示了办学经费和自治权对高校办学的重要性。因此,在美国经济陷入低迷,无法提供日益增长的高校办学经费的时候,给予公立高校更多的自治权也是唯一的选择。

美国是一个法治国家,给予公立高校更多的自治权需要经过法定程序。而且美国又是一个联邦制国家,除了联邦政府相应的法律规定,州政府也有各自的法律体系。因此,公立高校自治权的获得离不开各级政府(联邦政府和州政府)的授权。

联邦政府方面,1994 年美国颁布《高等教育重建法案》。这项法案修改了《美国高等教育法》,且被正式纳入美国高等教育法律体系,其目的是提高高校的自治地位。该法案规定,“取消州高等教育理事会及其高等教育部,创建主要由校外人士组成的高等教育委员会以及校长理事会。在学费政策、专业设置、法律咨询、人事以及校园基本建设等方面授权于各公立院校董事会;取消州级高等教育预算评估和项目评估。”[①]当年,联邦教育部又制定了《面向 2000:教育法案》,建立所谓的“教育弹性伙伴关系示范计划”,授权德州等 12 个州豁免联邦法规的权力。1999 年,美国国会又通过了《教育弹性伙伴关系法》,允许 50 个州申请豁免联邦法规,以换取更多的绩效责任。在州政府方面,新泽西州政府早在 1986 年就颁布了《州立学院自治方案》,“在采购、订立合同、院校收入、预算和设备管理等方面授予州立学院较大的管理权;授权州立学院董事会设定学费和不受州高等教育部的管制选聘校长的权力,给予校和理事会教师选聘和晋升的人事决策权”。北达科他州于 2001 年通过《责任制弹性管理法案》,授权公立高校保留学费和私人捐赠收入,保留财政结余,分类拨款改为整笔拨款,并使学校具有在一定幅度内设定学费的权力。[②]

因此,通过各级政府的授权,公立高校至少获得了几方面的权力:一是学费定价权。主要是允许公立高校根据办学成本,在相关法律框架内制订收费标准,并可适度提高学费,以补偿财政拨款减少的缺口。二是人事聘任权。公立高校可以自主招聘教职员工、设定薪酬标准、有权提拔和解聘非教学人员。三是财务

---

① 王景枝. 美国“特许高校”契约式改革策略分析[J]. 江苏高教,2009(2):146—148.

② 王景枝. 美国公立高等教育分权管理改革述评[J]. 现代教育管理,2009(3):99—101.

支配权。州政府将原来的分散性多次拨款改为整体性一次性拨款，学校可以根据自己的规划合理使用财政拨款，结余部分还可留作学校使用。此外，学校还可以自主接受私人捐赠和建立基金会。四是招生权，除了完成州政府规定的招生计划，公立高校还可以根据学校的办学条件适度扩大招生名额。

（二）明晰高校应有的法人地位

在美国，绝大多数公立高校都是依据州的相关法律创建的，或依据宪法，或依据普通法。由于各州有自行立法权，因此，各州公立大学在设计之初，在法人地位上也就各不相同。一些公立高校自创建时起就拥有公法人的地位，而另外一些州的公立大学可能没有任何法人地位，常作为州政府的一个机构（state agency）而存在。作为公法人存在的高校，又严格服从于州议会的控制，其法人地位常被削弱。因此，在特许高校（学院）改革中，无论是哪种情况的公立高校都尽可能争取相应的法人地位。

在这个过程中，出现了三种法人类型：

一是作为公法人。如 1995 年，俄勒冈医科大学脱离了该州高等教育系统，成为独立的公法人。对这种公法人地位，该州的法律解释说：公法人是指由州创建以执行公共使命和提供公共服务的实体。为了确保公法人正常运行，州政府往往又会授予其更多的治理权，但前提是要遵守公共责任和履行公共服务。①

二是准公法人。即介于州政府和公法人之间的一种半独立状态。如 1998 年作为全美受控制最多的公立大学系统，夏威夷大学成为准公法人。

三是企业法人。最早是由一些高水平州立大学发起的。其目的是要从立法中解脱出来，“以市场主体的身份参与高等教育市场竞争和资源配置，不仅要求自主定价学费和确定招生人数及专业设置的权利，还谋求行政、财务和教学等管理权力”。② 所谓企业法人是指州政府管辖的公立大学完全脱离州立机构的管理模式，从州政府的管理名单中分离出来。自 2004 年起，美国公立大学掀起了一个获取企业法人的浪潮。如 2004 年 6 月，科罗拉多大学获得了企业法人地位，学校获得提高学费和管理的自治权。紧随其后的还有迈阿密大学以及弗吉尼亚州的三所旗舰公立大学，如弗吉尼亚大学、威廉与玛丽学院、弗吉尼亚理工

① 王景枝．美国公立高等教育分权管理改革述评[J]．现代教育管理，2009(3)：99—101.

② 陈萦，史秋衡．美国公立高校经费来源结构变化分析[J]．教育发展研究，2009(3)：73—77.

学院等。宾夕法尼亚州立大学也开始提出了试图摆脱公共束缚，要求取得企业法人地位。[①] 可见，各州立大学为了能筹集更多的办学经费，都希望能从州政府那里获得企业法人地位。

三、主要影响

特许高校改革的成功对美国其他公立高校的改革发展带来了冲击。一些州纷纷采取此种模式，将公立高校从州高等教育系统中解脱出来，赋予其更多的自治权和相应的法人地位。如俄勒冈州政府在俄勒冈医科大学实践经验上，对州内全部公立高校都进行了类似的操作，使公立高校从传统的州政府机构中脱离出来，并授予了内部管理等各项自治权。夏威夷州政府则于 2001 年修改宪法，授予大学系统在州议会没有授权的条件下实施新政策的权利。而在马里兰州，1999 年该州和立法机构通过立法程序，使马里兰州大学系统的 11 所院校均获得了公法人地位，使其从州的控制下解放出来。

从世界范围内看，美国的这些独特的做法对世界上其他国家或地区的高等教育产生了较大的影响。

在欧洲，针对公立高校面临财政拨款减少、办学经费不足的现状，英国政府采取了放松管制，给予高校自治权、让高校进行企业化经营等措施。以华威大学为例，英国政府拨款占学校年度预算比例从 1979/1980 年度 60%下降到 2000/2001 年度的 27%，而社会筹资则从 3%激增至 43%。“英国公立大学主要依靠社会筹资和资助，否则就难以为继，这已是一个公开的秘密、是一个既成事实、是一个政府无力阻拦的大趋势。在这个事实与趋势面前，英国政府所给予的，只能是放松管制、下放权力，除此以外别无他途。”[②] 据负责向大学分配资金的英国高等教育基金理事会（HEFCE）透露，近几年来，英国政府对大学的资助金额持续减少。2010 年为 47 亿英镑，2010 年下降为 43 亿英镑，2012 至 2013 学年更是减少到 32 亿英镑。为了弥补政府资助减少带来的经费缺口，世界知名高校剑桥大学甚至于 2012 年 10 月公开发行了 3.5 亿英镑债券。这是该校建校 800 年来头一回发行债券，其中的隐情可想而知。

美国的做法在亚洲国家也产生了一定的影响。在新加坡，政府为了继续保

---

① 郑秉文. 英美国大学产业化撼动福利制度[J]. 中国高等教育评估，2005(2)：33—37.

② 同①.

持大学的竞争优势，于2006年4月对新加坡国立大学和南洋理工大学这两所政府资助的大学实施了自治及企业化改革，将这两所大学目前的法定机构（statutory board）地位，转变为有担保的企业型非营利有限公司（corporatised as not-for-profit companies limited by guarantee），使其拥有更大行政和财政自主权。政府则由原来的经费提供者转变为投资者，并通过与大学签订政策性协议、绩效协议以及促进大学构建质量保障体系来保障政府的拨款能够被合理使用，并使大学发展方向符合国家的发展目标。[①]

第二节 日本的大学法人化制度

日本高等教育的历史也非常悠久，在明治维新之后获得了快速的发展。二战后，在美国政府的主导下，日本又逐步重构了新的高等教育体系。1947年（昭和22年）出现了新制大学，1949年又制定了《国立学校设置法》和《私立学校法》。经过半个多世纪的不断改革完善，目前，日本的高等教育管理体制日渐成熟，高等教育机构层次类型也日益多样化。在管理体制方面，它既不同于法国的中央集权制，也与美国的地方分权制有别，采取了中央政府与地方政府分工负责的管理体制。在高等教育机构方面，既有高等专门学校、专修学校、短期大学等学制较短的机构，也有大学和大学院等学制较长、水平较高的机构。按照设置主体来划分，日本的高等教育机构大致可归为三类：一类是由日本中央政府动用国家财政设立并提供经费和管理的高校，往往都是历史较长、办学实力雄厚的大学，称之为国立大学；另一类是地方政府（包括都、道、府、县）创立并管理的高校，其经费由三级政府提供，称之为公立大学；最后一类是由民间资本设立和自主管理的私立大学。截至2012年8月，日本共有783所大学，其中国立大学86所，公立大学92所，私立大学605所。在校生规模达2 875 828人，其中国立大学617 932人，公立大学145 401人，私立大学2 112 495人。[②] 私立大学数量占大学总数量的77%，其在校生规模占大学在校生总规模的73.5%。可见，日本是

---

① 白延雷.新加坡大学自治改革情况[J].世界教育信息，2006(12)：22—24.

② 日本文部科学省：http://www.mext.go.jp/component/b_menu/houdou/_icsFiles/afieldfile/2012/08/27/1324976_3_1.pdf

一个私立高等教育主导的国家。问题也由此而生。在一个私立高校如此发达的国家，且在国立高校、公立高校处于补充地位的情况下，为何还要加大国立高校和公立高校改革的力度，推进国立高校法人化制度呢？仔细研究当时日本所处的政治、经济环境以及透视日本国立高校和公立高校自身的困境，我们就会发现，日本推进国立法人化制度改革有着深刻的时代背景，也是大势所趋。

一、改革背景

（一）持续低迷的日本经济要求高校切实履职

历史实践证明，无论在哪个国家或地区，经济变化往往是社会变化的最直接根源和动力，高等教育也是如此。二战时期，虽然主战场不在日本国内，但其自身也遭受了严重的战争创伤，整个经济体制趋于瓦解。二战后，在美国的主导下，尤其是在朝鲜战争爆发后，日本企业通过获得美国大量军火订单得到喘息的空隙，经过短暂的调整后整个经济逐步得到恢复，并迅速走上了快速发展的轨道。20 世纪 60 年代，日本一跃成为仅次于美国的世界第二大经济大国。在成功克服 20 世纪 70 年代第一次石油危机后，日本经济在 20 世纪 80 年代中期进入鼎盛时期，并创造了许多"经济奇迹"，成为世界上第一个能够在较长时间内保持两位数增长的经济体。日本经济的成功经验引发了全球性的学习和效仿。然而，在人们的一片赞扬声中，日本经济长期累积的问题在 20 世纪最后十年集中爆发出来。经济运行状况持续恶化，失业率有增无减，经济水平明显下降，陷入持续萧条状态。1993 年，日本 GDP 增长几乎停滞，只有 0.3%，到 1998 年 GDP 增幅甚至出现了负 2.0%的增长。1998 年 4 月，日本经济企划厅在月度经济报告中也承认本国经济"陷入停滞"。2011 年，日本又被中国超越，世界经济地位进一步滑落至第三位。

学者们研究分析了导致日本经济走向低迷和衰退的原因，其中最根本原因还是在于日本战后所形成的经济发展模式已经日渐落伍。战后日本经济快速发展的秘诀就是从欧美国家引进先进技术，通过消化、吸收以及加以改造后再生产新型产品销往世界各地。这种发展模式为日本实现赶超的目标提供了可能。但是，这种发展模式的最大弊病就是过度依赖别国的基础技术，而缺乏拥有自己知识产权的核心技术，长此以往会在功利浮躁的氛围中忽视自身基础技术的研究和创新。因此，当 20 世纪 90 年代初以 IT 为代表的信息产业迅速崛起的时候，日本就不能及时地实现产业结构调整和升级，从而走向没落就在意料之中了。

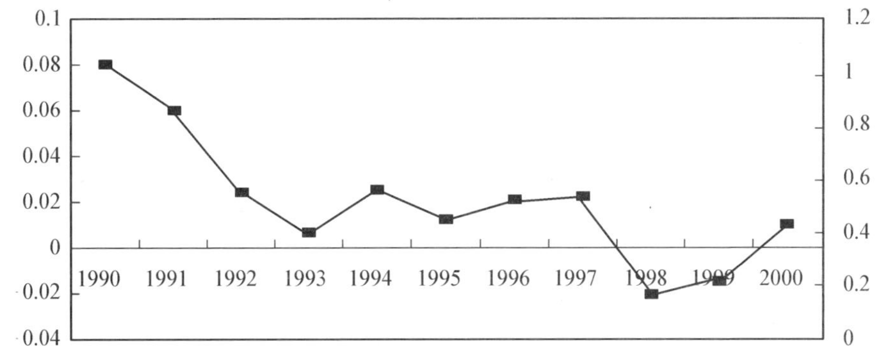

图5 1990～2000年日本GDP变化情况

资料来源：http://www.stat.go.jp/english/data/chouki/03.htm

表3 11项重要基础技术水平的日美比较[①]

技术项目	评估结果	技术项目	评估结果
超导技术	日美同等	软件生产	美国
半导体材料和微电子设备	日美同等	并列计算机系统结构	美国
机械智能和机器人	日美同等	光集成电路	美国
高能量密度材料	日美同等	数据融合	美国
复合材料	日美同等	轻量和高功率发动机	美国
生物工程材料和方法	日本		

资料来源：日本通产省编《产业技术白皮书》(1988年版)，美国国防部《重要技术计划》(1990年)。

对经济低迷的反思也使产业界将指责的矛头对准了以国立大学为代表的日本高校。因为高校是基础研发的重要机构和摇篮，拥有大部分基础研究经费，但是日本高校对经济发展的贡献度却并不理想。“纵观日本经济发展史，很难发现从大学实验里走出来最终形成新产业的基础性技术成果。这与很多开创性研究在大学获得突破的美国形成对比，也道出了基础技术研究能力较弱的日本大学缺陷。”[②]

① 韩春.论20世纪90年代日本经济陷入萧条的内在原因[D].延边：延边大学硕士学位论文，2009.

② 同①.

因此，产业界“宁愿从美国的大学进口技术，而不指望日本学者”。[①] 有学者甚至带有情绪地表示，日本“在战后取得的成绩，几乎没有任何一点可以归功于高等教育”。[②]

表 4　日本主要研究机构类型及研究经费分配情况（%）[③]

研究机构类型	基础研究	应用研究	发展研究
企业	6.8	22.2	71.7
国立科研所	18.5	27.8	53.7
大学	52.6	38.4	9.0

资料来源：[日]《科学技术白皮书》1995 年版，第 157 页。

不仅如此，由于惯性使然，日本高校也很难培养经济结构调整和经济发展模式转变所急需的人才。史密斯（P. Smith）认为，“残酷的竞争、不能培养批判精神以及进行强行灌输的教育模式，足以说明日本大学毕业生的性格。在‘考试地狱’、‘把其他学生看成对手’的教育体制下，很难培养出具有探索精神的人才。”[④]“在一种后工业经济模式下，日本需要具有创造性的软件编程者、科学家、企业家以及其他能够独思考的人。和美国相比，这方面日本处于劣势地位。”[⑤]在经济难以走出低谷、产业界又大声疾呼的背景下，日本教育改革尤其是国立大学的改革就成为不可避免的事情了。

（二）深化行政体制改革要求高校合理归位

20 世纪 80 年代正是新自由主义思潮在全球盛行的时期。这种思潮的核心观点大致有二：一是倡导自由放任的市场经济，反对政府过分干预和介入社会经济的运行，提倡转变政府职能，推行“小政府”模式；二是主张私有化，认为私有化是保证市场经济机制优势充分发挥的前提和基础，要求对现有公共资源进行私有化改革，实现公共资源由政府管理向委托民间或非官方运营的转变。在这种思潮的影响下，英国和新西兰等国家借机推进了行政体制改革。改革的目标是

---

① 转引自田爱丽. 现代大学法人制度研究—日本国立大学法人化改革的实践和启示[M]. 上海：上海教育出版社，2009：28.

② 同①.

③ 韩春. 论 20 世纪 90 年代日本经济陷入萧条的内在原因[D]. 延边：延边大学硕士学位论文，2009.

④ 同①，第 32 页.

⑤ 同①，第 32 页.

减少政府公共支出、减少财政赤字、提高政府办事效率和强化绩效管理。其措施就是实施国家机构的私有化、民营化或独立行政法人化。如撒切尔政府根据政府计划职能与实施职能相分离的设想，在不改变职员公务员身份的情况下，将政府职能通过委托或民营的方式下放或转移到独立的法人机构(agency)，由政府公开选拔该机构的最高管理者或经营者，并由其负责这些机构的日常行政事务。[①] 英国的这种模式后来被称为代理制度。类似这种改革在世界范围内已经形成一种潮流，许多国家包括澳大利亚、韩国、新西兰、瑞典、加拿大、德国等采取了相同或相近的代理制度来推进行政体制改革。日本也是如此。

日本行政体制的雏形肇始于明治维新时期。一百多年来，这套行政体制虽然经历了日本社会的大起大落，历经两次世界大战，但基本没有多大的变化。到20世纪90年代，在经济减速的背景下，日本的行政体制也出现了许多不适应之处，表现出严重的"制度疲劳"，即政府职能滞后，内部职能界定不清，政府机构日益庞大且重叠，财政开支与日俱增，冗员越来越多。"日本内阁在二战结束后，只有15位内阁大臣。其后迅速膨胀为1府21省厅，省厅下辖128个局，约1 200个课室。"[②]行政体制的庞杂，也滋生了许多腐败问题，如"国际航空事件"、"稻川利幸逃税案"、"冈光序治贪污受贿案"等。一桩桩层出不穷的政府丑闻，不仅让民众对政府缺乏信任和增加反感，要求推进行政体制改革，也促进了执政党的自我反省，最终将行政体制改革提上议事日程。

1996年11月，时任日本首相的桥本龙太郎就提出了行政改革的设想。1997年1月20日，他在国会作施政演说时，更加明确了行政体制改革的根本目的是通过采用英国的代理制度，使部分政府机构下属机构成为独立行政法人，从而精简行政机构，减少国家公务员队伍。

为表示推进行政体制改革的决心，他曾说："即使被烧得粉身碎骨，也要把行政改革搞下去。"1998年6月，日本出台《中央省厅等改革基本法》，揭开了行政体制改革的序幕。这部法案最大的亮点就是为日本行政体制改革设定了精简化目标，提出了量化的指标。即"各省厅的定员55万人(除去将实行'邮政公社化'的30万邮政现业人员和自卫队军官)一部分实行独立行政法人化，剩下部门以

① 黄福涛.日本国立大学独立行政法人化的现状与趋势[J].高等教育研究，2000(5)：97—102.
② 翁启文，梁皓.试析日本行政体制改革[J].经济体制改革，2000(1)：121—123.

10 年 10%以上的计划削减，10 年后将国家公务员总数削减 25%”。[①] 国立大学是文部省的内置机构，其办学经费全部列入国家预算，是事实上的官僚机构，而且当时文部省的公务员数量高达 13.5 万多人，仅次于邮政省，甚至要高于自卫队军官数，占国家公务员总数 16%的比重。因此，从一开始，日本政府就将国立大学纳入独立行政法人化改革之内。如果不改革国立大学，行政改革的目标将不可能实现。“这意味着，如果把国立大学置于‘独立行政法人’对象之外，那么这个计划的实现几乎是不可能的。”[②] 在这个意义上，有学者直言不讳地指出，“国立大学的法人化改革是政治家们在行政改革棋盘中的一个棋子……政治上的‘凑数’成为了国立大学独立法人改革的导火索。”[③] 1999 年，日本出台《独立行政法人通则法》，将这次行政体制改革的成果以法律的形式固化下来。法案第二条规定了独立行政法人的实施对象为，“首先，从公共利益的立场出发的确有实施的必要；其次，国家本身作为主体直接实施无必要；再次，如果委托给民间有可能得不到实施、并有必要以独占的形式实施。”[④] 2001 年，日本又将文部省、科学技术厅合并为文部科学省。这为后来国立大学法人化改革扫清了障碍，铺平了道路。

（三）四面楚歌的日本高等教育要求国立大学科学定位

在经济腾飞的过程中，日本高等教育也迅速得到发展，实现了从精英阶段到大众化阶段和普及化阶段的转变。日本高等教育的毛入学率在 1965 年就超过了 15%，是仅次于美国先于欧洲各国跨入“大众高等教育门槛”的国家。[⑤] 十年后，这个数字又上升到 38.9%。到 20 世纪 90 年代，日本高等教育已经进入普及化阶段。1998 年该国高等教育毛入学率已经达到 68.3%。

在日本高等教育进入普及化阶段之际，也遭遇到了前所未有的挑战。一是新出生人口持续下降。由于生活成本过高、工作压力大等种种社会因素的影响，日本育龄夫妇生孩子的意愿出现下滑。1990 年，日本全国新出生人口为 124 万人。到 2009 年，下降到 108 万人，其中在 2002～2005 年这个时间段下滑最为明

---

① 翁启文，梁皓．试析日本行政体制改革[J]．经济体制改革，2000(1)：121—123.

② 田爱丽．现代大学法人制度研究—日本国立大学法人化改革的实践和启示[M]．上海：上海教育出版社，2009：43.

③ 高益民．日本国立大学“独立行政法人化”决策过程分析[J]．比较教育研究，2000(5)：15—20.

④ 黄福涛．日本国立大学独立行政法人化的现状与趋势[J]．高等教育研究，2000(5)：97—102.

⑤ [日]天野郁夫．高等教育的日本模式[M]．陈武元，译．北京：教育科学出版社，2006：117.

显。这标志着日本社会进入“少子化”时代。这同时也意味着日本高等教育未来的生源将会出现大幅度减少的状况。“从 1992 年以来，日本 18 岁人口数量下降了 50 多万，预计到 2010 年，这个数字还会再减少 30 万。作为传统意义上的接受高等教育适龄人口，2000 年为 150 万人左右，预测到 2010 年进入大学的人数只有 60.4 万人，比 2000 年将减少 13.7 万人。”①“由于 18 岁以下人口急速减少，大学之间生源竞争日趋激烈。1999 年，私立大学近 30%、短期大学近 60%都因入学者的减少而产生了‘削减招生人数’的现象。”② 事实上，2012 年在校学生数已经较 2011 年减少了 17 661 人。如此大的人口变动趋势，必将对日本高等教育带来强有力的冲击。

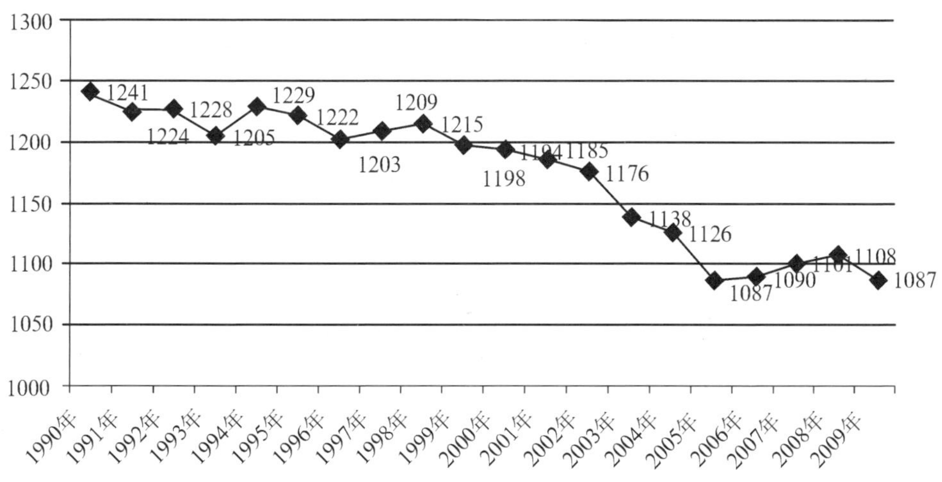

图 6 1990～2000 年日本新出生人口变化情况(单位：千人)

资料来源：www.stat.go.jp

二是高等教育国际化浪潮的“袭击”。随着交通及通讯信息技术的迅猛发展，全球经济一体化的步伐在 20 世纪末骤然加快。高等教育国际化也伴随这一历史进程悄然升温。如何在全球范围内迅速抢占本国高等教育强有力的竞争地位，世界主要国家对此极为关注，并对高等教育的创新能力寄予了极高的期待，纷纷提出要打造世界高水平大学的目标，如中国的“211 工程”和“985 工程”项目

① 赵永东.日本国立大学结构改革的原因简析[J].现代教育科学，2004(5)：28—30.

② 胡弼成，彭珊.日本国立大学法人制度设计及其启示[J].中国高教研究，2011(3)：64—67.

的启动与实施。这些都对日本政府带来前所未有的竞争压力。反观日本高等教育，由于地理位置的独特，尽管自明治维新伊始就着力推行开放政策，但日本高等教育在全球的竞争力却极为有限，除了创建历史较悠久的东京大学、早稻田大学之外，诸多高校的办学水平还有待提升，不利于去国外创办分校，对外国留学生的吸引力也不够。为此，日本在世纪之交也提出了“TOP30 计划”，即重点建设 30 所国立、公立或私立大学，以提高教育质量并使之进入世界一流高校行列。相形之下，日本高校的现状与目标之间的差距需要进一步释放高校办学的活力，才能实现跨越式发展。

三是国立大学存在的意义受到质疑。从 1877 年日本建立第一所国立大学至今，国立大学已经存在百余年的历史。作为政府的附属机构，它为接纳低收入者阶层就学、帮助日本实现高等教育的民主化和普及化作出了历史贡献。然而，国立大学创办之初正值德国“洪堡大学”模式兴起，由于深受前者的影响，日本国立大学固守传统的教育理念，在社会日益开放和高等教育国际化不断深化的当代，其封闭性等弊端日益显现，在政府的庇护下过着无忧无虑的日子，严重脱离产业发展和社会需求。“自明治时期东京大学创立以来，日本国立大学一直由政府直接保护，从未受到市场原理或自由竞争等冲击。因此，相对于英、美等西方发达国家而言，国立大学缺乏足够的自主运营权和管理权，教学和科研体制比较僵化，大学与外界社会、特别是与地方的经济与文化发展等联系不够紧密。”①加之在政府资助方面，国立大学与私立大学之间存在着严重的不平等现象，因此，在完成历史使命之后，在新的历史起点上，国立大学何去何从，需要重新定位。

二、改革过程

对于国立大学法人化的理念构想始于何时，学界有不同看法。有的认为最早可追溯到明治维新时期，有的认为构思于二战后重建高等教育体制之际，但更多学者认为起源于 20 世纪 80 年代。究竟哪种观点更接近事实真相，笔者无从判断。但这些观点间接地告诉我们，日本国立大学法人化改革的过程并不是一帆风顺，可谓一波三折。从最早的酝酿到最终得以实施，前后经历了许多曲折。即使从 1996 年桥本首相明确提出此计划再到 2004 年的具体实施，期间也有八年之久。

① 黄福涛. 21 世纪日本高等教育的行政体制改革[J]. 有色金属高教研究，2000(5)：43—47.

(一) 20世纪90年代以前:长期酝酿阶段

实施大学法人化改革的根源是二战后日本推行的教育民主化。教育民主化改革带来的直接后果就是文部省对大学的行政干预削弱了。这引发了文部省的不满。因此,当日本占领状态结束后不久,文部省就试图通过引进校外人士参与大学治理的方式来重新控制大学。如1948年10月文部省制定了《大学法试案纲要》,1951年提出了《国立大学管理法案》和《公立大学管理法案》等法律制度。这些制度或提出成立政府代表、校友代表等各方组成的"管理委员会",或提出成立"商议会"。但这些制度都由于大学的强烈反对而未能付诸实施。然而,政府也并未放弃对大学管理体制改革的努力。1952年成立中央教育审议会,直属文部大臣。此后,几乎每隔一段时间政府都会提出相应的改革方案。如1960年5月日本中央教育审议会提交了一份《关于改善大学教育》的咨询报告,报告重新提出了大学管理运营的问题。1971年6月,该组织又再次提交咨询报告—《关于今后学校教育整体发展的基本政策》。在吸取以往失败教训的基础上,这份报告超前性地提出了国立大学法人化的构想。虽然理念比较创新,但是仍然难逃失败的厄运。由于大学尤其是国立大学以及文部省的强烈反对,咨询报告的设想再次成为空中楼阁。

1984年8月,日本公布了《临时教育审议会设置法》,设置了直属内阁的"临时教育审议会"。该组织在有关大学管理和运营问题的态度上,基本沿袭了过去改革强调的学校自主、自治、自律的基调,也大声疾呼"要改善大学的组织和运营,改革大学人事制度,实行教师任期制"。① 在该机构存在的三年短短时间内,共提出了四份关于教育改革的咨询报告。其中1987年4月提交的咨询报告中明确提出要赋予国立大学公法人资格,并且建议对此种特殊的法人组织有必要进行更广泛、更认真的调查研究。为此,1987年9月,日本又成立了直属文部省的"大学审议会"。在大学审议会存在的10余年时间里,就高等教育改革等议题向文部省提交了多份咨询报告。这些咨询报告提出的建议成为文部省出台政策的重要参考依据。

(二) 20世纪90年代:激烈争辩阶段

日本高等教育学会会长、东京大学大学院教育研究科矢野真和教授认为,二战后日本经济社会变革以15年为一个周期,从1990年后进入以市场化为导向

① 吴越.日本国立大学法人化的政策变迁研究[J].复旦大学教育论坛,2009(4):58—62.

的第四个周期。高等教育市场化体现在四个方面：资金市场化、经营市场化、出口市场化和入口市场化。相应的高等教育政策也是为适应市场化的需求而制定的。[①] 为此，文部省着手缓解政府对大学的严厉管制与干预，逐步增强大学权力。如 1991 年，文部省修改了《大学设置基准》和《短期大学设置基准》。修改后的《大学设置基准》将课程设置权完全下放给各大学，政府只拟定课程设置的方针和原则。同时，为引导大学自主办学，又引入了自我评价制度。“这两点改革措施使得大学具备了法人化改革所必备的自治和自我负责的基础。”[②]

此后，随着行政体制改革的启动，教育成为行政改革的重要一环。1996 年 10 月，在第一次行政改革会议上，官员们就国立大学的存在与否展开了激烈的讨论。1997 年 1 月，桥本龙太郎内阁首次提出将教育改革与行政改革、金融改革、经济结构改革、财政结构改革、社会保障改革等一道列为“国家六大改革”之一，并于当年 3 月修改了 1995 年 3 月内阁制定的《规制缓和推进计划》，并在原来规定的十个领域之外单独增设了教育领域，其目的就是要改变“行政官厅与学校间的各种制度关系”。[③]

鉴于以往各大学以及文部省对法人化制度改革的抵触情绪，一开始行政改革会议只讨论国立大学的“民营化”问题，直至 1997 年 5 月才在此基础上开始重新探讨国立大学独立法人行政化的可能性。[④] 当年 8 月召开的行政改革会议上提出了《独立行政法人制度构想》。两个月后，又提出了《东京大学、京都大学独立行政法人化方案》和《对国立大学独立大学法人化的反论》。

从理念的提出到让人们接受之间需要一个过程。因此，对于要不要推进国立大学法人化改革，不同利益相关者的态度也各不一致，甚至截然相反。内阁、文部省以及国立大学协会等经常发生激烈的争论。就政府而言，如果不推进国立大学法人化改革，则无法完成既定的行政改革减员目标。为了保证改革顺利进行，虽然于 1999 年 7 月颁布了《独立行政法人法通则》，并且于当年 12 月又颁布了专门用于设立某个具体的“独立行政法人”的《独立行政法人个别法》，但由于各方分歧太大，政府不得不暂时搁置国立大学法人化改革的进程，但是也提出

---

① 黄福涛，高耀明. 中日高等教育的新时代—第二次中日高等教育论坛侧记[J]. 2006(3)：105—107.

② 田爱丽. 现代大学法人制度研究—日本国立大学法人化改革的实践和启示[M]. 上海：上海教育出版社，2009：38.

③ 转引自臧佩红. 日本近现代教育史[M]. 世界知识出版社，2010：339.

④ 黄福涛. 21 世纪日本高等教育的行政体制改革[J]. 有色金属高教研究，2000(5)：43—47.

最后期限，即在2003年必须要得出结论，各方利益相关者在国立大学法人化问题上要有一个合理的了断。

（三）21世纪初：正式实施阶段

为了缓和矛盾，各方均做出了一定的让步。2000年，文部省组织专家学者组成专门委员会，即国立大学独立行政法人化调查委员会，对国立大学的法人化改革进行调查研究。同年3月，自民党教育改革实施本部也做出相应的妥协。“教育和研究目标的设定将充分尊重大学的意见；教育和研究的评价委托给专门的第三者评价机构；校长的人事安排采用尊重大学主体的手续，不实行主管大臣任免的制度等方针。”①

2001年6月，原文部科学大臣远山敦子提出了《大学（国立大学）的结构改革方针》，这就是著名的《远山计划》。“该计划的主要内容有三：一是大力推进国立大学的重组与合并；二是向国立大学导入民间理念和经营手法；三是向大学导入第三者评价的竞争机制，即要求尽快实施国立大学法人化改革。”②

2002年2月，文部科学省也提出了国立大学法人化的改革的基本构思，其核心内容就是改变国立大学教职工的公务员身份，成立由运营协议会、董事会和评议会构成的治理结构。同年3月，国立大学独立行政法人化调查委员会提交了最终咨询报告，即《关于国立大学法人新模式》，基本确立了改革的蓝图。

2003年7月，日本国会审议通过了《国立大学法人法》以及其他配套法案，如《独立行政法人国立高等专门学校机构法》、《独立行政法人大学评价·学位授予机构法》、《独立行政法人国立大学财务·经营中心法》、《独立行政法人多媒体教育开发中心法》和《关于实施国立大学法人法等相关法律的整备的法律》。同时，废止以前的两部法律并部分修改了53部法律。这些法律规定自2003年10月1日开始生效。从2004年4月1日起，日本所有国立大学的身份已经实现了从行政法人向独立法人的转变，从国家行政组织的一部分转变为具有独立法人资格的机构。根据《国立大学法人法》，2004年日本共设立国立大学法人89个，大学共同利用机构法人4个（分别是人类文化研究机构、信息系统研究机构、自然科学研究机构和高能加速器研究机构）。当年4月，又成立了评价机构—大学评价·学位授予机构。

---

① 宋石平. 日本国立大学法人化研究[D]. 上海：上海师范大学硕士学位论文，2007.

② 同①.

三、改革效果

国立大学法人化改革被学界视为日本现代大学创办130年来的“地震级”举措，导致了日本高等教育领域翻天覆地的变化。按照《国立大学法人法》的相关规定，文部科学大臣在听取国立大学法人的意见后确定为期六年的中期目标，其内容有五个方面：一是有关提高教育研究质量的事项；二是有关改善业务运营及提高效率的事项；三是有关财务内容的事项；四是有关自我评价和发布信息的事项；五是其他事项。中期目标确定后，各国立大学法人要根据中期目标的要求制订适合本法人的中期计划，并报文部科学大臣的审批和认可，并在中期目标到期时，由“国立大学法人评价委员会”对国立大学法人和大学共同利用机构法人的业绩进行评价。评价结果作为下次中期目标国立大学获得政府经费资助的重要参考依据。2010年，第一轮中期目标或计划已经完成，各国立大学法人也接受了评价。虽然在实施之后还有许多质疑声，但从整体来看，根据文部科学省公布的《日本国立大学法人第一轮中期计划（目标）达成情况评估概况》的最新数据显示，国立大学法人化改革的成效是明显的。

（一）政府与高校的关系得到理顺

法人化改革之前，国立大学是日本政府的附属机构，校长由文部科学大臣任命，办学经费由国家全额拨款。教师是国家公务员，被称为“教官”，即使退休后还称为“退官”。教师的工资则叫“官俸”，行政化色彩相当浓厚。国立大学被美国教育使节团戏称为“被保护的官僚机构”。

法人化改革之后，国立大学成为具有独立法人资格的机构，校长由校内代表和校外代表组成的校长选考会公开选拔，然后再报文部科学大臣任命。教师实行“非公务员型体制，从终身雇佣制转变为合同聘任制”。[①] 政府管理高校的方式也从原来的直接管理调整为间接管理。“政府对国立大学的管理与监督由传统的行政命令式改为协议合作式，大学与政府之间的关系从行政隶属关系转变为权利义务相对的法律关系。”[②]“‘中期计划’成为衔接国立大学与政府的契约关系。”[③]

---

① 贯德永，王晓燕．日本国立大学法人化改革后的大学治理结构[J]．高等教育研究，2011(5)：97—103.

② 杨九斌．“二战”后日本国立大学办学自主性之嬗变[J]．高教发展与评估，2012(5)：57—61.

③ 同②.

(二) 高校服务社会能力得到增强

法人化改革之前,国立大学与社会发展尤其是企业的生产活动是相脱节的。培养的人才难以适应用人单位的需求,科研成果难以转化为科技生产力,教师参与企业的积极性不高。法人化改革之后,由于借用了企业运营理念来经营学校,国立大学与经济社会发展之间的联系变得紧密起来,加之教师身份的变化,也使得他们有充分的自由去企业兼职,或创办公司,或推动科技成果的转化。同时,企业也主动参与高校的办学,主动向企业寻求人力支撑和科研支持,委托高校培训员工,而且也愿意向高校进行投资,有些甚至还拥有大学的股份。以校企共同研究为例,“2001 年为 5 264 件,112 亿日元,2006 年度则达到 10 082 件,1 102 亿日元…… 大学校办企业的数量由 2003 年度的 956 件增加到 2006 年度的 1 576件”。①

(三) 高校自主办学权得到扩大

法人化改革之前,国立大学的财政支配权、人事任命权等几乎所有权力均由文部科学省掌控。法人化改革之后,根据《国立大学法人法》的规定,国立大学拥有了独立的人事权和财政权、独立制订学校发展的中期计划以及自主教学和管理权。同时,校长成为国立大学法人的法人代表,既是学校董事会的董事长,又是运营协议会的会长和教育研究评议会会长。这对于国立大学自主办学,提高决策效率起到了推动作用。“据民意调查显示,多达 95%的大学高层管理者认为,法人化已在提高决策效率和管理效率中起到积极作用。”②

第三节 法国的行政合同制度

法国是一个历史悠久的国家,世界上最早的大学之一——巴黎大学就诞生在法国。目前,法国拥有丰富多样的高校类型,主要有两大类型:一是大学,即综合性大学,其目标是培养高校师资、科研人员以及其他专业人才。其入学方式采用申请注册制,申请者不用参加入学考试就可以向综合性大学提出入学申请。综合性大学又分为公立大学和私立大学,但是后者规模不大,学科也

---

① 臧佩红. 日本近现代教育史[M]. 世界知识出版社,2010:398.

② 杨九斌.“二战”后日本国立大学办学自主性之嬗变[J]. 高教发展与评估,2012(5):57—61.

比较单一。二是高等专业学校，又称大学校，包括师范类、商业类、管理类等专业学校，主要培养高级工程师、企业领导人以及行政管理专家等。这些学校有着严格的入学标准，招生规模比较少、奉行“精英教育”的方针，也有公立和私立之分。在法国，公立高校基本上都由中央教育行政部门主管（除了一些其他部委院校或军队院校以外）。国家对公立高校的运行有着严格的控制程序，各高校主要负责教学和科研，教师由国家统一负责录用，且其总量和职称结构也完全由国家控制。由此，便形成了与众不同且举世闻名的“法国式”高等教育管理模式。中央集权制是这种模式的重要特征。尽管法国高等教育历史源远流长且卓有建树，但法国并没有固步自封，而是不断根据社会经济发展的变化适时地推进各项改革。在探索政府与高校关系改革方面，法国也是全球的先行者之一。

一、改革动因

（一）经济衰退难以承受高教经费之重

经受过20世纪70年代的“石油危机”以及经济危机后，法国的经济在20世纪80年代仍然没有迅速恢复，增长一直非常缓慢。相比迅速崛起的日本经济，法国已经开始走下坡路了，失业率不断持续攀升，青年失业者更为严重。“1974年到1980年法国的平均失业率为4.85%，1981年上升到7.3%，自1985年起，失业率超过10%。”[①]

1981年，以“反对失业是政府首要行动”为口号赢得大选的左派政党——社会党开始执政，法国由此进入密特朗时期。然而，新总统执政数年后，经济发展未见好转，就业岗位依然有限，失业人数持续增加，国际地位日益削弱。在内忧外患之际，法国政府决定以推进教育尤其是高等教育改革为突破口，并在该国第九个五年计划中将教育改革列在优先项目中的第二项，以提振国民信心，争取更多民意，拉升民众支持率。此后，法国政府决定扩大高校的招生规模，把高校在校生数量提升到美、日、德等国的水平。1965年，法国高校在校生人数为28万人，到1991年增加到179.7万人，高等教育毛入学率也由1965年的9.24%大幅度上升到1991年43%，实现了从精英阶段向大众化阶段转变。[②]

---

① 王一兵.八十年代发达国家教育改革的动向和趋势述评[M].北京：人民教育出版社，1994：154—155.

② 黄建如，李晓.战后法国大学内部管理体制改革[J].国高等教育研究，2006(2)：10—14.

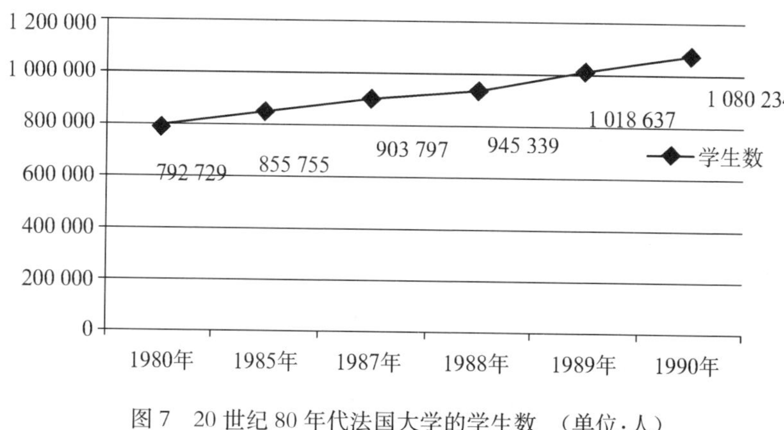

图 7　20 世纪 80 年代法国大学的学生数　（单位：人）

资料来源：转引自赵蒙成. 市场、分权、职业化：评法国的高等教育政策[J]. 宁波大学学报(教育科学版)，1998(2)：7—10.

扩大高等教育规模使更多的青年人进入大学深造而不是走上工作岗位，一定程度上缓解了就业的压力。然而，另一方面，由于没有改变免费的高等教育政策，高等教育规模的扩大也导致了高等教育经费需求不断增加。而当时政府尚处于财政赤字状态，难以提供更多的经费支持。“从 1984 年至 1992 年，高教经费从占国内生产总值的 0.43%仅上升到 0.50%。”①为此，密特朗总统着手改革中央过度集权的体制弊端。政府通过制定关于教育的分权法，将一部分权力分散给地方、高校和企业等机构来解决高等教育经费缺口的问题。他主张在国家统一领导的前提下，将可以分散的权力分散下去。“国民教育部长有权力部署和修改大学的分布……尽管地方大区、议会可以制订地区高等培训的发展计划，但国家并不一定负担所需经费。学区长与学区督学——通常以委托签字的方式——执行国家的一些职责。”②

（二）高校逐步恢复自治的呼声

自治是中世纪大学遗留下来的精髓。各国历史实践表明，没有自治，高校就失去了灵魂和精华。虽然完全的自治没有真正实现过，但高校最大限度地追求自治和维护自治的决心从未放弃过。法国高校的自治有着优良的历史传

① 转引自赵蒙成. 市场、分权、职业化：评法国的高等教育政策[J]. 宁波大学学报(教育科学版)，1998(2)：7—10.

② [法]雅基·西蒙，热拉尔·勒萨热. 法国国民教育的组织与管理[M]. 安延，译. 北京：教育科学出版社，2007：192.

统。但是，进入20世纪后法国高校的自治却不断受到干预。因此，自20世纪50年代以后，法国高等教育改革基本上都是沿着“恢复自治”这条主线展开的。

1968年，法国爆发席卷全国并震惊世界的“五月学潮”。引发这次学潮的根本原因在于法国高等教育管理过度集中，大学缺乏应有的自治。为平息这次学潮，法国政府于当年11月颁布了《高等教育指导法》，又叫“富尔法案”。该法案废除了旧的学部，提出了“自治、民主参与和多学科”三项办学原则，“即法国大学由教学与研究单位组成，在行政、财政、教学方面享有自主权，大学可在设有多种学科的前提下有自己的主攻方向，校内外各类人员民主参与大学的管理”。① 这就意味着，法国从法律上确立了大学自治的主体地位。“所谓自治，就是在遵守国家法律的前提下，高校在内部管理、教学和科研组织、人事安排、经费分配等方面享有广泛的自治权。”②虽然这种自治程度还相当有限，但对高校恢复自治产生了积极影响。“尽管中央政府在对高等教育发展的重大方针等方面拥有决定权，但是大学的内部管理方面却发生了一系列重大变化，包括取消校长由上级任命，改由大学教职员工直接选举产生等。”③1968年也因此被视为法国高等教育改革的重要里程碑，标志着中央集权制改革的开始。然而进入20世纪80年代后，当初制定的法案还有许多停留在理论和形式上，没有得到真正的落实。“在法律上大学是自治的，但大学本身依旧孱弱，没有在本质上改变旧的结构，因为这些法令并没有影响或威胁到国家-教师团体共同管理的格局。”④ 当时的教育部长阿兰·萨瓦里就表示过，法国高等教育改革的决定性时刻已经到来。这不仅关系到法国青年的命运，也关系着法国国家未来命运和前途。

（三）地方分权改革成效的激励

法国是欧洲国家中央集权程度最高的国家。自拿破仑时代起，几乎就成为一种历史惯性，虽然期间有些反复，但直到二战前这种集权制也没有得到根本的改变。法国学者阿兰·佩雷菲特对此曾进行了高度概括。他曾说：“300年的法国历史就是一部缓慢走向中央集权的历史。”但是二战后，这种过度集权的行政管理体制日益成为阻碍法国经济恢复和迅速发展的绊脚石，甚至严重威胁到各

---

① 黄建如，李晓.战后法国大学内部管理体制改革[J].国高等教育研究，2006(2)：10—14.

② 同①.

③ 邱小芳，张小东.集权与自治—法国高等教育管理体制的改革[J].文史资料，2012(2)：87—88.

④ 陆华.建立“新大学”：法国高等教育改革的逻辑[J].复旦教育论坛，2009(3)：63—67.

民族的团结相处和法兰西共和国的统一。法国前总统密特朗曾指出,“法国过去需要一个中央集权的体制来保证国家的统一,今天,它也需要实行分权以避免法国的解体。”[①]因此,自戴高乐将军上台后,法国就于20世纪60年代开启了地方分权改革,着重处理好中央和地方的关系。1962年3月24日,他在里昂发表演讲时指出,“中央集权曾经为国家的建立起过不可替代的作用,但今后它将不再是必不可少的了。相反,明天的经济活动,其能力将表现为地区的活动。”[②]此后,他在1963年和1968年进行了两次地方分权改革,将中央一些权力下放到地方政府。通过这两次改革,中央政府和地方政府的职责、权利基本得以分清,也减少了政出多门、相互推诿的现象,从此也就确立了以分权为核心的行政体制改革基调。1982年,社会党人密特朗当选总统,他再次推进了地方分权改革,改革内容包括设立大区作为一级地方自治单位、扩大地方自治权限、取消中央对地方的监管等。通过这些改革,实现了中央向地方和职能部门的分权、政府向市场和公民社会的分权。与以往不同的是,这次地方分权改革被纳入了法制的轨道,不仅提高了行政效率、促进了地方的民主,也给其他领域尤其是公共事业领域的分权改革树立了榜样,提供了经验。

二、行政合同制的出台

(一)《萨瓦里法案》的颁布

随着改革的深入,法国政府意识到“一个明智的社会都需要有大学这样能够适当地超越功利,有独立、批判意识的自治机构,来自觉地承担起人类文化保存、发掘、传承和创造的伟大使命”。[③]

1983年6月10日,经过长达三个星期的激烈辩论,法国国民议会以325票对160票通过了新的高等教育改革法案——《高等教育法》,即《萨瓦里法案》。该法案共6章67条,其主要内容包括:

(1) 重申了1968年确定的自治、民主参与和多学科的三大原则,承认大学的公法人地位,并将自治扩大到大学以外的高等教育机构。其中第二条规定:公立科学、文化和机构是国立高等教育和科学研究,它具有法人资格。

---

① 转引自黄娟.法国的地方分权改革初探[D].湘潭:湘潭大学硕士学位论文,2007.

② 同①.

③ 阎光才.识读大学:组织文化的视角[M].北京:教育科学出版社,2002:42.

(2) 改变集权管理现状，积极推进向高校分权。如赋予大学在财务、教学管理以及内部管理等方面的自治权，大学可以适当调整学生注册费用，根据注册学生的人数、建筑面积等办学标准，合理统筹国家下拨的教育经费和科研设备。同时，大学还可以接受地方政府的拨款，甚至可以与国家签订发展合同，获得相应的经费资助以实现财政自主和自治管理的目标。这是该法案中最让人感到耳目一新的地方。如该法案规定："这些机构是自治的，在执行本法所规定的范围内，本着信守合同的原则，确定自己的教学、科研和资料工作政策……可把教学、科研和资料工作纳入他们与国家签订的多年合同。合同应规定这些机构承担的义务和国家为此提供的经费与人员编制。"①

(二) 行政合同制度的内容

1. 明确双方的权利

自 1984 年始，法国政府逐步采用了合同制模式来管理和监督高校办学。政府将全国高校划分为四个区域，每年与其中一个区域高校签订合同，明确双方的责、权、利。合同的内容既包括学校的任务，也包括学校的内部管理。学校的任务就是要在合同中明确未来四年所要完成的目标和发展规划，以及要解决的关键问题。为了保证高校实现预定的目标，国家根据每所大学招收的人数以及开课情况对大学进行拨款，相当于我国的生均拨款。此外，政府还给大学一定的专项资金，鼓励和支持学校建设优势学科和推进各项改革。对于教师工资以及学校基础设施建设的费用国家将另行拨付，但学校无权干预，完全由政府安排。

在学校内部管理方面，高校拥有更大的课程设置权，校长也由教职工选举而不是由政府任命。同时，校长也拥有较大的人事权，可以聘任或解聘学校的教职员工。

2. 考核评估

高校制定合同后，提交给教育行政部门，并由后者组织专家和相关部门进行前期评估。评估周期一般为一年。前期评估更多地带有审批性质，一旦获到审批，双方就要开始履职。为了有效监督双方履责情况，法国还于 1984 年成立了国家评估委员会(CNE)，对全国高等教育机构进行整体评估，包括大学执行合同的情况、科研成果及其转化、学生居住条件等。国家评估委员会委员由总统任命，直接向总统负责，是独立的政府行政权力机构。委员任期四年，且不能连任。

---

① 瞿葆奎，张人杰. 法国教育改革[C]. 北京：人民教育出版社，1994：421.

四年合同期满后，高校要接受国家评估委员会的全方面评估，评估结果将与下一轮目标的制定和国家拨款情况挂钩。

三、实施效果

《萨瓦里法案》本身就是在一片争议声中通过的。虽然该法案只有67条，但却提出了2 000多条修正案，当时的法国媒体对此评论为"为议会辩论史写下了令人注目的一页"。因此采用行政合同制模式来管理高校，从一开始就遭受抗议，如1984年秋，巴黎第九大学校长就坚持择优录取，反对扩大招生，最终因意愿未达成而愤然辞职。

此外，由于自拿破仑时代以后，法国就逐步形成了中央集权的治理传统，大学的管理权和办学权都被国家严格控制。因此，它采取了一种既不同于美国也不同于日本的独特方式，一方面想让高校继续成为政府的重要组成部分，另一方面又赋予高校更多的办学自主权，即合同制管理方式。但事实上，"熊掌与鱼翅"难以兼得。因此，虽然法国比较早地进行了探索，但是效果并不明显，其影响范围要远逊于美国和日本。然而就法国国内而言，经过十多年的实践检验之后，目前越来越多的高校愿意接受这种行政合同制的管理模式。

第六章
我国政府与高校契约型关系的构建对策

习近平总书记最近在广东考察时指出:“实践发展永无止境,解放思想永无止境,改革开放也永无止境,停顿和倒退没有出路。”教育体制改革以及政府与高校关系的调整也是如此。从1985年出台的《中共中央关于教育体制改革的决议》到2010年颁布的《国家中长期教育改革和发展规划纲要(2010～2020年)》,政府和高校关系的调整始终是改革的重点。经过近三十年的探索实践,计划经济体制下形成的政府与高校关系已经解冻,我们已经迈出重要的一步。改革犹如离弦之箭,不可回头,政府和高校关系走向契约也是大势所趋。我国政府与高校构建一种契约关系,可以说是两者关系发展的一个重要的方向性调整,是一次由计划关系走向市场关系的重大转变。因此,它必然会对那些从计划经济时代遗留下来的体制、机制带来强大的冲击。当然,这种冲击不是激进式,而是一种渐进的改良式的调整,需要在原有的体制框架内进行适当的完善和补充,以确保两者契约型关系得以真正确立。因此,本章将按照缔约—履约—违约等各个环节,从体制改革和机制创新的角度提出相应的对策建议。

第一节　构建以平等协商为核心的缔约机制

缔约是政府与高校构建契约关系的第一步。但是这两者之间能不能缔约还有许多先决条件,如缔约方是否具有相应的资格,缔约的内容是否经过商议,缔约的形式是否合适等。从现实情况来看,我国需要开展以下几方面工作才能为顺利实现缔约奠定坚实基础。

一、赋予高校公务法人地位

法人不是指现实的人，它是“法学创造的法律人格概念，从而将现实实体与法律主体分离开来，现实的主体属于社会的范畴，法律主体属于法律的范畴，它们不是同一的”。① 尽管在有些国家的民法上不使用“法人”一词，但“谁也无法否认法人存在的事实”。② 目前，法人制度已为世界各国所普遍采用。我国自20世纪80年代开始逐步引入该制度，并在1982年公布实施的《中华人民共和国经济合同法》中首次提到了法人概念。1986年4月12日通过的《中华人民共和国民法通则》第三章还专门给法人作了详细规定，如第36条规定：法人是指具有民事权利能力和民事行为能力、依法独立享有民事权利和承担民事义务的组织。

法人的成立要同时符合两个条件：第一，法人要是一种社会组织，而非单个自然体。法人的参照物是自然人，即一个个的鲜活生命单体，而法人总是由自然人组成的集合体，这是两者最大的不同之处；第二，法人要享有民事权利能力和民事行为能力，能以自己的名义独立参加民事活动并承担相应的民事责任。同自然人一样，法人一经成立，也就具备了权利能力。然而这种权利能力有较强的特殊性。“自然人的权利能力从其一出生开始，直到死亡才消灭，它以生命的存续为条件，而法人的权利能力则从法人的设立之日起开始，到法人的撤销或解散时终止。”③

社会组织之间订立契约，必须要有法人资格，否则契约就不受法律保护。然而并非任何社会组织都拥有法人资格。“只有那些具备法定的条件，并且得到国家认可或批准的社会组织，才能取得法人资格；而且，即使取得了法人资格的社会组织，也不是在任何情况下都是以法人名义进行活动的，只有当他们从事民事活动和进行民事诉讼活动时，才是以民事主体资格出现的法人组织。”④

在政府和高校这两个缔约方当中，政府无疑具有法人资格，具备相应的公法人地位。但是，从新中国成立以后到改革开放前，我国高校的法人资格并无相关规定。直到20世纪90年代末才出台相关的法律法规。如1995年实施的《教育法》第三十一条规定：“学校及其他教育机构具备法人条件的，自批准设立或者登

① 江平，龙卫球. 法人本质及其基本构造研究—为法人拟制说辩护[J]. 中国法学，1998(3)：71—79.

② 马俊驹. 法人制度通论[M]. 武汉：武汉大学出版社，1988：8.

③ 刘岐山，徐武生. 法人[C]. 北京：法律出版社，1986：2.

④ 同②.

记注册之日起取得法人资格。"1998年实施的《高等教育法》第三十条规定:"高等学校自批准设立之日起取得法人资格。"2002年出台的《民办教育促进法》第九条也规定:"民办学校应当具备法人条件。"

对照法人成立的要素和国家法律规定的描述,我国高校已经具备了法人条件,也拥有了法人资格。但是高校究竟应该属于何种法人却无明确规定。我国《民法通则》以是否营利为准则将法人分为企业法人和非企业法人两大类,其中非企业法人又细分为机关法人、事业单位法人和社会团体法人。按此分类,我国高校应当属于事业单位法人。而同样作为高校一部分的民办高校,却被定性为民办非企业单位法人。这足见高校法人属性的模糊、混乱和复杂。对此问题,学界展开了多年的探索。有学者认为,鉴于我国事业单位与大陆法系国家公务法人在功能方面有很多相似之处,如都是国家依法设立的公益组织、具有特定的行政上的目的、提供专门服务等,主张将我国履行公共管理职能的事业单位、社会团定位于公务法人,①作为公法人的一种类型。

我国没有公、私法之分,也无公法人、私法人之别,这种法人属性虽非长久之计,倒也符合我国国情。而且公务法人在法国也有相应的实践经验,跟日本的特殊行政法人的定性也有异曲同工之妙。相比事业单位法人的描述,公务法人的规定更能体现高校的本质属性,同时也解决了公办高校和民办高校在法人属性归类上的差异。为了落实这种公务法人的定位,需要调整现有的法律法规,如通过制定《民法典》,按照公私法的标准将法人进行细分;或者制定《高等学校法》直接赋予其公务法人地位;此外,还要删除有关民办高校属民办非企业单位法人的规定。

二、明确政府和高校的职责

在一定意义上说,契约是缔约方责、权、利的划分,尤其是对缔约方职责的清晰界定。没有明确的职责划分,往往会产生越位、错位和缺位的现象。职责不清是我国政府与高校关系中的老大难问题。长期以来,政府集举办者、办学者和管理者于一身,既当"裁判员",又当"教练员"、"运动员",造成政府"缺位"、"失位"和"越位"同时存在,政府失效、市场失效和综合失效同时存在。政府在规划引导、分类指导方面的责任不到位,造成整合教育资源和促进新的教育资源增长的

① 马怀德.公务法人问题研究[J].中国法学,2000(4):40—47.

有效机制无法形成。高校则由于政府越俎代庖，常常不清楚该做什么、如何做。为此，《国家中长期教育改革和发展规划纲要（2010～2020年）》明确提出要切实做到"管办分离"。因此，促进政府与高校形成契约关系也是落实教育规划纲要精神的重要举措。这急需明确政府和高校应承担的职责，让彼此保持适当的距离。通俗地说，就是划清两者的界限，让政府的归政府、高校的归高校。就高校而言，它本质上是一个研究高深学问的场所，其职责比较清晰而稳定，不外乎四个方面，即培养人才、科学研究、服务社会和文化传承创新。

那么，政府的职责是什么？我们先看看美国的做法。美国联邦政府介入高校办学活动的方式有三：一是颁布行政法规，如1958年为应对苏联卫星上天带来的挑战，联邦政府颁布了举世闻名的《国防教育法》，将教育提高到了影响国家安全的战略地位。1965年又颁布了美国历史上第一部《高等教育法》。面对高等教育不断下滑的教学质量，1983年联邦教育部又发布了《国家在危急中——教育改革势在必行》的报告。2009年奥巴马签署了《美国复苏和再拨款法案》，将发展教育作为经济复苏战略的重要组成部分。二是制定税收政策，包括向学校提供捐赠的税收优惠政策等。三是对学生进行资助。1970年美国联邦政府设立了佩尔助学金，为本科生提供助学贷款，1980年又再次调高联邦助学金和贷款总额上限，给予特定学生还贷优惠。而州政府在特许高校制度出现后，其管理职能也相应地发生了转变。如从主要关注供应者（高校）转变为关注客户（学生或学习者）、从关注院校表现转变为关注公共优先权等。

这说明，政府的教育职责取决于政府的定位。有什么样的政府定位就会有什么样的教育职责与之相适应。在社会大转型的背景下，我国政府的定位也渐渐明确，即从原来的管制型政府向服务型政府转变，从原来的"全能型政府"向"有限责任政府"转变。胡锦涛同志在主持十七届中共中央政治局第四次集体学习时指出："建设服务型政府，首先要创新行政管理体制。要着力转变职能、理顺关系、优化结构、提高效能，把政府主要职能转变到经济调节、市场监管、社会管理、公共服务上来，把公共服务和社会管理放在更加重要的位置，努力为人民群众提供方便、快捷、优质、高效的公共服务。"党的十八大报告再次明确提出，"要按照建立中国特色社会主义行政体制目标，深入推进政企分开、政资分开、政事分开、政社分开，建设职能科学、结构优化、廉洁高效、人民满意的服务型政府。深化行政审批制度改革，继续简政放权，推动政府职能向创造良好发展环境、提供优质公共服务、维护社会公平正义转变。"

在此，我们认为，政府的职责主要有四项：

第一是规划引导，重点是加强宏观管理。强化规划引导也就是要彻底改变教育行政主管部门管得过多、过细的传统做法，在宏观层面上，通过引导各高校制定长远的发展规划，明确各自的职能划分和办学特色，逐步使政府由原来对学校的直接管理转向对学校规划的间接管理，使各高校内部之间形成一个良好的生态环境。

第二是资源配置，重点是提高资源的配置效率。在社会主义市场经济体制不断完善的背景下，单纯依靠行政的力量或市场的力量来直接配置资源，都带有很大的局限性。教育行政主管部门应逐步改变教育拨款方式，提高高等公共教育经费的使用效率，使人民群众共享高等教育发展和改革的成果，满足不同人民群众对不同层次高等教育的需求。

第三是信息公开，增加信息公开的透明度。教育行政主管部门要定期公布有关国家教育发展的方针政策，通过媒体不定期地发布各高校的招生情况、毕业情况、就业情况和社会需求以及人口等相应信息，改变政府和人民群众在信息不对称方面的现状，确保信息的透明度和人民群众对相关信息的知晓度。

第四是监督检查，努力提高监督检查的力度。教育行政主管部门要及时了解各高校的办学情况，帮助高校解决在办学过程中遇到的困难和困惑，对办学方向和不能很好地满足人民群众教育诉求的地方加以调整，实现让人民接受满意的高等教育的庄严承诺。

三、采取协商民主方式缔约

德国当代哲学家哈贝马斯在谈及民主权利来源的时候，提出了商谈原则。他说，商谈原则是指那些得到(或可能得到)所有受到影响的有能力参与实践商谈的人人都赞同的规范，才能要求有效性。这个原则暗含了三个构成要素，首先是普遍性要素，即商谈的主体具有普遍性，所有受到影响的个体或组织都不能排除在外；其次是共识性要素，即达成的规范要得到所有参与者的赞成，要在最大程度上达成一致的意见；再次是有效性要素，既要具有事实的有效性，也要具有论证程序的有效性。哈贝马斯的商谈原则形成了对话理论，丰富了协商民主机制。

实践证明，这种协商民主制度在社会主义民主政治建设中取得了明显成效，在推动经济社会发展方面发挥了重要作用。党的十八大报告提出，要健全社会主义协商民主制度。这就要求各级政府都要贯彻落实协商民主制度，把这种制度贯彻到社会生活的方方面面。政府与高校要建立契约关系也离不开这种协商民主制度。教育是民生之首，历来为全社会所关注，更需要达成共识。达成共识的方法就是要协商民主。2008 年在提出制订《国家中长期教育改革和发展规划纲要（2010～2020 年）》时，中央政府就明确提出必须采取开放的、民主的方式，充分利用专业力量、发挥专家咨询作用，充分问计于民、广泛征求社会各界意见，努力实现决策科学化、民主化。为此，《国家中长期教育改革和发展规划纲要（2010～2020 年）》起草小组采取了多种方式，包括座谈、书信、电话、网络以及来函等，充分听取了包括校长、教师、学生和家长等基层人士在内的社会各界的意见，最终统一了思想，凝聚了共识。

随着改革的不断深入推进，我国改革已经进入攻坚期和深水区，将会出现越来越多的利益群体，更加需要我们重视改革技术化手段的运用。高校是社会各种利益相关者的集合点，高校的一举一动都将引发不同的社会反响。

因此，政府与高校在构建契约过程中首先要做到尊重高校、信任高校。只有尊重高校才能更加心平气和地与高校进行商谈，才能更好地对高校进行有效地指导。只有信任高校才能让高校不受拘束，才能使高校充分发挥办学的积极性。

其次是要广开协商渠道。要根据契约主题、契约内容以及高校不同发展阶段、不同高校类型，采取不同的协商方式，而不是简单地一刀切。同时也要不断创新协商形式，包括专题协商、对口协商、基层协商等。通过这些渠道或形式，使不同的声音得到表达的机会，实现公民与政府、高校与政府之间的讨论和协商，坚持求同存异，谋求合作和参与，以最大限度包容和吸纳各种利益诉求，提高政府决策的科学化水平和民主化程度。

再次，高校也要充分体现协商民主的形式。契约所要达成的内容是全方位的，涉及学校生活的方方面面，既与高校领导的利益息息相关，也与广大教职工和学生的利益紧密相连。因此，契约的内容不是靠某一个强势人物就可以确定下来的，而是要在民主氛围中通过反反复复的讨论并且通过科学的决策机制确定下来。没有民主的氛围，契约的内容就难以形成。没有科学决策的机制，契约的内容就会流于形式，毫无生气可言。这就需要高校在党委领导下的校长负责制这个根本前提下，正确处理党委与行政、党委书记和校长之间的关系。同时，要全面激活校务委员会、学术委员会和教务委员会等组织的功能，广泛听取学校各层面声音。

四、以高校发展规划为纽带

我国政府与高校契约型关系究竟以什么为联系纽带？从国际经验看，法国、芬兰、瑞士、奥地利等欧洲国家均采取了合同形式，财政预算以合同目标的达成程度为主要依据。在日本，国立大学根据文部科学省的“中期目标”制定了“中期计划”，并以此为重要的考核内容。就现阶段我国高等教育的实情来看，我们认为宜以高校发展规划为最佳选择。因为战略规划是高校发展的总体思路和行动纲领，也是政府关注的重点内容。“制定战略性的发展规划是大学进行科学管理的必要手段，大学发展战略规划既包括了大学所确定的办学理念和发展方向，也包括了大学对未来各种资源的重新分配和整合措施。欧美许多大学的发展经验告诉我们，科学合理的大学规划，对大学的自身发展有着良好的推动作用，能指引大学迅速发展，而不科学、不合理的发展规划，或无法实施、或实施了却造成资源的极大浪费，使大学错过了发展的良机。”①

2002 年在教育部举办的中外大学校长论坛上，时任教育部长的陈至立强调指出，时代要求大学校长要具有战略思维和长远眼光、国际视野和前沿意识，善于进行科学的定位和制定长远的发展战略，善于协调大学与社会的关系，善于动员和配置各种资源。周济继任教育部长后曾在教育部直属高校第 14 次咨询委员会全体会议上强调，高校要认真思考“两个问题”，做好“三个规划”。“两个问题”即建设一个什么样的大学和怎样建设这样的大学，这实质上就是指高校的总体规划。为此，他还要求各高校要做好三个规划，即“发展战略规划”、“学科建设和队伍建设规划”以及“校园建设规划”。此后，各高校对发展规划高度重视，直至现在还没有脱离上述“三个规划”的框架。

2008 年 4 月 30 日，上海市教育委员会在上海师范大学召开了上海高校校长会议，要求各高校做好“办学定位与学科专业建设规划”，正式启动了“上海高校学科专业建设与结构优化调整工程”，即“085 工程”。该工程的主要思路是：高校根据国家要求和办学实情制订切实可行的办学定位和学科专业优化与调整方案，然后由第三方提供专家、政府官员与高校领导等共同交流、协商、咨询的平台，高校根据专家意见和政府的要求重新修改原有办学定位与学科专业优化与调整方案，并最终获得专家与政府的认可。政府则根据学校规划中提出的工程

---

① 孙耀斌. 制定科学合理的中国大学发展战略规划[J]. 中山大学学报论丛，2007(1)：1—4.

给予一定的经费支持。在建设周期完成后由政府以学校规划为标准进行考核。在整个过程中，政府提出了扶需、扶特、扶强的建设原则。所谓“扶需”，就是重点扶持与上海社会经济发展相关的支撑性学科。所谓“扶强”，就是扶持做强在全国具有明显比较优势的基础性学科和人文社会科学学科。所谓“扶特”，就是围绕包括国家科技中长期规划在内的国家战略部署，重点扶持上海高校中有国际竞争潜力和创新潜力的特色、新兴学科。通过上述工作，形成有序竞争、共赢互利、特色多样的学科专业建设与发展新格局，形成学科专业建设人人有发展、个个有特色、校校有机会的和谐发展、多样化发展的良性生态环境。

2012 年 6 月 20 日，上海市教育委员会又发布《关于开展本市地方高校“十二五”期间发展定位、办学规模和基建项目规划调研工作的通知》，以指导有关学校进一步细化和明确“十二五”期间的发展定位，科学核定各校发展规模，促进地方高校科学可持续发展。其中办学定位方面具体包括高校设置（如升格、更名、转设等）、办学层次与规模、校园基本建设、专业调整和布局等方面的发展规划目标。办学规模方面则要求高校根据《教育部关于印发〈普通高等学校基本办学条件指标（试行）〉的通知》（教发〔2004〕2 号），按照“合格”标准，合理确定学校的办学规模，并结合 2011 学年办学规模的实际情况，认真做好各类事业规模预测。

因此，在以高校发展规划促进政府与高校契约型关系的形成这方面，上海走在全国的前列，而且提供了国内其他地区可资借鉴的经验。从实践层面证明，政府与高校构建契约关系的假设是可行的。

第二节 构建以诚信自律为前提的履约机制

契约的根本要求在于实施，即履约。只有契约得以实施才能保护缔约方的合法利益和正当权益。契约的实施机制有多种方式，如交易治理机制、第三方强制实施机制和自我履约机制。但无论哪一种实施机制，都必须要以诚信自律为前提，否则就会带来欺骗，使契约无法正常实施。在政府与高校契约型关系中，对政府的要求就是要更加诚信，为高校的发展提供相应的保障；对高校的要求就是要更加自律，切实树立高校在社会中的声望，而不是更多地自毁形象。

一、政府要提供基本公共服务保障

在2006年10月中共十六届六中全会审议通过的《中共中央关于构建社会主义和谐社会若干重大问题的决定》中，我国提出，到2020年逐步形成惠及全民的基本公共服务体系。所谓公共服务体系主要是指以政府为主导、以提供基本而有保障的公共产品为主要任务、以全体社会成员分享改革发展成果为基本目标的一系列制度安排。2008年2月，胡锦涛同志在政治局第四次集体学习时的讲话中指出，公共服务体系建设的关键是创新公共服务体制。高等教育是公共服务体系的重要组成部分，也是更好地为全民提供公共产品的需求。因此，创新高等教育公共服务体制也是关键环节。政府与高校构建契约型关系，就是要求政府为高校提供基本公共服务保障。具体来说：

（1）政府要构建学校分类管理与服务体制。按照高校的举办者、投资者、办学者的划分标准，理顺高校领导管理体制，切实做到管办有效分离；按照中央政府、省级地方政府、中心城市的标准，理顺高校的隶属关系分类，明确各级政府提供公共服务保障的职责。在此过程中，尤其要高度关注民办高校的管理。首先要重新认识民办高校在新时期的重要作用，赋予其相应的地位。同时，相关政府要切实做到把发展民办教育作为重要工作职责。还要根据相关规定，厘清政府各职能部门对民办高校的管理架构，尽快建立涉及劳动、人事、工商、税务、民政等统一、专门的民办教育管理机构，改变多头管理局面，避免管理行为的混乱、无序及疏漏。同时，还要形成公共财政资助民办高校发展的长效机制。

（2）要加快公共财政体制改革。《国家中长期教育改革和发展规划纲要（2010～2020年）》提出，“教育投入是支撑国家长远发展的基础性、战略性投资，是教育事业的物质基础，是公共财政的重要职能。要健全以政府投入为主、多渠道筹集教育经费的体制，大幅度增加教育投入。”因此，要从加强预算管理着手，增强预算的透明度和约束力。同时，还要建立严格、高效的财政支出管理体系，完善政府采购制度。改革政府资助体制，提高政府资助的公开性、公正性和经济社会效益。尤其是要改革公共财政投入机制。“如果高等教育必须紧密依靠国家政府，那么就应该依靠更多的政府部门而不要只依靠一个政府部门，也就是要依靠一系列的经费来源而不是只依靠单一的渠道。多种供给来源可使多种利益进行竞赛，可体现各个不同的准则，并且可通过合理的重复预防由于单根动脉的堵塞而导致心力衰竭。”①

(3) 要优化高等教育资源配置的结构。做好资源的优化配置是政府提供基本公共服务保障的重要内容。这些内容包括高校的基础设施建设、教师资源的配置和人员经费的投入。这也是高校持续健康发展的根本保证。因此,在优化高等教育资源配置过程中要坚持公平和效率兼顾的原则,以公平为导向尽量缩小区域之间的差距、层次类型之间的差距;以效率为导向要保证资源投向民生需求强、发展前景好的学科专业,支持有潜力的科研项目,资助中青年骨干教师队伍建设。

(4) 要切实落实高校办学自主权。高校办学自主权是指高校作为相对独立的教育实体而拥有的自我支配、自我约束、自我发展的权利。拥有办学自主权,依法自主办学是高校自身发展的要求,也是主动适应经济和社会发展需要的重要条件。针对高校办学自主权缺失的现状,一方面要坚决落实《高等教育法》规定的七大权力,另一方面,在条件成熟,如外部监督机制确立以及高校自身用法能力得到提升后,逐步将属于高校的一切权力逐步归还给高校,真正做到“还权于校”。布鲁贝克曾说:“既然高深学问需要超出一般的、复杂的甚至是神秘的知识,那么,自然只有学者能够深刻地理解它的复杂性。因而,在知识问题上应该让专家单独解决这一领域中的问题。”②

二、高校要正确处理学术权力与行政权力的关系

大学往往被视为一种“有组织的无政府状态”。因为“每个人都被看作独立的决策者”。教师、学生以及捐赠者都能对与自己相应的事务进行独立决策。这就直接带来了学术权力与行政权力的冲突。

学术权力与行政权力之争是随着近代高校规模不断扩张,管理难度越来越大而出现的。这两者之间的矛盾如同校内无形的内耗,不利于高校集中力量实现既定的办学定位。美国教育家博耶认为:“如果大学要成为一个有效的群体,那么有效的管理便是根本。”事实上,学术权力与行政权力并不是简单的二元对立关系,而是一个连续谱,在两个极端之间有很大的融合空间。

---

① [英]迈克尔·夏托克.高等教育的结构和管理[M].王义端,译.上海:华东师范大学出版社,1987:40.

② [美]约翰·布鲁贝克.高等教育哲学[M].王承绪,郑继伟,张维平,等,译.杭州:浙江教育出版社,1987:28.

在这方面，华威大学无疑是参照的典范。它形成了一种以强调突出学校的中心控制能力为核心，融合企业管理和学术组织管理特点为一体的管理模式，强调高校的整体性存在而不是碎片化。

按照英国大学的传统，每所高校都要在学校层面设立校务委员会和评议会。20 世纪 80 年代中期，华威大学在这两个机构的基础上建立了校务委员会与评议会联合战略委员会，把财务、学术和校舍规划集中在一起，负责全校的宏观战略。成员包括校务委员会主席、司库和校舍建筑分委员会主席。在华威大学，虽然有数个学院，但它不设院长，是个虚体。在这个层面上，有一个关键机构，即评议会的一个委员会(相当于学院委员会)，负责向各系分配经费和控制教授职位。该委员会的主席由一位教授代替副校长担任，委员由分别来自自然科学、社会科学和人文科学三大学科领域的三位教授组成。同时，每个学科领域都设一位学科领域委员会主任。担任学院委员会主任的教授代替了院长。这个制度可以使教授的观点反映到校部各部门，而这些部门又往往被教授认为是由行政官员经营观点所统治。如此一来，两种不同的观点通过正式或非正式的沟通，就会把学术和行政有效联系起来。

虽然华威大学强调系是实体，而且学校的各项行政命令直接传达到系，但没有将广泛的权力下放到系的层次，而是依靠校部的委员会实行集体领导。这些委员会既吸引一些非专业性的高级官员，也吸纳教授参与决策。华威大学给我们的启示有三：

(1) 要尊重学术权力。在充分尊重教授学术自由的基础上，通过各级各类委员会，积极扩大教授参与行政事务决策的范围，提高教授对学校发展的责任感和使命感。同时，在行政权力不断提高办事效率的前提下，又要保证系科发展的独立性，配合系科的学术发展。

(2) 强调学校中心控制，做实系科，而淡化学院。我国高校实行的是党委领导下的校长负责制。从本质上看，这也是一种集体领导制度，也强调学校中心控制的能力和权威。但是，问题就出现在没有正确处好校—院—系三者之间的关系上。近年来，随着高校规模的不断扩大，一些大学纷纷在系的基础上设立了名目繁多的二级学院。事实上，这种学院的设置模式不仅违背了“扁平化管理”的组织发展潮流，而且将原本处于学术发展前沿的系科的功能虚化了，反而强化了学院的实体地位。如此一来，学校无法直接向各系发号施令，从而使学校的事情无法得到落实，学术的发展也日益弱化。

(3) 要有一个既有权威又强有力的领导集体。剑桥大学原副校长阿什比曾指出:“大学的兴旺与否,取决于其内部由谁控制。”华威大学建校五十年间,只有五任校长,其中首任校长巴特沃斯一直任职到1985年,长达20年。而正是这20年为华威大学的成功转型提供了保障。这与世界上一些著名大学的情况非常类似。此外,在他人看来,巴特沃斯是一个强势铁腕人物。在建校后不久的内讧中,他受到一些教师和好战学生的打击,几乎被推翻,但事后,他不仅迅速恢复了地位和权力,而且使学校扔掉了反工商业的态度。这说明,在学校特定历史阶段,必须要有这样一位强势人物的出现。否则,学校原定的目标和发展方向就难以坚持,学术权力与行政权力的关系就会出现此消彼长的波动现象。

三、高校要稳步推进内部管理体制改革

高校内部管理体制改革是高等教育管理体制改革的核心。能否建立或理顺高校内部管理体制,直接决定着高校的办学自由度以及提供交换产品的质量高低。高校内部管理体制改革涉及两方面的内容:一是高校内部组织结构的变动,它包括组织结构的增减、职能的变动及各组织机构间职责、权限、隶属关系的重新划分与界定等;二是高校内部组织运行规则的改变,组织运行规则应组织结构的变动而变动,在组织结构不变的情况下,主要表现为组织规章制度的变革。具体而言:

(1) 要进一步完善党委领导下的校长负责制。我国《高等教育法》规定,国家举办的高等学校实行中国共产党高等学校基层委员会领导下的校长负责制。虽然党委和校长有着明确的责、权、利划分,但在绝大多数高校中,党委和校长之间总是出现矛盾,这些矛盾不利于高校的统一决策。因此,要严格按照民主集中制的原则,正确处理党委和行政、党委书记和校长的关系,坚决杜绝党委书记取代党委的不良现象,要在校园内营造民主的氛围。

(2) 要进一步形成科学的决策机制。完善高校决策机制,全面激活校务委员会、学术委员会和教务委员会等组织的功能,形成决策前有调研、决策中有论证、执行中有监督、执行后有评价、决策失误有追究的全程制约机制,提高高校重大内部事情决策的民主化、科学化程度,最大程度地避免过度“行政化”的不良倾向。同时也要加快制订学校章程,将决策运行机制和程序制度化,使学校的发展不因学校领导人的更替而中断,为学校的可持续发展提供制度保障。

(3) 进一步完善内部质量监控体系,提高教育教学质量。各高校要贯彻全

国教育工作会议精神，加快落实《国家中长期教育改革和发展规划纲要（2010～2020年）》，结合自身实际和区域经济社会发展特点，抓紧制定学校的发展规划，明确未来发展目标和发展定位，确立人才培养规格、学科专业设置等；加大教育教学过程监控，不断创新人才培养模式；建立完善投入保障机制，确保相应的人、财、物的投入。最后，还要有评估问责机制，对教育教学过程中出现的问题及时进行反馈和修正，对相关人员进行问责。

（4）要建立信息公开制度。通过网络等途径，及时将学校发展的一些基本信息包括政策文件等内容向社会公众开放，使公众了解学校的工作进展。同时，制订定期信息发布制度，主动向社会发布学校在办学过程中取得的成就、遇到的问题以及对未来的设想。

第三节　构建以监督问责为主线的违约机制

契约订立后由于实施条件的变化，经常会发生违约的现象。如何尽量避免此类现象的发生，除了在缔约时从客观环境角度加以防范以外，更重要的还是要从监督问责的角度建立违约机制，以减少主观违约行为的发生。可见，建立违约机制也是保障契约得以实施的重要组成部分。违约机制要覆盖契约实施的全过程，包括实施过程中的监督制度、实施后的评价制和问责制度。因此，本节将从上述三个方面展开论述。

一、完善监督制度

我国宪法规定："任何组织和个人都必须遵守宪法。"完善监督制度是维持政府与高校契约关系的重要环节。由于契约双方拥有各自的责、权、利，所以需要对他们进行监督。只不过由于政府与高校在组织性质方面有着较大的差异，因此，在监督的主体和监督方式等方面要有所不同。监督制度也就包括了对政府的监督和对高校的监督。

对政府的监督可以视为行政监督，实际是对政府行为的监督。所谓行政监督就是指国家机关、政党、社会团体以及人民群众等组织和个人对国家机关及其工作人员的行政行为是否合法、合理和有效实施监督、督促和检查并加以纠正的行为。在这里主要是监督政府是否按契约履行了规定的职责，如政府的行为是否有越位、缺位或错位现象。近年来，政府在发展教育方面的确存在着一些监督不力、纠正不到位的情况，但是随着服务型政府的逐步建立，对政府行为的监督将更加规定和严密。政府也要主动接受各方的监督，具体而言：

（1）政府要主动接受人大的监督和政协的监督。政府是人民代表大会通过选举产生的机构，前者必须要向后者负责，并接受后者的监督。政府要按照宪法和相关法律法规，向人民代表大会报告工作，接受人民代表大会的质询。如2011年12月30日，十一届全国人大常委会第二十四次会议召开联组会议，就国务院关于实施《国家中长期教育改革和发展规划纲要（2010～2020年）》工作情况的报告开展专题询问。联组会议邀请了12位委员作询问发言，来自教育部、国家发改委、科技部、公安部、财政部、人力资源社会保障部、卫生部以及国务院法制办的主要负责同志到现场回答询问。人民代表大会的监督有力地促进了政府的履责工作。此外，除人大外，政府也要主动接受政协的监督，虚心听取政协委员提出的建议和意见并加以落实。

（2）政府要接受司法机关的监督。在我国，司法机关与行政机关都是由同级人民代表大会选举产生的，是相互配合、相互协助的并列机关。但是，我国宪法规定，司法机关对行政机关有着监督的义务。而且司法权的效力要高于行政权，行政裁决要服从司法裁决。因此，司法机关是最具强制力的监督机关。它有义务保护契约双方的合法权益不受损害。一旦出现违约就要开展司法救济。司法机关对政府的监督主要是让后者能够严格执法和守法，按照契约的要求自觉履约，同时要有效制衡政府与高校关系中行政权力的失衡，在必要时对契约的内容进行司法解释。

此外，政府也要接受包括舆论监督和人民群众监督在内的各种形式的社会监督。

在监督政府的同时，也要监督缔约的另一个主体——高校。对高校的监督，包括三个方面：

（1）要接受行业企业的监督。行业企业是高校的重要战略伙伴。前者通过对人才的接纳度来评判学校质量的高低。因此，高校的办学质量不能没有行业企业的参与和监督。行业企业除了按照常规参与高校的具体办学如专业设置、课程设置等活动外，更重要的是通过与高校的沟通交流，对高校的学科专业特色、课程特色以及其他方面的特色是否科学、是否可行进行独立的评判，并在高校的办学过程中进行全程监督，确保高校的办学质量能沿着既定的轨道健康发展。

(2) 要接受评估组织的监督。高校的办学质量也是需要评估的。除了社会评估外,还需要接受第三方专业机构组织的评估。只有通过这些机构的评估,学校的办学质量才具备更高的公信度。第三方专业机构在对高校办学质量进行独立评估后,既要肯定取得的成绩,也要指出存在的问题,特别是要给出合理可行的纠正建议。而高校也要积极配合第三方专业机构开展的各项评估活动,确保提供准确、及时的学校信息。

(3) 要接受媒体中介的监督。媒体是把双刃剑。高校要学会跟媒体打交道,既要充分利用媒体的宣传功能,也要充分尊重媒体的监督职责,主动接受媒体的监督,使高校的办学过程公开化、透明化。通过这种倒逼机制,增强高校履约的自律能力。

二、完善评价制度

国际经验表明,采用契约制来改善政府管理高校的模式,就必须要有要完善的评价制度与之相配套。否则,履约就会流于形式,也不利于形成政府与高校契约关系的长效机制。日本推进国立大学法人化改革和法国实施高校行政合同制的同时,还成立了相应的评价机构,如日本的大学评价・学位授予机构和法国的国家评估委员会。改革开放以来,我国在高等教育评价制度方面开展了许多实质性的工作,逐步形成了一套比较完整的评价体制和组织机构,但是这种体系和制度是在政府逐步放松对高校管制过程中形成的,面向未来的政府与高校契约关系还有许多地方需要完善。

(1) 要充分尊重高校的自我评价。如芬兰在 1995 年成立了高等教育评估理事会(Finnish Higher Education Evaluation Council, FINHEEC)。FINHEEC 除了传统的评估职责外,还着手开展对高等教育机构(HEIs)的质量保障体系进行审查。审查以提高质量为导向,其前提是 FINHEEC 相信高校在最大程度上直接对其提供的教育质量负责,充分尊重高校的自我评价。因此审核活动被视为体现高校自治的一种最佳方式。同时,通过 FINHEEC 与高校之间的对话和互动,为后者的可持续发展提供必要的有益的信息。

(2) 要丰富现有的评价方案。我国高校不仅数量多,而且层次类型也丰富多样。因此,政府与高校订立的契约也各有差异。就目前而言,我国仅有包括《普通高校本科教学工作水平评估指标体系》和《高职高专人才培养工作水平评估指标体系》在内的不多的评价指标。从数量而言，与我国高校数严重不对称。用这么几套评估指标体系来衡量办学传统等异质性很强的高等院校群体，有不合适之处。而且这些评估指标体系关注层次有余，而关注类型不足。即便都是本科院校，也会由于办学历史、学科特色等方面的原因体现水平差异，更不用说“985 工程”高校、“211 工程”高校和地方高校之间的差别了。这就需要建立分类办学管理标准，研究制订绩效评价指标和数据采集体制，建立、健全涵盖学校办学条件、办学质量和办学绩效等各层面的一体化综合评估指标体系和评价机制。

(3) 要有绩效反馈与跟踪监控。政府根据与高校具体达成的协议，制定绩效监控指标体系及操作方案，对高校规划目标和项目实施情况进行跟踪评价，评估各高校规划实施与区域宏观规划的契合度，提出调整政策与完善监测指标的建议。高校根据发展定位目标，根据经济社会发展的新变化、新趋势，及时调整和提出学科专业发展的途径和方法。

(4) 要正确利用评价结果。结合学校拨款使用效益、效率和质量，将评估的结果与拨款直接挂钩，以决定后续拨款的多少、方向、形式和方法等，并作为财政拨款的基础。此外也可探索实施绩效换自主的机制。所谓绩效换自主，“就是政府并不给予所有学校完全相同的自主权，而是将部分自主权或自主程度的高低与学校的办学绩效挂钩。办学绩效高的学校，可以获得较高程度的自主权。办学绩效低的学校，只能得到较低程度的自主权”。① 如在美国，州政府根据绩效考核评价将高校分为四种类型：绩效得分最低的，由政府直接管理并视为州行政机构的院校，办学自主权十分有限；绩效得分最高的，赋予其法人地位和实质的自治权；而介于其中的两种类型分别是州控制的院校和州拨款的院校，前者不同于绩效得分最低的院校，它享受一定的自治权，但预算和财政仍由政府控制；后者有一部分实质自治权和法人地位，但财政拨款比较有限。②

三、完善问责制度

尽管有着严格的监督环节和科学的评价手段，但在履约完成后难免还会有疏漏之处，这就需要对造成疏漏的主体进行及时的问责，为下一轮的契约期奠定

① 冯大鸣. 我国政-校关系改革中须明辨的若干关键词[J]. 教育科学研究，2011(2)：34—37.

② [美]菲利浦·G·阿特巴赫. 21 世纪的美国高等教育：社会、政治、经济的挑战[M]. 施晓光，译. 青岛：中国海洋大学出版社，2007：161.

良好的基础。

问责，来自英文 accountability 的翻译。《麦克米伦高阶美语词典》解释为："当一个人处于某一特定位置时，本人有责任对所发生的与其职位相关的事情向公众解释，有对工作结果接受评价的义务，公众有权对其进行批评。"[①] 美国、英国等西方发达国家早已在教育领域实行了问责制。在我国，直到 21 世纪初才从法律上开创了教育问责之先河。[②] 2006 年 9 月颁布了新《义务教育法》。该法第八条规定："人民政府教育督导机构对义务教育工作执行法律法规情况、教育教学质量以及义务教育均衡发展状况等进行督导，督导报告向社会公布。"第九条规定："任何社会组织或者个人有权对违反本法的行为向有关国家机关提出检举或者控告。发生违反本法的重大事件，妨碍义务教育实施，造成重大社会影响的，负有领导责任的人民政府或者人民政府教育行政部门负责人应当引咎辞职。"虽然义务教育与高等教育、中小学校与高校有着明显的差异，但是近年来在高等教育引入问责的声音也日益强烈，这对于政府与高校形成契约型关系有着极大的促进作用。要完善这种问责制度，有三方面的建议：

（1）要完善行政问责制度。要努力建设一个负责的、讲诚信的、办事效率高的服务型政府，政府要以公民需求为导向，为民负责，多办实事，要对切实履行的义务承担相应责任，不能有超越义务范围之外的任何权力干预。同时，要建立科学、高效的考核体制，对不履行高等教育公共服务的或失职的政府部门负责人和相关行政人员要追究相应责任。

（2）要完善高校自我问责制度。高校要始终坚持社会主义办学方向，坚持公益性原则，对于超越办学功能的其他行为要自觉加以纠正，对社会公众关注的问题要及时反馈。高校要制定大学章程，严格按照章程规定的程序行事，对于违反章程规定的事情要及时加以纠偏。同时，高校应将主要精力集中在提高办学质量上，将优质教育资源投入到人才培养中去，要定期向社会公布教育质量报告，保障公众对教育的知情权、参与权和监督权，并形成长效机制。

（3）要完善社会问责制度。政府与高校订立的契约不仅仅涉及这两者自身的利益，利益相关者还包括广大的学生及其家长、教职工、企业和其他社会组织。

---

① 陈党. 问责法律制度研究[M]. 北京：知识产权出版社，2008：12—13.

② 衡旭辉，孙法浩，武小英. 我国义务教育立法对学前教育立法的启示[J]. 现代教育管理，2009(2)：56—59.

因此，社会问责的方式从目前来看主要包括在校学生的满意度、毕业生或校友的满意度、大学排行榜、认证（包括专业认证和学校认证）等。而开展社会问责的主体也涉及政府机构、非政府组织（NGO）、企业甚至媒体。因此，完善社会问责制度就是一方面要规范和丰富现有问责形式，使老百姓真正了解高校的办学现状和发展方向，另一方面还要鼓励这些机构从更多角度、更多维度提出他们最关注的重点，扩大社会问责的内容。最后就是要适度培育中介组织，建立和培育一批有品牌、知名的社会问责机构。

参考文献

一、著作类

[1] (古罗马)卢克莱修. 物性论[M]. 方书春,译. 北京:商务印书馆,1982.
[2] (英)迈克尔·夏托克. 高等教育的结构和管理[M]. 王义端,译. 上海:华东师范大学出版社,1987.
[3] (奥地利)雷立柏. 圣经的语言和思想[M]. 卓新平,译. 北京:宗教文化出版社,2000.
[4] (荷)弗兰斯·F·范富格特. 国际高等教育政策比较研究[C]. 王承绪,译. 杭州:浙江教育出版社,2001.
[5] (英)梅因. 古代法[M]. 沈景一,译. 北京:商务印书馆,1996.
[6] (美)约翰·S·布鲁贝克. 高等教育哲学[M]. 王承绪,郑继伟,张维平,等,译. 杭州:浙江教育出版社,1987.
[7] (美)克拉克·克尔. 高等教育不能回避历史—21世纪的问题[M]. 王承绪,译. 杭州:浙江教育出版社,2001.
[8] (英)约翰·密尔. 论自由[M]. 程崇华,译. 北京:商务印书馆,1959.
[9] (英)弗里德利希·冯·哈耶克. 自由秩序原理[M]. 邓正来,译. 北京:生活·读书·新知三联书店,1997.
[10] (美)伯顿·克拉克. 高等教育新论—多学科的研究[C]. 王承绪,徐辉,郑继伟,等,译. 杭州:浙江教育出版社,2001.
[11] (美)麦克尼尔. 新社会契约论[M]. 雷喜宁,潘勤,译. 北京:中国政法大学出版社,1994.
[12] (奥)凯尔森. 法与国家的一般理论[M]. 沈宗灵,译. 北京:中国大百科全书出版社,1996.
[13] (英)霍布豪斯. 自由主义[M]. 朱曾汶,译. 北京:商务印书馆,1996.
[14] (奥)维拉曼特. 法律导引[M]. 张智仁,周律文,译. 上海:上海人民出版社,2003.
[15] (美)伯纳德·施瓦茨. 美国法律史[M]. 王军,洪德,杨静辉,译. 北京:中国政法大学出版社,1989.
[16] (意)彼德罗·彭梵得. 罗马法教科书(中译本)[M]. 黄风,译. 北京:商务印书馆,1996.
[17] (古罗马)盖尤斯. 法学阶梯[M]. 黄风,译. 北京:中国政法大学出版社,1997.

[18] (美)萨托利. 民主新论[M]. 冯克利,阎克文,等,译. 上海:东方出版社,1993.
[19] (美)约翰·E·丘伯,泰力·M·默. 政治、市场和学校[M]. 蒋衡,译. 北京:教育科学出版社,2003.
[20] (美)保罗·萨缪尔森. 经济学[M]. 萧琛,译. 北京:华夏出版社,2000.
[21] 刘虹. 控制与自治:美国政府与大学关系研究[M]. 上海:复旦大学出版社,2012.
[22] 赵大宇. 权利与责任—政府与高校关系之研究[M]. 哈尔滨:黑龙江人民出版社,2003.
[23] 杨东平. 大学精神[C]. 沈阳:辽海出版社,2000.
[24] 彭澎. 政府角色论[M]. 北京:中国社会科学出版社,2002.
[25] 李福华. 大学治理的理论基础与组织架构[M]. 北京:教育科学出版社,2008.
[26] 胡启忠. 契约正义论[M]. 北京:法律出版社,2007.
[27] 刘云生. 民法与人性[M]. 北京:中国检察出版社,2005.
[28] 陈国富. 契约的演进与制度变迁[M]. 北京:经济科学出版社,2002.
[29] 臧佩红. 日本近现代教育史[M]. 北京:世界知识出版社,2010.
[30] 湛中乐. 通过章程的大学治理[M]. 北京:中国法制出版社,2011.
[31] 田爱丽. 现代大学法人制度研究:日本国立大学法人化改革研究[M]. 上海:上海教育出版社,2009.
[32] 王文新. 法国教育研究[C]. 上海:上海社会科学院出版社,2011.
[33] 郑文. 英国大学权力协调与制衡[M]. 北京:北京大学出版社,2011.
[34] 王淑娟. 美国公立院校的州问责制[M]. 北京:知识产权出版社,2010.
[35] 申素平. 高等学校的公法人研究[M]. 北京:北京师范大学出版社,2010.
[36] 黄欣. 教育法学[M]. 上海:上海教育出版社,2011.
[37] 蒋后强. 高等学校自主权研究:法治的视角[M]. 北京:法律出版社,2010.
[38] 苏林琴. 行政契约:中国高校与学生新型法律关系研究[M]. 北京:教育科学出版社,2011.
[39] 步兵. 行政契约履行研究[M]. 北京:法律出版社,2011.
[40] 原宗丽. 参与民主理论研究[M]. 北京:中国社会科学出版社,2011.
[41] 施建辉. 行政契约缔结论[M]. 北京:法律出版社,2011.
[42] 刘道玉. 中国高校之殇[M]. 武汉:湖北人民出版社,2010.
[43] 余凌云. 行政契约论[M]. 北京:中国人民大学出版社,2006.
[44] 田凌晖. 公共教育改革:利益与博弈[M]. 上海:复旦大学出版社,2011.
[45] 冯大鸣. 西方六国政府学校关系[M]. 上海:上海教育出版社,2011.
[46] 朱新梅. 政府干预与大学公共性的实现:中国大学的公共性研究[M]. 北京:教育科学出版社,2007.
[47] 洪源渤. 共同治理:论大学法人治理结构[M]. 北京:科学出版社,2010.
[48] 尹晓敏. 利益相关者参与逻辑下的大学治理研究[M]. 杭州:浙江大学出版社,2010.
[49] 鲍嵘. 学问与治理:中国大学知识现代性状况报告(1949—1954)[M]. 上海:学林出版社,2008.
[50] 詹建红. 刑事诉讼契约研究[M]. 北京:中国社会科学出版社,2010.
[51] 胡启忠. 契约正义论[M]. 北京:法律出版社,2007.

[52] 陈赤平. 公司治理的契约分析:基于企业合作效率的研究[M]. 北京:中国经济出版社,2006.
[53] 祁占勇. 现代大学制度的法律重构[M]. 北京:中国社会科学出版社,2009.
[54] 薛立强. 授权体制:改革开放时期政府间纵向关系研究[M]. 天津:天津人民出版社,2010.
[55] 罗韵轩. 基于契约理论的公司债务融资治理效应研究:我国金融生态环境下债务重组视角[M]. 北京:中国金融出版社,2010.
[56] 何显明. 信用政府的逻辑:转型期地方政府信用缺失现象的制度分析[M]. 上海:学林出版社,2007.
[57] 张万宽. 公私伙伴关系治理[M]. 北京:社会科学文献出版社,2009.
[58] 覃壮才. 中国公立高等学校法人治理结构研究[M]. 北京:北京师范大学出版社,2010.
[59] 孙华. 大学之合法性[M]. 北京:中国社会科学出版社,2010.
[60] 李宁. 社会法的本土构建[M]. 上海:学林出版社,2008.
[61] 丛晓峰. 社会法专题研究[C]. 北京:知识产权出版社,2007.
[62] 黄名述,张玉敏. 罗马契约制度与现代合同法研究[C]. 北京:中国检察出版社,2006.
[63] 孙霄兵. 教育优先法理研究[M]. 北京:教育科学出版社,2007.
[64] 茅铭晨. 中国行政登记法律制度研究[M]. 上海:上海财经大学出版社,2010.
[65] 陈金罗等. 转型社会中的非营利组织监管[C]. 北京:社会科学文献出版社,2007.
[66] 张力. 法人独立财产制研究:从历史考察到功能解析[M]. 北京:法律出版社,2008.
[67] 叶秋华,王云霞. 大陆法系研究[C]. 北京:中国人民大学出版社,2008.
[68] 罗豪才. 行政法学[M]. 北京:北京大学出版社,1998.

二、期刊类

[1] 邬大光,赵婷婷. 也谈高等教育的功能和高等学校的职能[J]. 高等教育研究,1995(3).
[2] 蒋建湘. 论现阶段我国政府与高校的角色定位及其关系调整[J]. 现代大学教育,2002(5).
[3] 李文兵. 角色理论视野中大学与政府的关系探讨[J]. 辽宁教育研究,2007(6).
[4] 龚怡祖. 高校发展定位活动中的政府作用—基于政府与大学关系的分析[J]. 高等教育研究,2006(8).
[5] 马陆亭. 政府与高校间的契约管理模式探讨[J]. 中国高等教育,2008(21).
[6] 罗豪才,袁曙宏,李文栋. 现代行政法的理论基石—论行政机关与相对一方的权利义务平衡[J]. 中国法学,1993(1).
[7] 罗豪才. 行政法之语义与意义分析[J]. 法制与社会发展,1995(4).
[8] 林玲. 平衡论视野下的政府和高校关系的变革[J]. 内蒙古师范大学学报(教育科学版),2007(7).
[9] 俞可平. 全球治理引论[J]. 马克思主义与现实,2002(1).
[10] 敬然. 治理理论视野下我国政府与高校关系的重构[J]. 长白学刊,2008(6).
[11] 李锦奇. 英国政府与高校关系的借鉴与思考[J]. 辽宁教育研究,2008(4).
[12] 龙献忠,陶静. 合作伙伴:治理视野中政府与大学关系的新愿景[J]. 高等教育研究,

2008(5).
[13] 罗大贵,杨红.新公共管理理论视角下大学与政府之间的关系调整[J].学校党建与思想教,2009(11).
[14] 董春美.从新公共管理学的角度定位高校与政府的关系[J].中西部科技,2008(13).
[15] 赵婷婷.自治、控制与合作—政府与大学关系的演进历程[J].现代大学教育,2001(2).
[16] 王菊.资源依附与高校发展定位的类型选择—从社会学的角度看我国高校发展定位问题[J].清华大学教育研究,2007(3).
[17] 张瑞,张莉娟.民办高等教育中的资源依附现象探析[J].中国行政管理,2005(1).
[18] 潘懋元.高等教育与社会的协调发展[J].复旦教育论坛,2005(1).
[19] 申素平.高等学校法人与高等学校办学自主权[J].中国高教研究,2005(5).
[20] 陈列.西方学术自由评析[J].高等教育研究,1994(2).
[21] 马俊驹,陈本寒.罗马法契约自由思想的形成及对后世法律的影响[J].武汉大学学报(哲学社会科学版)式,1995(1).
[22] 郑云瑞.西方契约理论的起源[J].比较法研究,1997(3).
[23] 李永军.契约效力的根源及其正当化说明理论[J].比较法研究,1998(3).
[24] 刘颖,张英魁.契约社会中的有限身份化——一种弱势群体保护的理论探讨[J].云南社会科学,2005(4).
[25] 高迎爽.从集中到卓越:法国高等教育集群组织研究[J].清华大学教育研究,2012(1).
[26] 杨解君.从多维视角看契约理念在行政法中确立的正当性[J].江海学刊,2003(2).
[27] 杨解君.论行政法理念的塑造—契约理念与权力理念的整合[J].法学评论,2003(1).
[28] 李瑜青.当代契约精神与法律意识[J].学术月刊,1999(2).
[29] 谷贤林.均权化:当代西方教育管理的新特征[J].外国教育研究,2002(11).
[30] Jef C. Verhoeven.从欧洲的三个国家看—大学与政府关系的变化[J].郭歆,译.清华大学教育研究,2003(5).
[31] 诺尔曼·拉洛奎.教育服务供给的契约模式—类型研究和国际案例分析[J].何金辉,译.国际教育快讯,2007(3).
[32] 郭为禄.论高校与教师契约关系的形成与完善[J].云南师范大学学报(哲学社会科学版),2009(1).
[33] 任增元,刘元芳.契约理论与大学办学理念[J].教育发展研究,2008(11).
[34] 余雅凤.引入契约理念,创新学生管理制度[J].教育研究,2007(6).
[35] 曲绍卫."契约不完全"代理:我国公立大学制度低效问题探析[J].教育与经济,2006(3).
[36] 孙天华.我国公立大学制度·契约关系及履约状态分析[J].经济经纬,2003(3).
[37] 李建奇,钟云华.基于委托代理理论的政府与高校关系构建[J].中国人力资源开发,2008(8).
[38] 刘元芳,任增元.契约理念与现代大学制度创新[J].国家教育行政学院学报,2008(6).
[39] 程倩.契约型政府信任关系的形成与意义[J].东南学术,2005(2).
[40] 沈加君.法人拟制说与实在说对我国大学法人制的启示[J].辽宁教育研究,2008(12).
[41] 江平,龙卫球.法人本质及其基本构造研究—为法人拟制说辩护[J].中国法学,1998(3).
[42] 杨德广.关于高校"去行政化"的思考[J].教育发展研究,2010(9).

[43] 王建华. 作为政府部门的公立大学[J]. 煤炭高等教育,2006(6).
[44] 黄克剑. “社会契约论”辨正[J]. 哲学研究,1997(3).
[45] 邱本. 契约总论[J]. 吉林大学社会科学学报,1995(4).
[46] 杨解君. 论行政法理念的塑造[J]. 法学评论,2003(1).
[47] 马王君. 论中国古代的契约制度[J]. 河南政法管理干部学院学报,1999(2).
[48] 张传玺. 中国古代契约资料概述[J]. 法律文献信息与研究,2005(2).
[49] 何伟全,桂皎. 30 年中国政府与高校关系的观察与反思[J]. 云南师范大学学报(哲学社会科学版),2011(6).
[50] 周川. 高校与政府关系的几点思考[J]. 高等教育研究,1995(1).
[51] 劳凯声. 高教体制改革中如何理顺政府与高校关系[J]. 中国高等教育,2001(20).
[52] 胡建华. 由“国家控制的模式”向“国家监督的模式”转变—大学与政府关系发展的基本走向[J]. 复旦教育论坛,2003(6).
[53] 胡建华. 必要的张力:构建现代大学与政府关系的基本原则[J]. 高等教育研究,2004(1).
[54] 潘懋元. 高等教育与社会的协调发展[J]. 复旦教育论坛,2005(1).
[55] 杨明. 从政府控制模式到政府监督模式—中国高等教育政府管理模式的现代性转换[J]. 教育科学,2003(5).
[56] 唐士其. 西方关于国家与社会关系理论[J]. 国际政治研究,1994(4).
[57] 郁建兴,周俊. 论当代资本主义国家与社会关系的变迁[J]. 中国社会科学,2002(6).
[58] 付俊文,赵红. 利益相关者理论综述[J]. 首都经济贸易大学学报,2006(2).
[59] 贾生华,陈宏辉. 利益相关者管理:新经济时代的管理哲学[J]. 软科学,2003(1).
[60] 杨瑞龙,周业安. 论利益相关者合作逻辑下的企业共同治理机制[J]. 中国工业经济,1998(1).
[61] 孙耀斌. 制定科学合理的中国大学发展战略规划[J]. 中山大学学报论丛,2007(1).
[62] 胡赤弟. 高等教育中利益相关者分析[J]. 教育研究,2005(3).
[63] 李伯聪,李军. 关于囚徒困境的几个问题[J]. 自然辩证法通讯,1996(4).
[64] 胡建华. 关于建国头 17 年高等教育改革的若干理论分析[J]. 南京师大学报(社会科学版),2000(4).
[65] 马叙伦. 处理接受外国津贴的高等学校会议的开幕词[J]. 人民教育,1951(2).
[66] 胡建华. 大学制度改革与发展的法治化问题探讨[J]. 高等教育研究,2005(2).
[67] 胡炳仙. 权力集中与知识控制:“教育革命”时期的中国重点大学政策[J]. 清华大学教育研究,2008(4).
[68] 刘宝存. 改革开放以来我国高等教育管理体制的回顾与前瞻[J]. 复旦教育论坛,2009(1).
[69] 马陆亭. 我国高等教育管理体制改革 30 年—历程、经验与思考[J]. 中国高教研究,2008(11).
[70] 刘进. 历史与嬗变:中国高校自主招生 10 年[J]. 现代大学教育,2011(1).
[71] 王北生. 高等学校自主权应做到“扩权”与“用好”的统一[J]. 教育科学,2001(3).
[72] 华中理工大学高教所课题组. 落实和扩大高校的办学自主权[J]. 高等教育研究,1999(5).

[73] 曹卫星. 遵循教育规律，转变发展方式，提高管理效能——关于高教管理体制改革的思考[J]. 中国高等教育，2011(13/14).
[74] 方展画，林莉. 20世纪上半叶美国公立高等教育特色形成历程[J]. 河北师范大学学报(教育科学版)，2008(1).
[75] 王景枝. 美国公立高等教育分权管理改革述评[J]. 现代教育管理，2009(3).
[76] 杨婕，卢晓中. 特许学院：美国公立高等教育改革的一种选择[J]. 高等教育研究，2008(4).
[77] 王景枝. 美国"特许高校"契约式改革策略分析[J]. 江苏高教，2009(2).
[78] 郑秉文. 英美国大学产业化撼动福利制度[J]. 中国高等教育评估，2005(2).
[79] 白延雷. 新加坡大学自治改革情况[J]. 世界教育信息，2006(12).
[80] 翁启文，梁皓. 试析日本行政体制改革[J]. 经济体制改革，2000(1).
[81] 高益民. 日本国立大学"独立行政法人化"决策过程分析[J]. 比较教育研究，2000(5).
[82] 黄福涛. 日本国立大学独立行政法人化的现状与趋势[J]. 高等教育研究，2000(5).
[83] 赵永东. 日本国立大学结构改革的原因简析[J]. 现代教育科学，2004(5).
[84] 胡弼成，彭珊. 日本国立大学法人制度设计及其启示[J]. 中国高教研究，2011(3).
[85] 黄福涛. 21世纪日本高等教育的行政体制改革[J]. 有色金属高教研究，2000(5).
[86] 黄建如，李晓. 战后法国大学内部管理体制改革[J]. 国际高等教育研究，2006(2).
[87] 赵蒙成. 市场、分权、职业化：评法国的高等教育政策[J]. 宁波大学学报(教育科学版)，1998(2).
[88] 邱小芳，张小东. 集权与自治—法国高等教育管理体制的改革[J]. 文史资料，2012(2).
[89] 陆华. 建立"新大学"：法国高等教育改革的逻辑[J]. 复旦教育论坛，2009(3).
[90] 江平，龙卫球. 法人本质及其基本构造研究—为法人拟制说辩护[J]. 中国法学，1998(3).
[91] 冯大鸣. 我国政—校关系改革中须明辨的若干关键词[J]. 教育科学研究，2011(2).
[92] 衡旭辉，孙法浩，武小英. 我国义务教育立法对学前教育立法的启示[J]. 现代教育管理，2009(2).

三、学位论文类

[1] 张德祥. 高等学校的学术权力和行政权力[D]. 厦门：厦门大学博士学位论文，1997.
[2] 康娜. 关系契约视野下的婚姻和婚姻立法[D]. 重庆：西南政法大学博士学位论文，2008.
[3] 党立新. 契约自由原则及其发展[D]. 郑州：郑州大学硕士学位论文，2006.
[4] 孙良国. 关系契约理论导论[D]. 长春：吉林大学博士学位论文，2006.
[5] 王艳慧. 关系契约理论研究[D]. 哈尔滨：黑龙江大学硕士学位论文，2007.
[6] 刘彦勇. 关系契约与家族企业治理[D]. 大连：东北财经大学硕士学位论文，2007.
[7] 张春勋. 关系契约与农产品交易稳定性研究[D]. 重庆：重庆大学博士学位论文，2010.
[8] 李蓉. 我国高等教育管理中政府与高校互动关系研究[D]. 成都：四川大学硕士学位论文，2007.
[9] 刘莹莹. 治理理论视角下政府与大学关系研究[D]. 上海：华东师范大学硕士学位论文，2007.
[10] 付志荣. 论20世纪下半叶美国州政府与大学关系的变革[D]. 广州：华南师范大学硕士

学位论,2005.
[11] 潘晨苏.关系契约与产权结构[D].杭州:浙江大学博士学位论文,2005.
[12] 黄娟.法国的地方分权改革初探[D].湘潭:湘潭大学硕士学位论文,2007.
[13] 宋石平.日本国立大学法人化研究[D].上海:上海师范大学硕士学位论文,2007.
[14] 刘莉.利益相关者的利益保障研究[D].长春:吉林大学硕士学位论文,2006.
[15] 韩春.论20世纪90年代日本经济陷入萧条的内在原因[D].延边:延边大学硕士学位论文,2009.

四、网络、媒体类

[1] 邢兆远,临英,田文阁.大学"经营"之道—访临沂师范学院院长徐同文教授.光明日报,2003-9-30,第3版.
[2] 谭平.古希腊罗马时期的"契约论".学习时报,2005-10-25,第6版.
[3] 丰捷.2011年浙大加入清华等五校联考.光明日报,2010-10-25,第7版.
[4] 李延保.完善校长遴选办法,构建现代大学制度.中国教育报,2012-4-20,第4版.
[5] 武欣中.深圳公选正局级南科大副校长惹争议.中国青年报,2011-5-13,第3版.
[6] 肖关根.上海四位高校负责人呼吁:给高等学校一点自主权.人民日报,1979-12-6,第3版.
[7] 国家教委进一步转变职能,扩大直属高等学校办学自主权.中国教育报,1992-8-22,第1版.
[8] 田晓玲.没有比投资未来更重要的事情了.文汇报,2012-9-4,第13版.
[9] 楚琳.美国未来5年的高教施政纲领.中国教育报,2008-12-15,第3版.
[10] 彭淑.让教育回到原点—对话朱清时.南方人物周刊,2011(20):41—43.
[11] 教育部网站.2011年5月27日教育部新闻发布会.
http://www.moe.gov.cn/sofprogecslive/webcontroller.do?titleSeq=2546&gecsmessage=1
[12] 中国人民大学2012年自主选拔录取推行"校长直通车计划"和"圆梦计划".
http://news1.ruc.edu.cn/102449/102451/102468/78317.html 2012-10-19
[13] 北京师范大学完善大学治理结构、建设现代大学制度改革试点实施方案.
http://www.moe.gov.cn/publicfiles/business/htmlfiles/moe/s4934/201012/112871.html 2012-10-20
[14] 深圳市考试院网站.公开推荐选拔南方科技大学(筹)副校长等领导干部报名统计.
http://www.testcenter.gov.cn/WebUI/Html/News/2301/2011-5/8001-1.html
[15] 教育部网站.教育部关于同意建立南方科技大学的通知([教发函2012]73).
http://www.moe.gov.cn/publicfiles/business/htmlfiles/moe/s5972/201204/134539.html